遇见·未来

高中生涯发展指导数字化课程资源体系建构

耿红宇/主编

天津社会科学院出版社

图书在版编目（ＣＩＰ）数据

遇见·未来：高中生涯发展指导数字化课程资源体系建构 / 耿红宇主编. -- 天津 : 天津社会科学院出版社，2024.3
ISBN 978-7-5563-0967-2

Ⅰ．①遇… Ⅱ．①耿… Ⅲ．①高中生－职业选择－教学研究 Ⅳ．①G635.5

中国国家版本馆CIP数据核字（2024）第068592号

遇见·未来：高中生涯发展指导数字化课程资源体系建构
YUJIAN·WEILAI:GAOZHONG SHENGYA FAZHAN ZHIDAO SHUZIHUA KECHENG ZIYUAN TIXI JIANGOU
选题策划：柳　晔
责任编辑：柳　晔
责任校对：王　丽
装帧设计：高馨月
出版发行：天津社会科学院出版社
地　　址：天津市南开区迎水道７号
邮　　编：300191
电　　话：（022）23360165
印　　刷：高教社（天津）印务有限公司
开　　本：787×1092　　1/16
印　　张：18.5
字　　数：276千字
版　　次：2024年3月第1版　　2024年3月第1次印刷
定　　价：89.00元

编委会

主　　编：耿红宇
副主编：陈文革　傅钰
编　　委：穆玉凤　翟娟　王馨　赵媛

在丰富的信息世界挖掘优质资源,寻找真实的生涯榜样,探访高校、探索新职业等,较好地解决了实践性课程资源不足的难题。

核心素养导向:围绕立德树人根本任务,关注新时期对人才培养的新要求,注重核心素养培养,将价值观引领融入课程内容体系,注重引导学生将个人生涯发展目标与国家人才培养目标相结合,培养学生家国情怀,促进生涯教育沿着正确道路健康发展。

师生共建:资源建设中,师生共创共享,彼此启发,彼此成就。学生从课程资源的学习者到课程资源的创建者,自觉描绘生涯发展蓝图,践行生涯目标;教师从授之以鱼到授之以渔,在助力学生生涯发展过程中强化自己的职业理想,提升自己的职业价值。

"高中生涯发展指导数字化课程资源体系"通过数字化课程资源的整合和创新,为高中生提供了一套系统化的学习路径和工具,帮助他们探索自己的兴趣和优势,认识不同职业领域的发展机会,以及制定实现职业目标的计划。本书对高中生涯发展指导的课程资源体系建设之路、建构机制、内容架构和应用效果进行了详细介绍。读者可以在书中找到许多课程资源样例、线下课程转化设计和生涯实践活动方案等形式多样、操作性较强的内容。

本书由南开区一线教师团队的实践探索与创作所构成,他们对于高中生涯发展指导的思考和做法更具现实针时性。对于广大一线教师而言,本书具有一定的参考和借鉴价值。

综上所述,本书通过详细介绍南开区高中教师团队的实践成果,提供了一个清晰明了的区本方案,为解决高中生涯发展指导问题提供了可行的思路和经验。无论是对于学生,还是对于学校和教师来说,本书都提供了一种创新的数字化课程资源体系,为高中生的生涯发展提供全方位的支持和指导。

(刘金明,教育部原中小学心理健康教育专家指导委员会委员,

天津开放大学副校长,心理学博士,研究员)

目　录

绪　论　高中生涯教育的必要性、挑战和原则 ……………………………… 1

第一章　高中生涯指导数字化课程资源体系建设的缘起 ………… 7

　　第一节　政策指引与现实需求 ……………………… 9

　　第二节　学生生涯认知与指导需求 ……………………… 12

　　第三节　教师生涯指导认知与需求 ……………………… 14

　　第四节　关键问题与解决策略 ……………………… 17

第二章　高中生涯发展指导数字化课程资源体系的整体建构 …………… 25

　　第一节　平台支撑　整体规划 ……………………… 27

　　第二节　专业研修　提供支持 ……………………… 31

　　第三节　共享课程　点燃动力 ……………………… 33

　　第四节　实践创生　主动探求 ……………………… 36

第三章　教师研修——生涯理论通识课 ………………… 41

　　第一节　人职匹配理论 ……………………… 44

　　第二节　职业兴趣六角型理论 ……………………… 48

　　第三节　生涯目标金三角理论 ……………………… 51

　　第四节　生涯发展阶段理论 ……………………… 54

　　第五节　生涯彩虹理论 ……………………… 59

　　第六节　自我同一性理论 ……………………… 64

　　第七节　多元智能理论 ……………………… 69

第八节　大五人格理论 ·· 73

第九节　职业定位锚理论 ··· 76

第四章　师生共享——高中生涯发展指导课 ················· 81

第一节　生涯意识模块课例:明日梦想 今日起航 ············· 84

第二节　自我认识模块课例:港湾与小船 ····················· 90

第三节　学业发展模块课例:玩转大学专业

　　　　——物理学科与大学专业探索 ····················· 95

第四节　学习管理模块课例:目标成就梦想 ·················· 100

第五节　职业探索模块课例:精彩生涯 多元选择 ············ 104

第六节　职业素质培养模块课例:寻找生涯灯塔 ············· 109

第七节　综合应用与创新课例:迷人的"巴洛克"文化 ········ 114

第五章　学生创生——来自学生的生涯实践报告 ········· 121

第一节　走进机关事业单位 ··· 125

第二节　探访大学与专业 ··· 129

第三节　细听学长话经验 ··· 133

第四节　访谈各类职业人物 ··· 137

第五节　讲述榜样的故事 ··· 142

第六节　学生父母有话说 ··· 145

第七节　从电影中悟生涯 ··· 149

第八节　综合应用与创生实例:平凡岗位,梦想寻踪 ········· 152

第六章　成果应用之校本生成与学生成长 ··················· 165

第一节　模拟招聘会:做生涯发展的主人 ····················· 167

第二节　校友大讲堂:他人经验助力成长 ····················· 178

第三节　生涯小团体:天下为公 共探生涯 ····················· 187

第七章　成果应用之多方参与与教师发展 ················· 203

　第一节　主题沙龙——共建 共享 共成长 ················· 205

　第二节　教师发展——参与 实践 提升 ················· 212

附　录 ················· 269

后　记 ················· 281

绪　论

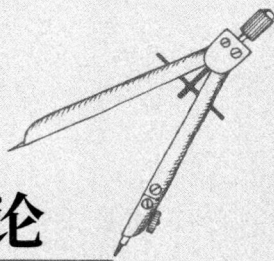

高中生涯教育的必要性、挑战和原则

随着一系列新课程改革政策的推行实施,特别是 2014 年国务院印发《关于深化考试招生制度改革的实施意见》以来,高中生涯教育成为高中教育的必然要求。2017 年天津市正式启动新高考模式,天津市南开区教育局、天津市南开区教育中心在全区各高中学校开展了专项调研,发现学生对生涯发展指导需求很大,学校开展生涯教育存在一些困难和误区。

一些学校和教师对生涯教育的目的、意义存在一定的认知偏差和功利主义倾向。一种是弱化生涯教育的作用,认为计划赶不上变化,高中阶段的生涯教育对学生未来的、长远的发展根本起不到真正的指导作用,于是将生涯教育仅仅定位在对选科选考的指导上,象征性的开设几节课或请专家进行几场全员性的专题讲座,直接给学生和家长讲解简单的生涯规划知识、选科报考技巧,满足学生选科选考的需要。基于这样的认识,一些学校在学生完成选科以后就终止了生涯教育。另一种则是夸大生涯教育的作用,认为生涯规划能帮助学生制定出最佳的高考志愿方案,试图通过各种测试工具,对学生的兴趣、性格、能力等进行测试,以达到将学生的个性特点与相关的职业、专业进行"精准匹配"的效果。持这种观点的教师往往认为高中生涯规划决定了学生一生的发展方向,生涯规划做不好就是一步错,步步错,甚至贻误终身。

正是因为对生涯教育的认知和定位不同,各地区、各学校的生涯教育存在较大差距,使得一些教师对开展生涯教育或畏难不前或盲目冒进。

从现实需求层面上来看,生涯教育在全国范围内受到空前重视,形成前所未有的热潮,新高考改革是其直接原因。新高考不分文理,实行"6 选 3"的考试模式,使得学生在高一就要对自己选考哪些科目做出选择,相当于将原有的志愿选择从高考以后前置到了高一,要求学生对自我、大学与专业、社会发展与需求等具有必要的了解,要求学生对自己的人生发展进行思考、分析和规划。这些对于刚刚步入高一的学生来说无疑是困难的。因此,要求学校对于如何选课、如何走班、如何做出更为适合的选择给予学生必要的指导。但是生涯教育的意义绝不仅限于此,因为新高考改革本质上是要促使学生自我认识和学会选择,是赋予学生自主选择、自主发展的权利,让学生能够选择自己适宜的生活道路并为自己的选择负责,因而涯教育在帮助学生解决好高中学科选考问题的同时,更应对学生终身发展问题给予较好的回应。

从学生终身发展层面上来看,高中是人生重要的发展阶段,是自我同一性初步确立的关键期。通俗地说,学生在这一时期要理顺几个重要问题:一是"我是谁",包括生理、人格、兴趣、潜力、人际关系、价值观等;二是"我从哪里来",包括父母、家庭、成长环境、成长经历等;三是"我将去往何处",包括我的愿望、目标和理想等。如果在这一时期,学生能够弄清楚这些问题就能形成积极的自我同一性,在未来的人生中就能把握自己的人生方向,能够将自我发展与社会要求有机统一。反之,就会出现角色混乱,既不能选择自己在生活中的角色,也不知道自己未来该做什么、能做什么。生涯教育在帮助学生厘清、理顺这些人生发展的重大问题方面能够发挥重要作用。

从教育改革更深层面来看,新课程改革的根本目的是全面贯彻党的教育方针,适应信息时代社会发展对多样化、高素质人才的需要,为实现"两个一百年"奋斗目标和中华民族伟大复兴的中国梦提供强有力的人才支撑。因此,高中生涯教育不仅要着眼当下,满足学生高中阶段学业发展的需要,更要面向长远、面向未来,为学生的终身发展奠基;在促进学生个人发展的同时,更要体现国家对人才培养的需求和要求。

在生涯教育实践中,许多教师主要秉持传统的职业教育"人职匹配"的理念,按照"理想职业—理想专业和大学—选考科目"的思路采取倒推法帮助学生推导出比较适合的学科组合。这样做的短期效果比较明显,但是单一线性的思维容易将学生的人生发展引入一个窄化、僵化的模式,引起学生内心的不安:"我还不知道自己想做什么? 适合做什么? 能做什么?""如果我现在想做的事将来又改变了,怎么办?""如果我现在选错科,未来是不是就没希望了?"

生涯发展规划需要建立在对自己、对社会环境了解的基础之上,而认识自己是一个人一生的课题,社会环境又是不断发展变化的。特别是现代的青少年正处在一个互联网、人工智能、虚拟现实、生命基因等科技发展日新月异的新时代,未来世界的浪潮已经扑面而来,再过 10—15 年,他们将会成为未来的新人。到那时,什么行业发展得好? 什么职业有前途? 与今天相比可能会是天翻地覆的变化,甚至他们未来所从事的会是我们现在根本不了解的行业或职业,我们今天以为的对学生具有针对性的指导可能根本帮不了他们。因此,要求全体学生经过一学期、一年甚至三年高中期的生涯教育就对未来职业做出终身定向的决策是不现实、不科学的。

生涯建构理论认为社会发展是充满不确定性的和无限可能性的,帮助个体去获得一个确定的未来职业不是生涯指导的唯一目标,引导个体以更开放的心理系统去适应复杂动态的外部世界更为重要。也就是说,未来世界好比是一片全新的海域,我们不可能直接把学生送达理想的彼岸,我们只能给他们勇气和信心,让他们自己去搏击海浪、战胜困难。我们应该怎样开展生涯教育才能够让学生们相信未来、相信自己,不管这个世界怎样变化都能够游刃有余,找到适合自己的发展道路呢? 课题组经过几年的实践思考,认为生涯教育中应遵循主体性、发展性、多元性、开放性的原则,遵循这几项原则,我们项目成果呈现出独有的特色。

主体性即新高考改革强调的是给学生自主选择权、自主发展权,学生是自己生涯发展的责任主体,学校和教师是指导者、协助者。生涯教育的主要任务是激发学生自主发展的内驱力,发现、挖掘个人优势、潜能,了解掌握生涯规划的基本思路和方法,找到自己的人生目标、树立人生理想,为自己的人生发展负责。

发展性即要让学生了解没有终极的、完美的生涯发展方案。一个人的生涯发展变数很多,社会的变化也很快,现在的选择将来有变化是很正常的。对于自己喜欢和擅长的事不一定能一次性选准,选择了也不一定能一帆风顺,从一而终。很早就能确定和找到自己喜欢且擅长的职业方向并为之努力非常难得,在未来的人生发展道路上通过实践、体验、了解、调适找到了方向也很不错。学生以发展的眼光看待今天所做的生涯发展规划,对自己的生涯发展更有信心。

多元性即一方面,由于学生的生活经历、学习经验、学习能力、兴趣倾向、价值取向等都不尽相同,呈现出多元的特点;另一方面,随着社会的发展,对人才的需求越来越倾向于专业的交叉和融合,新的专业和新的职业不断涌现,一个人生涯发展的方向和可能性增多。学校生涯发展指导应该针对学生的不同情况以及社会的最新发展动态给予多元化的指导,让学生的生涯发展视野更加开阔。

开放性即学校要给学生开拓更广阔、更深入的探索空间,而不是给学生一些固定认知和答案。一方面,学校要帮助学生掌握生涯规划的思路和方法,在自我探索的基础上做出适合自己目前发展的选择和规划;另一方面,要引导学生保持开放的心态,对自己未知的领域、人和事抱有好奇心,去了解、去探索,对与自己不同的观点报以学习、理解的态度,不断拓展自己的认知和累积经验。当一个人的眼界宽了,包容性强了,他的选择就多了,适应性就强了。

生涯发展是一个人连续的、完整的生命历程。生涯发展指导并非让学校和教师引导学生在高中就确定人生的终极发展目标,而是要为他们提供尽可能丰富的信息、渠道和线索,帮助学生形成积极的、开放的、主动的生涯发展观念,让他们懂得梦想不是到某一个时间点自然实现的,职业能力和素质不是成了职业人自然就能拥有的,树立起为未来负责,从今天做起,从现在积累的理念,从被动转为主动,尽早成为自己生涯规划的主人,积极探索自我、了解社会发展趋势,拥有应对生涯发展挫折的弹性和能力,在成就"小我"的同时实现"大我"价值,活出精彩的人生。

本书反映和集结了项目团队的集体思考和实践成果,除了生涯教育相关理论的阐述外,更想呈现给大家我们进行生涯指导课程资源开发和应用的过程及做法,特别是一些课程资源建设实例及应用案例。一方面,希望能够给大家一些启发和可操作的借鉴,另一方面,希望能够得到广大同行的反馈和指正。

第一章

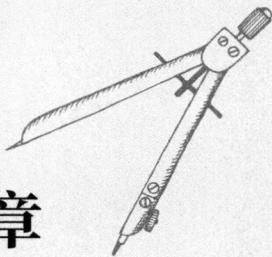

高中生涯指导数字化课程资源体系建设的缘起

本章节将探讨高中生涯发展指导数字化课程资源体系建设的背景和动因。在本章的第一节中，我们将介绍政策指引与现实需求，着重关注国家教育改革政策对高中生涯教育的重视以及学校和学生的实际需求。第二节将探讨学生对生涯认知和指导的需求，深入了解他们在高中阶段的职业规划和发展方向上所面临的困惑和挑战。第三节将聚焦教师对生涯指导认知和需求的探讨，考察他们在生涯教育方面的认知偏差和存在的困难。最后一节将提出关键问题和解决策略，以期为高中生涯指导数字化课程资源体系的建设提供实际可行的方案和思路。通过本章的内容，读者将能够更好地理解建设数字化课程资源体系的必要性和重要性，为后续章节的内容打下基础。

第一节　政策指引与现实需求

任何教育活动的推进和落实都离不开政策的指引与保障。高中生涯发展指导是随着国家教育改革及育人方向的调整变化，借由新高考改革的现实需求而广泛实施的一项重要教育工作。

一、政策指引：落实立德树人

《国家中长期教育改革和发展规划纲要（2010—2020 年）》指出全面提高普通高中生综合素质，促进学生全面而有个性的发展。鼓励普通高中根据需要适当增加职业教育的教学内容，为在校生和未升学毕业生提供职业教育。

对高中生进行职业教育的重要性进入意识层面。2014 年,教育部发布《关于普通高中学业水平考试的实施意见》明确提出要加强学生生涯发展指导,生涯教育成为高中教育中不可或缺的一环。同年,教育部发布《关于加强和改进普通高中学生综合素质评价的意见》提出坚持指导性,把握学生的个性特点,关注成长过程,激发每一个学生的潜能优势,鼓励学生不断进步。《中小学心理健康教育指导纲要(2012 年修订)》在高中阶段心理健康教育具体内容中规定帮助学生确立正确的自我意识,树立人生理想和信念,形成正确的世界观、人生观和价值观;在充分了解自己的兴趣、能力、性格、特长和社会需要的基础上,确立自己的职业志向,进行升学就业的选择和准备,培养担当意识和社会责任感。《中小学德育工作指南》指出要帮助高中学生学会正确选择人生发展道路,培养他们具备自主、自立、自强的态度和能力,初步形成正确的世界观、人生观和价值观。以上文件都明确指出了学生生涯发展指导的重要性。构建高中生涯发展指导课程资源体系是响应政策指引、培养学生核心素养的必要举措,在促进学生身心健康和全面发展上将发挥重要作用。

天津市相关文件也多次强调落实立德树人根本任务,把培育和践行社会主义核心价值观融入高中教育全过程,加强对学生理想、心理、学业、生涯和生活等方面的指导,培育学生核心素养,促进学生全面发展、健康成长。立德树人不仅包括对学生进行文化知识、价值观念等方面的教育,还包括生涯发展指导,引导学生正确认识自我、发展自我、完善自我,形成科学的学业规划、职业规划和初步的人生发展规划,促进学生特长优势和个性品质的健康发展。南开区发布了《南开区普通高中学生发展指导实施意见(试行)》,强调坚持"立德树人"的总原则,对生涯指导提出了明确要求,为各学校开展生涯教育指出了具体方向。提出优质的生涯教育是实现立德树人的重要途径,学校在进行职业生涯教育的同时,要始终贯彻立德树人理念,创新教育方式和教学方法,将培养德才兼备的社会主义建设者和接班人作为生涯教育的最终目标。

二、高考改革:走向多元多样

2014 年 9 月,随着《关于深化考试招生制度改革的执行意见》(国发〔2014〕35 号)的出台,深化考试招生制度改革,增加学生的选择权,促进科学选才被明确强调,新一轮高考改革迈出探索和变革的第一步。新高考改革后,取消了文理分科,改为学生从政治、地理、历史、化学、物理、生物六个学科中自由选择三科。新高考改革背景下,学生进入高中后将很快面临学科选择,和过去传统的大文、大理的分类相比,学生的选择更自由、更多元,会形成更具个性的多样化的学习方案。这体现了新的高考制度以学生为本,对学生选择的尊重,为学生个性发展提供了更大的空间。但这一改变在带来更大自由的同时,也要求学生更早地进行生涯规划,为自己的人生负责。由于高中阶段的学生知识储备不足、自我认知不清、社会经验缺乏等原因,要做出合理的规划就意味着直面更多的困难与坎坷。科学的、有针对性的生涯规划教育是时代发展和高考改革背景下的必然要求。

生涯指导课程是面向全体学生开展系统性的生涯指导的最重要途径,如何在高中课程建设中有效弥补生涯规划的短板是所有学校面临的现实问题。生涯指导课程要超越学科的局限进行建构,启发学生关注未来职业和终身学习所需要的能力和素养。因此,打破学科界限,整合教师资源,对课程进行整体规划、设计和实施,从不同的角度构建课程体系,才能给学生的多元选择提供多角度的学习参考。

三、现实需求:数字课程探索

随着数字化时代的到来,学校充分利用数字技术,将优质课程通过数字互联网实现广泛共享,是信息技术与教学相融合的成果之一。在数字化与信息化的发展进程中,加快构筑与教育信息化教学发展相适应的数字化课程资源体系是落实立德树人、呼应新高考改革的重要表现。同时,数字化的发展也给教学模式带来了巨大的影响,依托区域网络课程资源平台建构体系完备的数字化课程资源,更能助力生涯教育的区域协同共建,为学生自主学习、教师进行研修提供有力支撑,对其他省市地区产生广泛的辐射作用。

一是数字课程资源能够实现网络远距离传输,不受时空的限制,任何有权限的学习者在有设备的情况下都可以随时获取自己需要的课程资源。构建高中生涯指导数字化课程资源体系,能够将优质课程资源通过网络进行传播,一节优质课程可以被更多的学生和教师观看,而不局限于线下的课堂,这实现了课程共享和课程价值利用的最大化,为更多人提供指导。二是数字课程可以被重复观看和使用,教师、学生、研究团队等主体都能受益其中,相较于非数字化课程体系,数字化课程体系大大提高了信息获取和资源学习的效率,加之数字技术呈现的图文并茂的教学内容,课程学习更生动、更具趣味性。同时,反复观看便于进行课程研究,吸收关于课程资源的评价,不断改进,提高课程资源的质量,实现资源的共建共享。

在现实需求下,建设数字化课程资源体系,形成一个有价值、高效率、有质量的资源整体,符合数字化发展的时代背景,是满足各方需求,实现资源共享的优质手段。

第二节　学生生涯认知与指导需求

为深入了解高中学生和教师对生涯发展的认知及对生涯指导的需求,了解学校生涯发展指导课程设置与资源建设的基本情况,笔者编制了《高中生生涯认知与发展指导需求调查问卷》,包括学生版和教师版。本次调查通过随机抽样以线上匿名答题的方式进行,调查覆盖了本区 13 所高中学校。

学生问卷共回收 3820 份有效问卷。其中,女生人数占比 54.76%、男生人数占比 45.24%,现就读于高一的学生占 50.31%、高二的学生占 33%、高三的学生占 16%。

一、学生生涯认知不足

(一)自我认识方面

在对学生的调查中,有 79.19% 的学生能够至少比较清晰地描述自己的性格特点,有 68.61% 的学生能够至少比较清晰地说出自己所擅长的事情,有 78.14% 的学生能够至少比较清晰地说出自己的兴趣爱好。但是,有两三成的学生的自我认识不足甚至严重不足,他们不能准确地了解自己的性格、兴趣和能力,这必然会影响到他们对高中阶段学业的规划,不能拟定适合自己的阶段性学业目标,对他们在今后的课程选择、高考专业选择甚至毕业后的职业选择都会形成一定障碍。

(二)学业认知方面

仅有 63.04% 的同学对课程选择有比较正确的认识,还有 6.54% 的学生对课程选择认识严重不足,导致选课后的学习情况与预想中的不一致;25.92% 的学生对自己的选课方向不太明确。在学习规划上,仅有 61.99% 的学生具有至少比较清晰的高中学习目标和规划,还有 21.39% 的学生对新高考制度关于选课走班及志愿填报等相关规定不太了解。在想要报考专业的学习内容和发展前景上,仅有 60.63% 的学生对进入大学想要就读的专业选择方向比较明确,57.51% 的学生对大学想要报考专业的学习内容和发展前景比较了解;还有将近 40% 的学生没有明确的专业方向,也不太了解大学专业的学习内容等情况。这必然会影响其专业和职业规划和决策。

(三)职业认知方面

仅有 56.34% 的学生具有比较明确的职业目标,56% 的学生比较了解未来想要从事的职业对能力和素质的具体要求,40% 左右的学生在职业认知方面比较模糊。在职业发展信心方面,仅有 27.36% 的学生对自己的未来发展非常自信，说明了对未来自信心不足的现象在中学生之中普遍存在着。其原因可能是学生缺乏职业生涯教育，导致对自我认识不足，不了解自己的兴趣和能力，同时也对职业认知不足，不了解未来职业种类、工作内容，从而表现出对未来迷惘的状态。学生在生涯认知中存在的问题会妨碍个人做出正确的未来选择，不利于个人生涯可持续发展的内在动力的获得。

二、学生生涯发展指导需求强烈

从调查结果来看，有98.80%的学生不同程度地认为高中生有必要接受生涯规划教育，也就是说高中生大都已经意识到了职业生涯规划的重要性。学生对于指导内容的需求程度依次为了解大学与专业的具体设置、全面客观地认识自己、生涯规划的方法、学科学习方法、专业与职业的关系等，排在后面的是职业对能力素质的要求、生涯发展动力的激发、高考志愿填报策略等。其中，学生相对来说更希望通过学校开设生涯指导课程、开展生涯指导专题讲座、各学科教师教学中渗透、走进企事业单位和高校院系、生涯榜样的引领等方式接受生涯教育。他们希望获得多样化的生涯规划方面指导的渠道和方式，除了常规性课程资源，更希望能够有机会走出校园，走进企事业单位和高校，或者能与有成功经验的学者、企业家交谈，即希望获得更多的活动性和实践性课程资源。

因此，高中生涯发展指导课程资源体系建设是基于学生对生涯发展指导的需求，提高学生生涯认知和规划能力的重要举措。

第三节 教师生涯指导认知与需求

在区域调查中，教师问卷共回收559份有效问卷。其中，女教师占比达到78.71%，男教师占样本总数的21.29%，同时，有38.1%的教师处于30—

39 岁的年龄段,40.61%的教师处于 40—49 岁的年龄段,与天津市高中段男女教师比例和年龄分布情况均基本一致,表明此次抽样对总体数据具有较好的代表性。中级教师占比达到 46.87%,高级教师占比达到 42.4%,表明样本数据中教师队伍的教育教学经验比较丰富,其表达具有较高的参考价值。

一、生涯指导教师队伍构成

调查样本中有 391 位教师担任学科教师,占样本总体的 69.95%;班主任教师占比 27.55%;而担任心理教师、德育教师、团委教师的占比均不足 1%;说明学科教师、班主任教师在面向学生开展教育教学工作中在人数上占绝对优势,是对学生学业、生涯发展具有强大影响力的群体。与此同时,有 74.06%的教师认为自己在学校不担任学生生涯发展指导工作,这与本次调查样本中学科教师所占比例基本一致,表明在学校占据大多数的学科教师对自己应该承担的学生生涯发展指导的工作职责还缺乏足够的认知与认同。

二、对生涯教育必要性及内容的认识

有 97.67%的教师不同程度地认为高中生有必要接受生涯规划教育,进一步印证了将高中生涯规划教育纳入高中课程体系,在学生的高中阶段开展生涯规划教育是十分有必要的。教师们认为生涯发展指导的内容按照重要性排序依次为:学生要全面客观地了解自己、引导学生掌握生涯规划的方法、帮助学生了解大学与专业的具体设置、激发学生生涯发展规划的动力、指导学科学习的方法、帮助学生了解专业与职业的关系、帮助学生了解职业对素质能力的具体要求、指导学生高考志愿填报的策略等。该数据表明教师们普遍认为学生需要在全面客观地了解自己的基础上才能更好地规划属于自己的未来;同时,教师要想做好生涯规划,必须掌握生涯规划的科学方法,帮助学生了解大学与专业的具体设置、激发学生生涯发展规划的动力。

三、对生涯教育侧重点的认识

大部分的学科教师认为高中生在生涯发展方面需要学科学习方法的指导、生涯规划方法的指导、大学与专业具体设置的了解方面的指导。而班主任认为职业生涯教育要重点让学生全面客观地了解自己、学科学习方法的指导，还有生涯规划方法的指导。团委教师则认为职业生涯教育应该侧重了解大学与专业的具体设置、了解职业对素质能力的具体要求，这是因为团委教师的职责在于指导学生开展有益的活动、培养学生的自制管理能力，倾向于培养学生的社会能力。

四、对生涯教育形式与途径的认识

学校开展生涯指导的主要形式排在前五位的依次为：开设生涯指导课、专题讲座、学科渗透、主题班会、社团活动。与学生希望的方式相对照，一方面在开设系统课程、专题讲座、学科渗透方面高度一致，另一方面与学生非常希望有更多机会走进企事业单位和高校、得到更多生涯榜样引领的需求存在较大差距。

五、课程资源开发与实施能力

有73.52%的教师擅长制作学生生涯规划相关的教案、微课等教学类教学资源；有31.13%的教师擅长开展专题讲座类的生涯规划指导教育；15.03%的教师擅长开展社会实践类的生涯规划教育，比如，走进企事业单位、走进高校等；另外有10.38%的教师擅长开展人物访谈类的生涯规划指导教育，例如，对某专业领域的优秀人才，家长以及学长进行人物访谈。这反映出教师们对于传统的教学式课程胜任感较强，对于生涯实践类课程胜任力比较薄弱。

调查显示,多数教师对于开展高中生涯发展指导的重要意义具有高度的认同,对于优质生涯课程资源具有较高的需求,对于生涯指导理论知识学习有较高的需求,对于提高自身生涯课程设计与实施能力具有较强的愿望。

第四节　关键问题与解决策略

基于天津市"高中学校课程建设现状及需求"及南开区"高中生生涯发展认知与指导需求"专题调研的综合分析,以及对国内先进地区相关研究成果进行的学习总结,梳理出高中学校生涯指导普遍存在的几个关键问题,并提出相应解决策略。

一、关键问题

(一)学生对于职业规划指导需求较大,教师对此重视程度不够

生涯规划往往是按照"职业目标→大学专业→高中课程选择"这样一个逆推的路径进行的,只有明确未来的发展方向才能做好眼下的选择。调查显示,有56.34%的学生具有比较明确的职业目标,56%的学生比较了解未来想要从事的职业对能力和素质的具体要求,超过40%的学生在职业认知方面比较模糊。

对指导内容的需求方面,对于"了解专业与职业的关系"的选择,学生占比62.07%、教师占比47.58%;"了解职业对素质能力的要求"的选择,学生占比52.62%、教师占比36.31%,教师在这两个项目上的选择均明显低于学生。(这里将教师问卷和学生问卷对比来看)这表明学生开始更多的思考与专业、职业相关的问题,具有对职业世界的好奇心和探索欲,力图使自己的努力方向贴近社会的发展和需要。而教师需要尽快转变观念,跟上教育改革和

学生需求的步伐,将了解社会需要、树立职业志向、培养职业道德等内容纳入生涯发展指导体系中。

(二)课程体系不完善,指导内容和形式不能满足学生需要

课程是学校实施生涯发展指导的主渠道,它以课程的形式有目标、有组织、有计划地面向全体学生进行教育指导,增强学生生涯规划意识与能力。调查显示,师生均认为开设生涯发展指导课程是首选,同时,学生也表达了对生涯实践类课程较高的需求。但是,在调查中笔者发现,绝大多教师认为自己更擅长开发教学类课程资源,对学生希望开展的实践类、体验类的课程开发和实施显得力不从心。

学校的指导课程主要局限在校园内、课堂中,课程内容重在引导学生自我探索方面,对于学业探索、职业探索、社会环境探索等学生认知的薄弱环节则不能提供有力支持;课程形式主要延续传统的教师讲授或教师主导的师生互动,带领学生走进企事业单位、探访大学、访谈职业人物等实践性、体验性的课程明显不足。没有完善的课程体系,缺乏相关课程资源,学生对生涯发展相关问题很难形成系统的认识,很难做出切合实际的发展规划。

(三)专业师资不足,部分教师对生涯指导的职责认同感不强

调查中,有30.77%的学校以心理教师为主组建了生涯指导教师队伍,其余学校生涯指导工作则由班主任以及学科、德育、团队教师兼任。通过对教师职务与高中生是否有必要进行生涯发展指导两道题进行交叉分析,结果在学校中由心理教师专任生涯教师的,以及负责生涯指导工作的德育和团委的教师100%认为高中生接受生涯规划教育是有必要的,但这一项在班主任中是66%,在学科教师中是60%,存在比较大的差异。

同时,受访教师中超过70%的教师对自己兼有对学生进行生涯指导的职责缺乏认识,有些教师甚至用恐惧、担心来表达自己对开展学生生涯指导信心不足的极端感受。这说明,还有相当一部分学科教师对"全员导师"的要求还没有完全认同,对生涯指导的重视程度和胜任力都亟待提高。

（四）家长对学生生涯发展的影响被低估，家校合力教育不足

国内外许多研究都表明，家长是影响孩子生涯发展的重要因素。从本次受调查的学生家长构成方面看，受教育程度在高中及以上的人数占80%以上，其中本科人数最多，还有将近10%的硕士和博士，说明被调查学生的父母大多数都有较高的文化水平，他们有过高考、选择专业和职业的经历，能够与孩子分享经验；父母双亲从事的职业类型繁多，个体、自由职业、教师、职员、工人、经理、会计、医生、公务员等遍布各行各业，说明他们能为孩子在职业类型和工作内容、所需能力和素质等方面提供一定的咨询帮助。

但调查显示，师生对于"家长对学生生涯发展的帮助作用"的选择均低于25%。学生方面，可能是由于亲子沟通不畅、观念不同等原因，他们有问题不愿意找家长；学校、教师方面则忽视了学生家长的责任以及家长群体中蕴含的生涯教育资源。

（五）学生职业价值观存在偏颇，需高度重视，必要指导

职业价值观体现了一个人对职业的认识和态度，可以说是其三观在择业方面的具体体现。我们依据学者阚雅玲职业价值观的12项分类设置题目对学生进行调查，结果从高到低排序前五位为：薪资待遇、兴趣特长、发展空间、自由独立、工作环境；从低到高排序后五位为：创新性、权利地位、身心健康、成就感、人际关系，对创新性的选择低至14%，位列最末。

这一结果，反映了当代高中学生更重视个人兴趣、意愿和感受，希望通过发挥个人能力获取经济上的独立进而获得人格独立的心理需求。但过分注重个人价值，并将个人价值的实现过多地投注在物化的条件上的倾向则值得注意。教育改革反复强调要培养学生的创新精神和实践能力、社会责任感和家国情怀，高中阶段是人生观、世界观、价值观形成的关键期，教育者需高度重视，及时予以教育指导。

二、解决策略

综合调查研究的结果,针对关键问题,提出以下问题解决策略。

(一)建立健全高中生涯发展指导机制

新高考改革最显现的变化就是学生在高中阶段就要进行选课选考,其深层的变革则是把"促进学生健康成长作为改革的出发点和落脚点",切实"增加学生的选择权",让学生在认识自我、了解社会的基础上,能够选择更适合自己的发展道路,成长为人格健全、全面发展、社会需要的、合格的、优质的劳动者。但在实际工作中,一些学校只是在学生选课之前开设几节生涯指导课,或请专家开展几场讲座应景应急,只要学生完成了选课就不再开展任何生涯指导相关教育活动,将生涯发展指导完全窄化为选课选考指导。因此,要切实建立健全指导机制,加强学生生涯发展指导。

学校层面,应将生涯发展指导融入学校工作的全局中,加强教师培训,强化"全员导师"理念,形成德育、心理、班主任、学科等全体教职员工共同肩负学生生涯发展指导责任的局面,合理利用德育与教学、课程与活动、校内与校外、学校与家庭等各方面资源,统筹考虑,整体推进。区域层面,可由区教研部门牵头,集中各学校的骨干教师力量,对生涯指导工作特别是课程资源的开发进行整体设计,协同共建,以课程资源开发为载体,开展系统的教研培训活动,共学共研,整体提升区域教师生涯指导能力。

(二)建构完善的生涯发展指导课程资源体系

从调查结果可以看出,系统的生涯指导课程是学生首选的接受生涯教育的途径。但生涯指导教育在很多学校是新生事物,比较薄弱,课程设置与课程资源开发很不完善,缺乏系统性、规范性。所以,学校应该结合调查中学生的需求,依据相关生涯理论研究的成果以及国家对人才培养的要求,建构完善的生涯发展指导课程体系,并开发建设相应的课程资源。

课程内容方面,除了自我探索、环境探索、职业与教育探索等内容外,还要将价值观教育融入课程体系,引导学生在关注个人价值的同时,关注社会发展和需求,树立远大的理想、坚定的信念,处理好小我与大我的关系,成为有责任、能担当的符合社会需要的劳动者和人才。同时,生涯指导课程设置应贯穿整个高中学段,围绕自我探索、学业规划、高校与专业、专业与职业、职业志向与社会发展需求等内容,针对不同年级的特点和需要,有所侧重,层层递进。

课程形式方面,在重视认知性课程的同时加强实践体验性课程的开发,综合运用课堂实施、专题讲座、学科融合、主题班会、团体活动、走访大学、参观企事业单位、访谈职业人物等多种形式,充分挖掘利用课内课外、学校家庭和社会资源,增强生涯指导的吸引力和实效性。

(三)探索数字化课程资源的开发与应用

随着教育信息化的发展、教师信息化素养和能力的提升,以及数字化课程资源平台的建设应用,借力信息化技术和平台,大力开发数字化课程资源成为教育现代化发展的必然选择。

当今,网络资源内容丰富,呈现方式生动新颖,搜索便捷,古今中外的生涯人物故事、企事业单位的机构设置与用人信息、高校专业的水平特色和招生要求等一键可得。充分挖掘、利用网络上生涯教育的优质素材制作成数字化课程资源,依托数字化课程资源平台推广应用,不仅可以有效打破校际壁垒,实现课程资源共享,解决学校课程资源不足、不均衡的问题,也为解决专业和职业方面实践性资源不足的问题提供了新的解决思路和方案。在应用方面,利用线上、线下混合模式,对于探索生成教师研修、学生自主学习的新模式也提供了更多可能性。

(四)激发学生生涯发展主体意识和动力

新高考改革的本意是促使学生成为自己生涯发展的主人,学会做选择,学会为自己的选择负责,学会应对社会变化带来的挑战。因此,学生才是生涯发展的主体责任人,生涯发展指导绝不是教师、家长将自己的经验灌输给孩子,更不能帮他们做决定。学校可以通过开展丰富多彩的生涯教育活动,如探访高校和企事业单位,进行职业人物采访,讲述职业榜样的故事等学生感兴趣的生涯实践、体验活动,激发他们探索的积极性,引发他们对生涯问题的深度思考。在他们作为生涯课程学习者的同时,鼓励他们成为课程资源的开发者,把自己的生涯实践和体验以同龄人喜闻乐见的方式分享给其他同学,自助助人,共同成长。

(五)发掘发挥家长资源与作用

家长是学生生涯发展的主要责任人之一,肩负着孩子生涯发展指导的任务,在孩子全面客观认识自我、形成健全健康的人格、树立积极的职业价值观、提供家庭支持等方面的作用甚至是学校无法替代的。有研究表明,父母是影响中国青少年做重要决定的最显著因素,家庭成员的组成、居住地、家庭收入、父母的职业、父母的受教育程度、父母子女每周交流时间、父母对孩子的职业期盼等都影响着孩子的生涯发展方向和轨迹。父母是孩子职业世界的第一位榜样,也是孩子终身发展的支持者。因此,学校也要对家长进行生涯教育专题培训,唤醒意识,提供思路和方法;同时,要将家长纳入学校全员导师机制中,充分发掘家长群体中蕴含的社会职业资源,形成家校育人合力。

(六)汇聚社会资源搭建学生生涯实践平台

《中小学综合实践活动指导纲要》指出要让高中生通过参加丰富的职业体验活动等,深化社会规则体验、国家认同、文化自信,初步体悟个人成长与职业世界、社会进步、国家发展和人类命运共同体的关系,增强根据自身兴趣专长进行生涯规划和职业选择的能力,对高中生涯发展教育提出了很高的要求。如果学生缺乏关于自我、社会和自然深刻的、真实的体验,就很难建立起学习与生活的有机联系,也就很难做出真正适合的生涯发展规划。从本次调查及国内相关研究成果来看,社会实践性资源不足是高中生涯发展指导中共同的薄弱环节,反映了学校与社会的连接还不够紧密。因此,要切实提高认识,充分汇聚本区域、本土社会教育资源,为学生搭建生涯实践平台。学校、家庭和社会各尽其能,为学生搭建起生涯发展的支持系统。

　　高中生涯指导数字化课程资源体系的建设是一个既重要又复杂的过程。通过政策指引和现实需求的推动,我们可以为学生和教师提供更好的生涯指导资源和支持。然而,我们也需要有更多的创新,解决一系列关键问题,以确保数字化课程资源体系的质量和有效性。

第二章

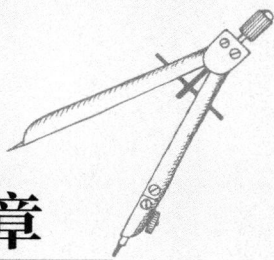

高中生涯指导数字化课程资源体系的
整体建构

通过开展调查研究以及对国内先进地区相关研究成果进行学习梳理,笔者认为高中生涯指导课程资源亟待解决的主要问题有:生涯发展指导课程资源体系不完善,优质课程资源不足;教师生涯发展指导课程设计与实施力不强,校际差异较大;生涯实践、体验性课程资源不足,不能满足学生需求。区域整体规划、整体建构高中生涯指导数字化课程资源体系,是解决以上问题的有效途径。

第一节 平台支撑 整体规划

在高中生涯指导数字化课程资源体系建设的过程中,平台支撑是整体建构的重要组成部分。为了有效支撑这一体系,需依托一个可靠的平台,并建立相应的机制来规范实施。此外,为了保证体系的科学严谨性,还需要订立一系列原则,包括基础性原则、主体性原则、发展性原则和多元性原则。本节将对这些内容进行详细讨论与分析,以指导高中生涯指导数字化课程资源体系的建设工作。

一、依托平台,有效支撑

教育部印发了《教育信息化 2.0 行动计划》,提出要建成"互联网+教育"大平台,推动从教育专用资源向教育大资源转变、从提升师生信息技术应用能力向全面提升信息素养转变、从融合应用向创新发展转变,努力构建"互联网+"条件下的人才培养新模式、发展基于互联网的教育服务新模式、探索信息时代教育治理新模式。为顺应教育信息化发展趋势,南开区在 2015 年就超前行动,启动了南开区"云动"课程资源平台建设项目。平台的建设对助力区域优质资源共建共享均衡分配、实现数字环境下的中学教研课程化、推动基于个性化学习的教学模式创新等具有重大意义。

"云动"平台课程资源建设强调"立德树人"根本任务,关注核心价值引领、关注学科本质、关注学生发展指导、关注学生综合素质评价。课程资源开发立足南开区域文化特色,以"允公允能,日新月异"为实践维度,坚持德育为本的思想,推动"学科德育"向"学科素养"的深度转化,将新时期"立德树人"的要求融合贯穿各学段、各学科及各领域,全面实现学校、家庭、社会等课程资源的有效整合,创新课程实施方式,贯彻全人教育宗旨。

课程平台大力开发区域精品课程、特色校本课程、名师讲堂、高中选修课程、中学研修课程、京津沪教师联盟课程等,架构成熟、功能强大,受关注程度高、影响力广。同时,南开区"云动"课程资源平台还与天津市基础教育资源公共服务平台、天津中小学人人通平台相对接,与其共享丰厚的教育资源,为高中生涯发展指导数字化课程资源体系建设提供了有力的平台支撑。

二、建立机制,规范实施

首先,南开区制定印发了《南开区普通高中学生发展指导实施意见(试行)》,提出要加强学生发展指导研究,针对生涯指导面临的新问题探索新方法。区教研部门要整合区域资源,促进交际联合,开发区域课程资源,为学校提供可操作的方案,整体提高南开区学生发展指导水平。为项目实施提供了政策保障的同时,确定了以课程内容体系建设为核心,以科研思维为引领,教研实践为路径,校际协作,师生共建,边建设边应用,边总结推广,边反思完善的课程资源建设机制。

南开区心理教研员负责项目设计与组织实施,组建由各学校各科骨干教师构成的多元教师团队,建构"两学校一基地"(天津中学、天津大学附属中学、天津市国际青少年志愿团)校内外研究实践实体。学校形成"一把校长总负责—德育、教学联合管理—心理教师引领—全员参与"的组织架构;校外生涯实践基地负责搭台,链接社会资源。项目团队全体成员积极参与,以天津大学附属中学、天津中学为实验学校,进行区域课程资源的开发、应用与验证,进行校本转化与创新。同时,以天津市国际青少年志愿团为校外生涯实践平台,负责社会资源的发掘与链接,联络各行业典型生涯人物,作为学生校外生涯导师,遴选不同类型的企事业单位作为区域生涯实践基地,丰富拓展生涯实践性、体验性资源。师生家长、家校社会协同共建,共同助力课程资源建设。形成了"组建研究团队,搭建课程资源内容框架—开展课例研究,进行方案打磨—阶段性总结,初步推广—优化重构,形成体系—提升价值,加大推广"逐渐深入的研究路径。

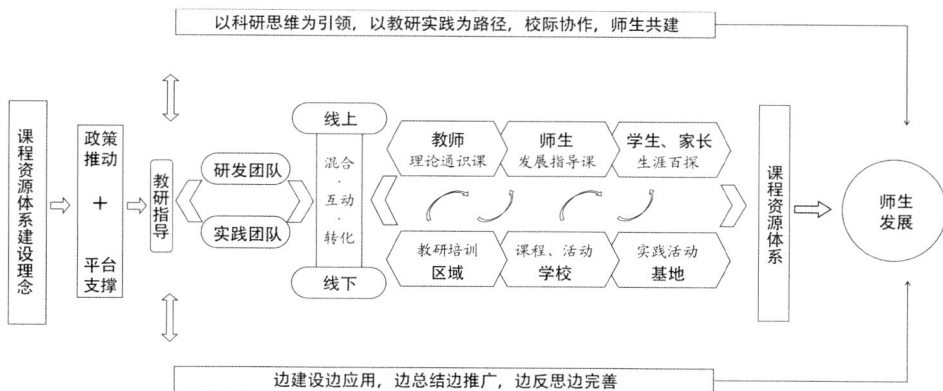

图 2-1 南开区高中生发展指导课程资源体系建设机制

三、订立原则,科学严谨

任何课程资源都不可能涵盖学生生涯发展指导的全部内容,解决学生面临的全部问题。因此,明确的课程原则有益于课程资源体系建设的范畴定位和价值导向,是课程资源得以规范性建设和应用的保障。我们根据数字化课程资源的呈现和传播特点,确定了课程资源建设与应用四项基本原则。

（一）基础性原则

网络课程不能给学生以及时的反馈指导，内容不宜太深太难，目标不宜过高过大。我们对课程资源的定位是将学生共性的、普遍性的问题作为课程资源的主要内容，将帮助学生树立生涯发展意识，形成初步的规划能力作为基本目标。

（二）主体性原则

学生永远是自己生涯发展的主人。一方面，教师要在课程中注重激发学生的主体性，另一方面，有必要引导学生参与到课程资源建设中来，让他们有机会分享自己的生涯实践、体验和思考，自助互助，共同成长。

（三）发展性原则

生涯发展指导的目的不是让学生在高中时代就做出一成不变的选择。发展性原则就是强调"今天的探索是当前的、阶段性的探索，今天遇到的问题是成长性的、发展性的问题"，课程中不给学生固化的结论，不引导学生做出僵化的、局限性的判断。

（四）多元性原则

每个学生都是独特的，都有自身的优势，生涯发展的可能性是多元的；社会需求也是多元的，不同的学生可以有不同的人生选择，同一个学生也能有不同的道路可走。因此，生涯指导最重要的任务是帮助学生发现自己的个性特点和潜能，了解社会的发展变化，做出更适合自己的个性化发展规划。

经过五年的实践研究，最终形成了包括由师生共享的助力性课程资源"高中生涯发展指导课程"、教师研修支持性课程资源"生涯理论通识课"、学生自主创生性课程资源"生涯百探——来自学生的生涯实践报告"为内容主体的高中生涯发展指导数字化课程资源体系，三类课程资源相辅相成，为促进学生自主成长和教师专业发展提供了有力支撑。

第二节 专业研修 提供支持

教师是高中生涯指导数字化课程资源体系建设的主体和关键,他们所具备的生涯理论知识、操作技能直接影响着他们对学生开展生涯指导的水平,影响着课程资源建设的质量与效果。为教师提供支持,不断提高教师生涯指导能力,成为项目研究的重要内容。

一、生涯理论课程资源建设

生涯指导教师需要掌握自我认知、自我管理的相关心理学理论知识,帮助学生全面准确地认识自我,发现学生的长处,挖掘发展的潜力和优势。生涯指导教师需要了解高考志愿填报的相关政策制度,高校建设、专业设置及招考等相关信息,促进学生全面了解、利用国家和社会提供的教育资源。生涯指导教师需要了解当今社会行业、职业、企事业发展的状况,指引学生评估生涯发展机会,做出科学的战略选择。这三方面的信息量非常庞大,且不断发展变化,不仅对缺乏社会经验的学生而言是难以全面了解的,对在中学不同岗位上的教师个体也难以全面把握。

调研发现,学校专职生涯指导教师大都由心理教师担任,他们大多承担着学校生涯课程的设计与实施工作,但他们在高中学校生涯导师队伍中占比不足1%,且在各学校分布不均衡。而占比更多的学科、班主任教师等由于缺乏心理学和生涯教育等相关理论知识与技能,在运用区域数字化课程资源指导学生学习的过程中往往不能很好地把握课程原则。为此,由项目组骨干教师创建了生涯发展指导通识性课程资源"生涯理论通识课",供教师研修学习使用。

内容包括新高考政策解读与学校实施案例,由担任新高考改革教学任务的区域骨干学科教师、教学管理者将新高考相关政策以及政策如何落地学校进行详细解读;同时,筛选出九个在生涯教育中最常用的、经典的生涯理论,包括帕森斯的人职匹配理论、霍兰德的职业兴趣理论、斯温的生涯决策金三角理论、舒伯的生涯发展阶段理论、生涯彩虹理论、埃里克森的青少年自我同一性理论、加德纳的多元智能理论、戈德伯格的大五人格理论、施恩的职业锚理论,不仅将其理论的核心观点、理念及相关操作工具方法进行介绍,还设计了将理论、方法进行课堂转化的可操作的活动方案,为教师提高课程设计实施的专业性、实效性提供有效支持。

二、课程资源应用与效果

通过"线上自主研修+线下课例研讨","生涯理论通识课"为教师提供专业支持的有效资源,为教师加油补力。一方面组织教师开展线上学习,另一方面组织线下学习培训,结合线上课例资源的线下转化开展同课异构活动,探讨生涯理论知识和方法在课程设计与实施中的活化应用,生涯课程的目标、原则,以及课程设计与实施的标准等教师们在工作中遇到的各种实际问题。通过理论结合实际的研修活动,提高教师生涯课程设计与实施的专业性、规范性。

随着生涯课程在各学校的深入推进,教师们胜任力得到提升的同时,开始不再满足对线上课程资源的模仿借鉴,而是对自己课程设计与实施能力抱有更高期待,工作动力得到提升。许多教师加入同课异构活动后,主动利用区域课程资源结合校情、学情对课程资源进行拓展创新、转化创新。南开中学开发的团体辅导活动"天下为公探生涯"、天津中学开发的"校友大讲堂——追踪校友的足迹"、天津大学附属中学开发的"模拟招聘会"等各具特色的活动课程方案,都是教师们自觉运用区域课程资源进行校本转化的范例。

教师的"导师"角色意识普遍提升。项目前期调研发现,超过70%的教师对自己兼有对学生进行生涯指导的职责缺乏认识表示认同。因此,笔者在全区提出要建立由心理教师、班主任和学科教师构成的三位一体的全员导师制,不同角色的教师从不同角度对学生承担不同的指导任务,缺一不可。目前,"全员导师制"已成为全区各高中学校的共识。

　　课程资源开发能力、课程设计实施能力得到大幅提升。项目研究之初,调查中将近60%的教师对课程资源开发、课程设计与实施表示存在困难,随着课程资源体系的建设应用,有73.5%的教师认为自己基本能够胜任生涯课程资源的开发。这几年,南开区教师开发的生涯指导课程资源有数十节获得了国家级、市级奖项,设计实施的生涯指导课程有十余节获市级展示交流。天津中学、天津大学附属中学、南开中学、四十三中学、翔宇学校等都形成了"校本生涯指导课—学科渗透指导课—特色生涯教育活动"相辅相成、各具特色的校本生涯指导课程体系。

第三节　共享课程 点燃动力

　　项目前期调查中,对高中生涯发展指导的必要性师生的认同度都高达98%,并且学校都将开设生涯发展指导课放在各种指导形式的首位。项目组将"高中生涯发展指导课"的建设及应用过程,既当作满足师生学习需要的主要途径,也当作激发和点燃师生生涯发展动力的重要手段,让师生从心动到行动,生涯发展动力得到提升。

一、师生共享课程资源的建设

(一)理论模型

　　依据斯温的生涯规划金三角理论,经过对国内先进区域相关成果的梳理总结,结合本项目的调研结果,确定以斯温金三角理论中自我探索、环境探索、职业与教育探索为基础内容,针对高中阶段学业发展需要增加了学习管理与学习力提升相关内容,结合学生核心素养培养要求及未来职业发展需求增加了职业能力与职业素质培养相关内容,形成了课程资源内容架构的理论模型。

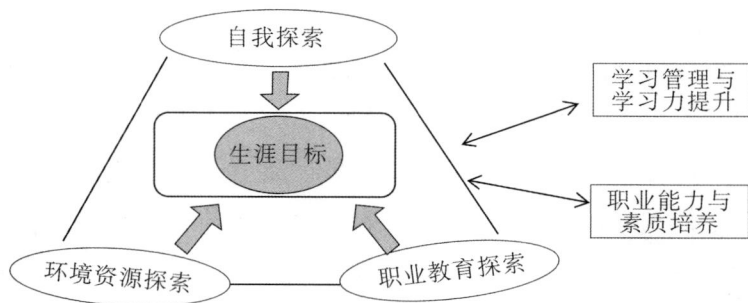

图 2-2　课程资源内容架构理论模型

（二）内容框架

依据以上模型进行课程资源的内容架构,设置了包括生涯意识、自我认识、学业发展、学习管理、职业探索、职业素质六个模块,每个模块下设与模块主题相关性最高的主题内容,共形成课例资源 30 余节,基本涵盖了生涯发展指导的核心内容。其中自我认识、学业发展和学习管理模块主要针对学生高

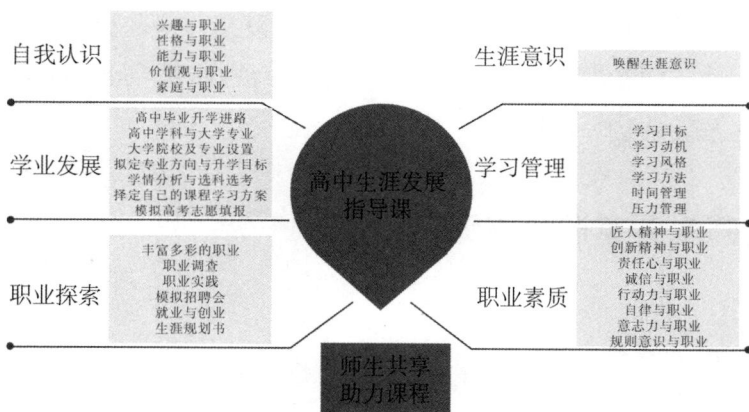

图 2-3　高中生涯发展指导课

中学业发展的实际需求,职业探索与职业素质模块更考虑到为其长远的职业发展与人生发展奠基。

（三）课例结构

每课时内容均以"视频+文字"构成。视频部分集中体现课程主题的重点学习内容,采用多种方式进行呈现。理论知识部分采用动画效果配合教师讲解,探索活动由教师带领学生操作演示,学生练习、师生对话、人物访谈等穿插进行,将知识性、趣味性、操作性、探索性相结合。文字学习材料包括学习目标、学习内容、延伸练习等,是对视频资料的说明、补充。满足学生学习探索的基本需求,方便教师教学应用。

二、课程资源的应用与效果

（一）教师层面

"线上自主研修+线下课例研讨"相结合,提升课程胜任力。组织全区生涯指导教师在平台上建立教师研习班,进行自主研习,依托数据平台的实时数据功能,以在线学习时长、任务完成度、参与讨论度为标准对教师学习情况进行评价。线下,组织开展同课异构活动,鼓励教师在借鉴区域资源的基础上,结合校情、学情进行课程重构,提升教师生涯指导课程的设计实施能力。以区域教研为载体,以培养骨干力量为重点,通过课例研究、专题研讨、同伴互评、专家指导、自我反思等活动将专业培训贯穿课程资源建设全过程。同时,为教师提供高水平的学习培训机会,组织参加全国生涯规划与种子教师培训班、市教委举办的高中学生发展指导骨干教师培训,让参与资源建设的教师先动起来,成为带动各学校实施生涯教育的火种。其他教师通过学习借鉴线上课程资源的内容、方法提高课程设计实施能力,增强胜任感和动力,为结合学情、校情进一步提升课程质量打下基础。

(二)学生层面

组织开展"线上+线下"学习,唤醒生涯意识和主动性。学生问卷调查数据显示,四成左右的学生没有明确的大学专业选择偏好,对未来的职业规划也较为模糊,学生的生涯意识和主动性有待唤醒。指导生涯课程上线后,区教研下发通知,各学校组织学生开展在线学习,同时,各学校根据情况开设生涯指导线下课程。通过"线上+下线"的学习,学生的生涯主体意识得到唤醒,同时,也为他们今后自主开展生涯实践探索活动提供了基础知识,培养了基本能力。许多学生表示,刚升入高一时面临学业选择、生涯规划内心迷茫又不安,通过生涯课程的学习后对生涯发展的理解逐渐清晰了,自主选择的信心和生涯发展的适应性得到提升,能够理性地拟定自己高中阶段性的学业目标,思考自己的职业发展和人生发展了。

共享课程资源的建设是点燃高中学生生涯发展动力的重要手段。通过建构科学的理论模型、设计丰富的内容框架和规范的课例结构,师生共享相关的课程资源,并将其应用到教学和学习中,从而提升了学生生涯发展动力,提高了生涯规划能力。

第四节　实践创生　主动探求

生涯实践性课程资源不足是各地区、各学校的普遍问题,而学生对此又有强烈的需求。特别是疫情期间,使学生实地实践机会进一步减少。为破解这一难题,一方面积极挖掘社会资源构建区域生涯实地实践基地,另一方面努力放大数字化课程资源不受时空限制的优势,由学生自主创建生涯实践性课程资源"生涯百探——来自学生的生涯实践报告"。

一、广泛参与,实践生成

课程资源全部来自学生,都是学生在亲身实践、自主探索的基础上创建生成的。首先,教师为学生传授生涯实践方法(实地考察、生涯体验、人物访谈等)以及网络文献研究方法(信息检索、网络调查、网络文献分析等),然后学生围绕自己感兴趣的大学与专业、行业与职业、职业人物的生涯故事等内容,进行实地研究或挖掘优质网络资源进行研究,并将自己的实践研究成果制作成图文并茂的研究报告,生成数字化课程资源,再由项目组对学生的作品梳理总结,建构出框架,最后形成了近百例资源:走进企事业单位、探访大学与专业、细听学长话经验、职业人物访谈、生涯榜样的故事、学生父母有话说、看电影悟生涯等。

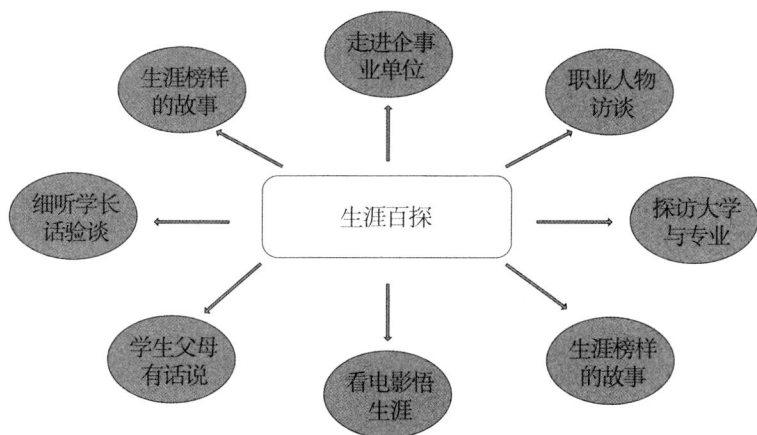

图 2-4 生涯百探

二、主动探求,自主成长

一切教育的目的最终都要指向学生的主动发展,学生对自己生涯发展的主动探求是生涯教育的最高价值体现。只有亲身参与、亲身实践才能有深切的体验和感悟,才能真正地了解自我、了解他人、了解社会和自然,对"我是谁""我从哪里来""要到哪里去"等一系列人生命题主动探寻,作出回答。

通过"生涯百探"课程资源的建设与学习,激发学生生涯探索的兴趣和动力。学生探访亲友、追问学长、与家长对话、在网络里挖掘、到电影里寻找……在全区掀起了一场精彩的生涯实践活动,他们遇到问题不再坐等教师给资源,而是自己想办法找资源、创建资源。"生涯百探"是一个开放的、持续增建和更新的资源库,历届学生均可参与,为学生提供了关于专业和职业的丰富的认知与体验性资源,也为教师、家长深入了解学生的内心世界和需要打开了大门,是学校、社会、家庭三者联动,提高生涯教育针对性的重要途径。

通过参与"生涯百探"的创建与学习,提高了学生的生涯实践能力,树立了生涯发展信心。项目组充分挖掘利用社会资源,依托天津市国际青少年志愿团,为学生搭建校外生涯实践平台,使生涯指导课程走出课堂、连接社会,解决了实践性课程资源不足的问题。让学生走进企事业单位,走近行业精英,开展实地考察和人物访谈等。这些活动让他们对行业和职业的认识更深入更具体,同时磨炼了性格,提升了表达能力,锻炼了与权威对话的心态,对他们的生涯发展影响深远。同时他们还从这些职业人物的生涯发展历程中汲取积极向上的力量,极大地鼓舞了他们规划自己的职业蓝图并努力践行的信心。

通过参与"生涯百探"的创建与学习,增强了学生生涯发展主体意识,提高了生涯发展自主规划能力。学生在活动的基础上,进行组织材料,用生动活泼的方式制作成视频资料,项目组遴选出 100 个入选区域课程资源。这一过程,开阔了学生的视野,学习到网络信息挖掘、网络调查、网络文献分析等方法,提高了自主研学能力,真正实现了主动发展、同伴互助、共同成长。课程资源的建设与应用过程增强了学生生涯发展意识,也让他们获得了生涯规划知识。学生能积极踊跃参与线上学习,纷纷在课后留言,交流他们的学习思考和收获,并表示课程资源对丰富生涯知识,提高生涯规划能力帮助很大。

区教研通过"线上+线下""专门课程+学科融合课程""课程+活动""校内+校外"等混合学习模式的推动,使学生线下学习生涯发展指导校本课程实现了区域全覆盖,学生通过校本课程面对面地和教师沟通,与同学交流,及时解决他们的生涯困惑。学生在参与学习和创建课程资源的过程中自觉地描绘出自己的生涯规划蓝图,努力按照生涯规划的愿景去实现自己的目标和梦想,教师在助力学生生涯发展的过程中进一步增强自己的职业理想,实现自己的职业价值。师生之间相互交流,彼此启发,共同探索,彼此成就。

课程资源的建设应该是开放性的,应在实践中不断反思和完善,建立课程资源持续更新机制,保障课程资源的时效性;建立课程资源应用推广机制,加大宣传力度,扩大推广范围,发挥课程资源更大的效益。

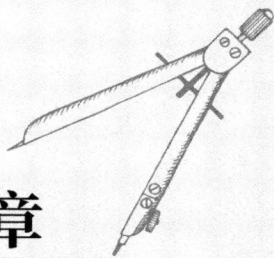

第三章

教师研修
——生涯理论通识课

在新高考改革背景下,单纯依靠心理教师是无法满足全体学生生涯指导需求的,全员生涯导师制的实施,让班主任和学科教师都承担起学生生涯指导的任务。不同角色的导师在学生指导方面各有侧重、各有所长,但在生涯课程的胜任力方面都有待提升,在调查中教师也普遍反映需要生涯理论和技能方面的培训,需要丰富的课程资源的支持。因此,教师研修课程资源建设是非常必要的。

一是注重激发主动性。调查显示,很多教师缺乏对生涯导师角色的认识和认同,一方面是因为对高考招生制度改革及新课程改革的本质理解不到位,另一方面很大程度上也和生涯指导知识欠缺、能力不足有关。因此,教师对肩负的生涯导师职责持消极、回避甚至抵触的态度。通过生涯理论通识课的设置和学习,首先要提高教师对生涯指导的认识和理解,改变教育观念,提升其对生涯导师角色的认同,激发生涯教育的责任感和主动性。

二是注重提高实操性。单纯的理论知识学习是枯燥的,也是不容易理解掌握的。课程资源的内容应该具有迁移价值,易于教师根据教学实际创造性地加以应用。因此,课程资源的内容设置为"理论核心知识+教学活动应用示例",使教师在提高理论水平的基础上,将理论知识转化为可操作的教学实践,提高生涯课程设计的科学性与课程实施的有效性。

三是注重促进体验性。运用课程资源进行研修的路径有两点:一是开放线上课程平台进行自主学习,二是组织线下体验式研修活动。其中,体验式研修效果更佳。作为生涯指导教师,首先要能够对自己的生涯发展具有较高的认识和规划能力,仅依靠理论知识学习是达不到的。体验式研修活动通过小组互动的形式,创设安全、开放的氛围,支持和鼓励教师进行深入的自我探索,对自己的生涯道路进行反思,体验认识自我、接纳自我、完善自我的过程,促进教师自我成长。同时,体验式研修活动中教师经过实际操练、体验,更好地理解和活用理论,易迁移到对学生的指导中,提高生涯指导的专业性和有效性。

课程资源应用基本设置:线上自主学习,面向全体高中教师,即由心理教师、班主任、德育教师、学科教师等构成多元生涯导师团队,共9学时,在线完成课程内容学习,提交课后作业。线下体验式研修,面向各学校主要专兼职生涯教师,共9次,每次2学时。由骨干教师带领,通过活动、体验、分享、交流提升对理论的深入理解,形成活动设计与操作的方法和技能。

第一节　人职匹配理论

"人职匹配理论"是用于职业选择、职业介绍和职业指导的经典理论。该理论以个性心理学和差异心理学为基础,认为人的个性结构存在差异,每一种职业对工作者的气质、能力、心理承受能力要求不同,在进行职业决策的时候,根据个性特征进行职业抉择。本节将深入探讨"人职匹配理论"的核心知识以及其在教学活动中的应用,帮助高中生科学地进行生涯抉择。

一、理论核心知识

(一)产生背景及发展现状

20世纪初的美国,大量移民涌入,大批农民进入城市,退役的军人加入就业大军中,青年人离校后即失业。1908年帕森斯在波士顿创设了"职业局",提出了职业指导理论,将个人的心理特质作为描述个别差异的重要指标,强调个人的特质与职业选择的匹配关系,推动了人才测评在职业选拔与指导中的运用和发展。帕森斯的"人职匹配理论"又称帕森斯的特质因素理论,是最早的职业辅导理论。他认为,每个人都有自己独特的人格模式,每种人格模式都有其相适应的职业类型。该理论自产生以来经久不衰,被人们广为采用,为人们的职业设计提供了基本原则。

（二）主要内容

1. 人职匹配理论的理论前提

（1）每个人都有自己独特的特性,并且可以客观而有效地进行测量;（2）为了取得成功,不同职业需要配备不同特性的人员;（3）选择一种职业是一个相当易行的过程,而且人职匹配是可能的;（4）个人特性与工作要求之间配合的愈紧密,职业成功的可能性越大。

2. 理论关键词

所谓"特质"就是指个人的人格特征,包括能力倾向、兴趣、价值观和人格等,这些都可以通过心理测量工具来加以衡量。

所谓"因素"则是指在工作上要取得成功必须具备的条件或资格,可以通过对工作的分析而了解。

3. 职业设计三要素模式

第一步是评价求职者的生理和心理特点（特性）。通过心理测量及其他测评手段,获得有关求职者的身体状况、能力倾向、兴趣爱好、气质与性格等方面的个人资料,通过会谈、调查等方法获得有关求职者的家庭背景、学业成绩、工作经历等情况,并对这些资料进行评价。

第二步是分析各种职业对人的要求（因素）,并向求职者提供有关的职业信息。包括职业的性质、求职的最低条件、为准备就业而设置的教育课程计划、就业机会等。

第三步是人职匹配。指导人员在了解求职者的特性和职业的各项指标的基础上,帮助求职者进行比较分析,以便选择一种适合其个人特点又有可能得到并能取得成功的职业。

4.人职匹配类型

因素匹配(活儿找人),如需要有专门技术和专业知识的职业与掌握该种技能和专业知识的择业者相匹配,或脏、累、苦劳动条件较差的职业,需要有吃苦耐劳、体格健壮的劳动者与之匹配。特性匹配(人找活儿),如具有敏感、易动感情、不守常规、个性强、理想主义等人格特性的人,宜于从事审美性强、突出自我情感表达的艺术创作类型的职业。

(三)评价

1.理论优点

(1)特质因素论注重职业资料的重要性,强调个人必须对职业有正确的态度与认识;(2)讲究科学理性,符合逻辑推理的方法,辅导方法十分具体,便于学习;(3)注重个人心理特质的差异,重视心理测量工具的使用,也推动了以后心理测验工具的使用和发展。

2.理论不足

特质因素理论前提为个人的特质和工作的性质是固定不变的,而事实上,这两者都是在变化之中的,所以用发展的观点看,特质因素理论存在一定的缺陷。

二、教学活动示例

(一)活动名称

职业探索之旅。

(二)活动目标

帮助中学生了解自己的兴趣、能力和价值观,将其与潜在职业进行匹配,引导他们进行职业选择和规划。

（三）活动流程

1. 兴趣探索

学生填写兴趣问卷，了解他们对不同领域的兴趣程度。引导学生思考并讨论他们喜欢的活动、兴趣爱好和领域。

2. 能力评估

学生完成能力评估量表，了解他们在不同领域的潜在能力。引导学生思考并讨论他们在哪些方面表现出色，并与其他人有所不同。

3. 价值观探索

学生进行价值观探索问卷，了解他们对不同价值观的重视程度。引导学生思考并讨论他们对事业、家庭、社会等方面的价值观。

4. 职业匹配

学生根据自己的兴趣、能力和价值观，使用帕森斯的人职匹配理论，在指导教师的帮助下，选择与之匹配的职业。学生分享自己选择的职业，并解释为什么觉得这个职业适合自己。

5. 职业分享和讨论

邀请职业导师或相关专业人士来到班级，与学生分享他们的职业经验和工作内容。学生提问并与职业导师进行互动交流，了解职业的具体要求和前景。

6. 总结和规划

引导学生回顾活动过程，总结自己的兴趣、能力和价值观，以及所选择的职业。学生制定初步的职业规划，并思考下一步的行动计划。

（四）活动材料

兴趣问卷、能力评估量表、价值观探索问卷、职业匹配指南、职业分享和讨论材料等。

人职匹配理论是一种重要的职业指导理论,通过考虑个体的特点和职业的要求,帮助个体选择适合自己的职业。在教学活动中,人职匹配理论可以帮助学生了解自己的特点,并进行职业选择。

第二节　职业兴趣六角型理论

在职业选择和发展过程中,了解自己的职业兴趣和个人特长非常重要。霍兰德职业兴趣理论为我们提供了一个系统的分类和理解职业兴趣的方法。通过一系列的教学活动,我们可以帮助学生探索自己的职业兴趣,从而更好地规划自己的未来职业发展。

一、理论核心知识

职业指导专家霍兰德提出了职业兴趣理论,在该理论中,人格被看作是兴趣、价值、需求、技巧、信仰、态度和学习个性的综合体。就职业选择而言,兴趣是个体和职业匹配的过程中最重要的因素,某一类型的职业通常会吸引具有相同特质的人,这种人格特质反映在职业上,就是职业兴趣。

（一）六种类型

根据职业兴趣,霍兰德将人的人格分划分为六种类型:现实型、研究型、艺术型、社会型、事业型、常规型。

1. 现实型（R）

共同特点:愿意使用工具从事操作性工作,动手能力强,做事手脚灵活,动作协调。偏好具体任务,不善言辞,做事保守,较为谦虚。缺乏社交能力,喜欢独立做事。

典型职业:喜欢使用工具、机器,需要基本操作技能的工作,如园艺师、司机等。

2. 研究型(I)

共同特点:思想家而非实干家,抽象思维能力强,求知欲强,肯动脑,善思考,不愿动手。喜欢独立的和富有创造性的工作。知识渊博,有才能,不善于领导他人。考虑问题理性,做事喜欢精确,喜欢逻辑分析和推理,不断探讨未知的领域。

典型职业:喜欢智力的、抽象的、分析的、独立的定向任务,如科学研究、电脑编程。

3. 艺术型(A)

共同特点:有创造力,乐于创造新颖、与众不同的成果,渴望表现自己的个性,实现自身的价值。做事理想化,追求完美,不重实际。具有一定的艺术才能和个性。善于表达、怀旧,心态较为复杂。

典型职业:喜欢的工作要求具备艺术修养、创造力、表达能力和直觉,如摄影师、歌手。

4. 社会型(S)

共同特征:喜欢与人交往、不断结交新的朋友、善言谈、愿意教导别人。关心社会问题、渴望发挥自己的社会作用。寻求广泛的人际关系,比较看重社会义务和社会道德

典型职业:喜欢要求与人打交道的工作,如教育工作者(教师、教育行政人员),社会工作者(咨询人员、公关人员)。

5. 事业型(E)

共同特征:追求权力、权威和物质财富,具有领导才能。喜欢竞争、敢冒风险、有野心、抱负。为人务实,习惯以利益得失、权利、地位、金钱等来衡量做事的价值,做事有较强的目的性。

典型职业:喜欢要求具备经营、管理、劝服、监督和领导才能的工作,如项目经理、企业领导。

6. 常规型(C)

共同特点:尊重权威和规章制度,喜欢按计划办事,细心、有条理,习惯接受他人的指挥和领导,自己不谋求领导职务。喜欢关注实际和细节情况,通常较为谨慎和保守,缺乏创造性,不喜欢冒险和竞争,富有自我牺牲精神。

典型职业:注重细节、精确度、有系统有条理的工作,如秘书、图书馆管理员。

(二)理论的价值

职业兴趣理论把个人特质与适合这种特质的工作密切联系起来,在职业兴趣测试的帮助下,个体可以清晰地了解自己的职业兴趣类型和在职业选择中的主观倾向,从而在纷繁的职业机会中找寻到最适合自己的职业,避免职业选择中的盲目行为。尤其是对缺乏职业经验的学生而言,霍兰德的职业兴趣理论可以帮助学生做好职业选择和职业设计,成功地进行职业调整,从整体上认识和发展自己的职业能力。

二、教学活动示例

(一)活动名称

探索职业兴趣游戏。

(二)活动目的

通过游戏的方式帮助中学生了解霍兰德职业兴趣理论,并探索自己的职业兴趣和个人特长。

(三)活动流程

1. 活动开场

教师简单介绍霍兰德职业兴趣理论,并解释活动的目的和流程。

2. 职业兴趣小组讨论

将学生分成小组,每组4—5人。每个小组根据霍兰德职业兴趣理论,讨论自己所熟悉的职业,并探讨该职业需要哪些特长和技能。

3. 职业兴趣游戏

准备一些职业兴趣相关的游戏卡片或题目。每个小组轮流抽取一张游戏卡片或回答一个问题。学生根据卡片或问题,讨论自己对该职业的兴趣程度和个人特长是否与该职业相符。

4. 职业兴趣展示

每个小组选择一种职业,向其他小组展示他们对该职业的兴趣和个人特长。学生可以使用图片、演讲或其他创意方式展示。

5. 活动总结和反馈

教师进行总结,回顾学生的讨论和展示内容。鼓励学生思考自己在活动中的收获和对未来职业发展的想法。通过观察学生在小组讨论和游戏环节中的参与程度,评估他们对不同职业的兴趣和理解程度。同时,可以收集学生的反馈意见,了解他们在活动中的体验和收获。

通过探索职业兴趣游戏这样的教学活动,学生可以更加深入地了解霍兰德职业兴趣理论,并通过小组讨论和展示,分享自己对不同职业的兴趣和个人特长。这样的活动不仅可以帮助学生认识自己,还可以激发他们对未来职业的思考和规划。通过这样的教学活动,学生将更加准确地认识自己的职业兴趣,为自己的职业发展做出明智的选择。

第三节　生涯目标金三角理论

高中生涯指导数字化课程资源体系建设中,生涯目标金三角理论是一种重要的理论框架。本节将介绍该理论的核心知识,帮助读者全面了解生涯目标金三角理论的内涵和应用。同时,还将提供一些教学活动示例,以帮助读者在实际的生涯指导工作中更好地理解和应用该理论。

一、理论核心知识

美国伊利诺大学斯维因(Robin Swain)博士针对生涯规划提出了生涯金三角模型,他认为个体在做生涯决定时需要考虑三个方面的因素,分别为"自我""教育与职业资料"及"个人与环境的关系"。

其中,自我包括自己的能力、性向、性别、兴趣、价值观、健康状况、个人需求、个人特质、学业成就等,自我认识占据金字塔的顶端,代表评估生涯的主角就是自己。高中生可以通过参加活动,或高中生涯规划课程学习、参考问卷工具等的结果,以及家人朋友的反馈等,对自我进行深入的了解与探索。

个人与环境的关系是指家庭、学校等重要他人的影响,及工作、社会发展趋势的影响等。包括机缘、家庭经济、社会潮流、家人期望、地缘关系、同伴关系、助力或阻力等,在这方面主要考虑家庭与社会两个因素,如家庭社会经济状况、重要他人期待、社会价值观、同伴影响,以及各种与环境相关的助力与阻力。在阻力方面,例如在家庭对个人的影响当中,他人的期望可以是职业发展上的助力,也可能是阻力,因此要与家人充分的沟通,减少不必要的冲突,让自己的职业生涯更顺畅。

教育与职业资料包括对各种生涯选项的了解与资讯的收集,如升学渠道、参观访问、发展趋势、科系类别、职业类别、学校类别等。可以通过校友座谈、大学参观、网络搜集等了解未来的升学渠道与院系相关信息,对大学专业未来的职业趋势、产业结构与工作内容等有所认识。

这三个方面对生涯决定有着重要的影响。从该模式中我们可以看出,这个三角形是生涯发展与规划的重点,是每个人可以自我培养、自我加强、自我改进的方面。在整个人生历程中,想要达到每一阶段的目标,必须同时考虑三个方面的因素,若个人在做生涯选择前能多方搜集相关数据,数据越丰富越齐全,就越能了解各向度之间的关联与影响力,越能提高未来在选择方面的精准度,越便于做出更适合的抉择,找到适合自己特质的发展方向。

斯维因将复杂的生涯理论,以简单、明了的图形呈现出来,使得生涯规划有架构可循。然而,由于每个人的客观情况不同、主观判断不同,每一个三角形所占比重上会有不同轻重的考虑,产生不同的生涯决定,每个人所达成的生涯目标也因此呈现出独特性与原创性。

二、教学活动示例

(一)活动名称:我的生涯"财富树"

活动目标:通过生涯"财富树"帮助学生了解生涯决策金三角,发现自己拥有的资源与优势。

活动流程:将生涯目标比作一棵大树,树上所结的果实就代表我们生涯目标选择的优势和资源。试着根据斯维因生涯决策金三角去探索和寻找你所拥有的果实吧。

图 3-1 生涯"财富树"

(二)活动名称:我的生涯金三角

活动目标:通过"我的生涯金三角",思考"自我""教育与职业资料"及"个人与环境的关系",进一步明确生涯决定。

活动流程:写出目前对于自己在"自我""教育与职业资料"及"个人与环境的关系"三个不同因素的分析;试着写出自己的优势和劣势及适合的方向,以及未来需要进一步了解和探索的方面。

生涯金三角模型是一个重要的理论框架,可以帮助个体在生涯决策中考虑"自我""教育与职业资料"以及"个人与环境的关系"三个方面的因素。在具体的教学活动中,活动示例一中的"我的生涯财富树"可以帮助学生了解

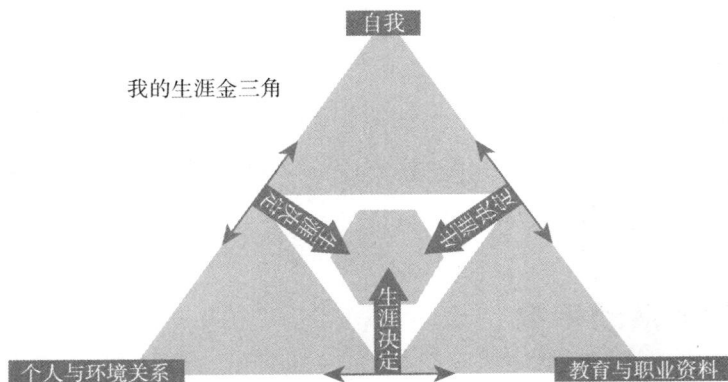

图 3-2 生涯金三角模型

生涯决策金三角,并发现自己拥有的资源与优势。活动示例二中的"我的生涯金三角"可以帮助学生思考"自我"、"教育与职业资料"以及"个人与环境的关系",进一步明确生涯决定。理论与实践相结合,学生可以更深入地了解自己和生涯决策的重要因素,从而做出更合适的抉择,并找到适合自己的生涯发展方向。

第四节 生涯发展阶段理论

舒伯的生涯发展阶段理论是关于个人生涯发展的经典理论。他将职业生涯划分为五个不同的阶段:成长、探索、建立、维持和衰退。每个阶段都有特定的发展任务需要完成,前一阶段的发展会对后一阶段的发展产生影响。本节将深入探讨"生涯发展阶段理论"的核心知识,策划相对应的教学活动,旨在通过生涯幻游让学生了解每个阶段的生涯发展任务,进行生涯探索。

一、理论核心知识

（一）五个阶段

在生涯理论的发展进程中，美国代表性职业管理学家舒伯以发展心理学为基础，系统地提出了有关生涯发展的观点。他将职业生涯的发展看成一个持续渐进的过程，由童年开始，一直伴随人的一生。1953年他根据"生涯发展形态研究"的结果，将人生职业生涯发展划分为成长、探索、建立、维持和衰退共五个阶段。

（一）第一阶段，成长阶段（0—14岁）

属于认知阶段。在这个阶段，孩童开始发展自我概念，学会以各种不同的方式来表达自己的需要，通过对现实世界不断的尝试而修饰其角色。

这个阶段发展的任务是通过家庭、学校及同伴等影响逐渐发展出"自我概念"，开启对世界的了解并建立正确的态度，逐步有意识地培养职业能力。

这个阶段共包括三个时期：第一个时期是幻想期（4—10岁），它以"需要"为主要考虑因素，在这个时期幻想中的角色扮演很重要，儿童从外界感知到许多职业，对于自己感兴趣和喜爱的职业充满幻想和进行模仿；第二个时期是兴趣期（11—12岁），它以"喜好"为主要考虑因素，喜好是个体抱负与活动的主要决定因素，以兴趣为中心，理解、评价职业，开始做职业选择；第三个时期是能力期（13—14岁），它以"能力"为主要考虑因素，能力逐渐具有重要作用，开始考虑自身条件与喜爱的职业是否相符，有意识地进行能力培养。

（二）第二阶段，探索阶段（15—24岁）

属于学习打基础的阶段。该阶段的青少年，通过学校的活动、社团休闲活动、打工等，对自我能力及角色、职业做了一番探索，因此选择职业时有较大弹性。这个阶段发展的任务是逐渐了解自我与工作的关系，开始生活与工作角色的试探,确定职业发展方向,使职业偏好逐渐具体化、特定化并实现。这阶段也包括三个时期:第一个时期是试探期(15—17岁),考虑需求、兴趣、能力及就业机会等,做暂时的决定,并在幻想、讨论、课业及工作中加以尝试;第二个时期是过渡期(18—21岁),进入就业市场或专业训练,更重视现实,并力图实现自我概念,将一般性的选择转为特定的选择;第三个时期是试验承诺期(22—24岁),生涯初步确定并试验其成为长期职业生活的可能性,若不合适则可能再经历上述各时期以确定方向。

(三)第三阶段,建立阶段(25—44岁)

属于选择、安置阶段。由于经过上一阶段的尝试,不适合者会谋求变迁或其他探索,因此该阶段较能确定自己在整个事业生涯中的职位,在31岁—40岁,开始考虑如何保住该职位并固定下来。在这个阶段,个人发展的核心任务是自我认同,对自己生活和职业有深刻理解。个体需要建立起自己的专业地位,并找到心仪的工作机会,同时与他人建立和谐关系。总之,此阶段的目标在于整合资源,稳固基础并积极寻求进步。

这个阶段细分又可包括两个时期:第一个时期是尝试期(25—30岁),个人在所选的职业中安顿下来,重点是寻求职业及生活上的稳定,也可能因生活或工作上若干变动而尚未感到满意;第二个时期是稳定期(31—44岁),个体致力于工作上的稳固,大部分人处于最具创意时期,由于拥有一定资历往往有优良的业绩。

(四)第四阶段,维持阶段(45—65岁)

属于升迁和专精阶段。个体仍希望继续维持属于他的工作职位,同时会面对新人的挑战。这一阶段发展的任务是维持与享受既有的成就,享受家庭与工作的喜悦,可能有生涯转变。

(五)第五阶段,衰退时期(65岁以上)

属于退休阶段。由于生理及心理机能日渐衰退,个体不得不面对现实,从积极参与到隐退。这一阶段往往注重发展新的角色,寻求不同方式以替代和满足需求。这个阶段发展的任务是改变工作和生活形态,适应退休生活,发展非职业角色,如转移到义工与社会服务。

二、理论的价值

舒伯的职业发展阶段理论是一种纵向职业指导理论,重在对个人的职业倾向和职业选择过程进行研究。在上述舒伯的职业生涯发展阶段中,每一个阶段都有一些特定的发展任务需要完成,每一阶段需达到一定的发展水准或成就,而且前一阶段发展任务的达成与否关系到后一阶段的发展。人生阶段并不完全能用年龄来划分,每个人都有可能在人生的不同时间点上再次经历这些阶段,或者部分阶段。

1984 年舒伯提出了循环发展任务的观点,认为在人一生的生涯发展中,每个阶段都要面对成长、探索、建立和衰退的问题,因而形成"成长—探索—建立—维持—衰退"的循环。

高中生正处于探索发展阶段的试探期(15—17 岁),可以将舒伯的生涯发展阶段理论应用到高中生生涯发展指导课程中,让学生知晓在高中阶段乃至整个人生发展的每个阶段都有哪些生涯发展任务需要完成,并且可以通过生涯幻游、讨论等活动形式,进一步探索自己的职业需求、兴趣、能力以及就业机会等,制定生涯目标,并在幻想、讨论、课业及工作中加以尝试。

三、教学活动示例

(一)活动名称

生涯幻游。

(二)活动目标

通过生涯幻游,学生了解人生发展的每一阶段都有相应的生涯发展任务,并进行生涯探索。

(三)活动流程

1. 根据自己的成长历程,讲述自己的梦想故事

	0—10岁	11—14岁	15—___岁	___—___岁	___—___岁
生涯阶段					
我的梦想					
追梦行动					

2. 我的生涯任务单

请和你的家长或者小伙伴们讨论一下,你们认为现阶段或者未来某一阶段最重要的三个任务是什么? 完成这些任务对未来发展会起到什么样的作用?

人生阶段:_____

任务1:_____对未来的作用:_____

任务2:_____对未来的作用:_____

任务3:_____对未来的作用:_____

3. _____的生命线

通过回顾过去经历的生涯事件,以及对自己未来的预想和展望,完成自己的"生命线"。

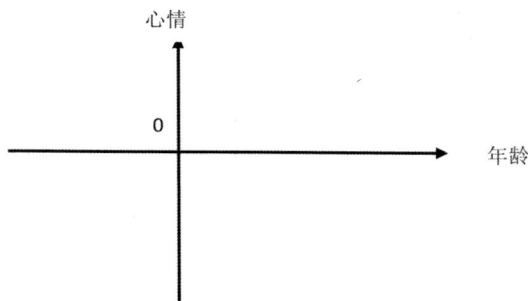

图3-3 生命线

请准备不同颜色彩笔若干,用不同颜色区分人生不同阶段的心情,以及对待生涯事件的态度等,标记在生命线上所对应的人生阶段或生涯事件中。

通过本活动,学生能够了解到不同阶段的生涯发展任务,并思考自己目前或将来面临的任务及其对未来发展的作用。同时,通过完成自己的生命线,学生能够回顾过去的经历并展望未来,为制定自己的生涯规划提供思路和启示。

第五节　生涯彩虹理论

生涯彩虹理论是舒伯提出的一种理论观点,用彩虹的形象来展现人生的发展阶段和角色扮演的关系。这一理论认为,人的一生可以分为长度、宽度和深度三个层面,每个阶段都包含了不同的角色,而每个角色的投入程度也会随着时间和情感的变化而不同。本节中将介绍这一理论的核心知识,并提供一个绘制个人生涯彩虹图的教学活动示例。

一、理论核心知识

(一)理论的提出

当一个人沿着人生不同阶段前进时,他还在生活中扮演着不同的角色。为了综合阐述生涯发展阶段与角色彼此间的相互影响,舒伯提出了"生活广度、生活空间的生涯发展观",他将人生比喻成一道跨越天际的彩虹,创造性地描绘出一个多重角色生涯发展的综合图形——"生涯彩虹图",形象地展现了生涯发展的时空关系,更好地诠释了生涯的定义。

(二)主要内容

舒伯将人的一生发展归纳为三个层面:

长度是指人生主要的发展阶段和大致估算年龄,包括成长、探索、建立、维持和衰退五个阶段。

宽度是指个人扮演的各种角色,舒伯认为人在一生当中必须扮演九种主要的角色,依次是儿童、学生、休闲者、公民、工作者、夫妻、家长、父母和退休者。这些角色是一个人自我概念的具体表现。

深度是指一个人扮演每个角色所投入的程度。阴影面积越大,投入越多。

在生涯彩虹图中,一个人一生中扮演的许许多多角色就像彩虹,同时具有许多色带(贯穿一生的彩虹)。横向层面代表的是横跨一生的生活广度。彩虹的外层显示人生主要的发展阶段和大致估算的年龄:成长阶段(0—14岁/儿童期),探索阶段(15—24岁/青春期),建立阶段(25—44岁/成人前期),维持阶段(45—64岁/中年期),衰退阶段(65岁以上/老年期)。

在这五个主要人生发展阶段中,每个阶段包括若干小的阶段,各个时期的年龄划分应依据个体情况的不同而定。(纵观上下的彩虹)。

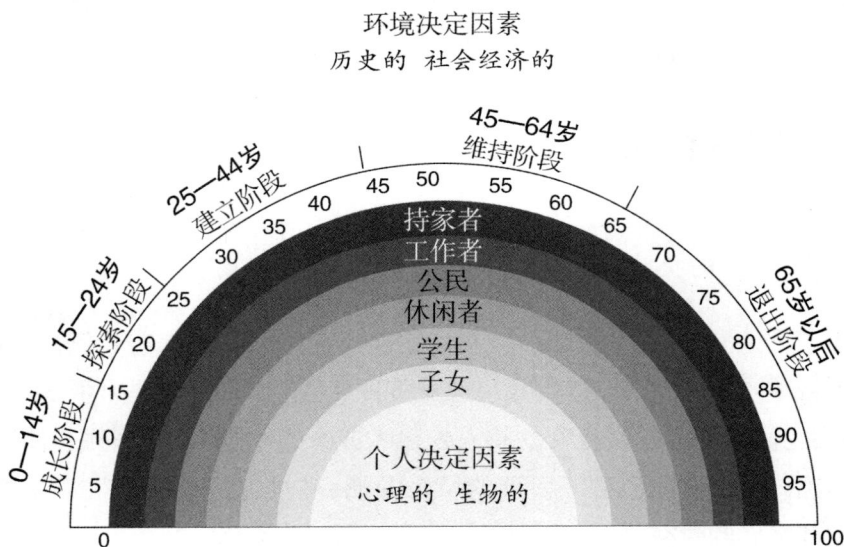

图 3-4 生涯彩虹图

在生涯彩虹图中,纵向层面代表的是纵贯上下的生活空间,由一切职位和角色组成,每个人的角色之间是交互作用的,某一个角色上的成功可能带动其他角色的成功,例如在学生角色上发展得较好,就为工作者角色,提供了更好的平台。反之,某一个角色的失败也可能导致另一个角色的失败。

不过舒伯进一步指出,为了某一个角色的成功付出太大的代价,也有可能导致其他角色的失败。

在每一个阶段,对每一个角色的投入程度,也就是深度,可以用颜色来表示,颜色面积越多,表示该角色投入得越多,空白越多表示该角色的投入减少。

彩虹图中的这些阴影部分表示角色的互相替换、盛衰消长,它除了受到年龄增长和社会对个人发展任务期待的影响外,往往跟个人在各个角色上所花的时间和感情投入的程度有关。

图中,第一层是子女角色,可以看到儿童的角色在 5 岁以前是涂满颜色的,之后渐渐减少,八岁时大幅度减少,一直到 45 岁时开始迅速增加。此处的儿童角色其实就是为人子女的角色。因而,这个角色一直存在。早期个体享受被父母养育照顾的温暖,随着成长成熟,在父母年迈之际则要花费多一些精力来陪伴,赡养父母。

第二层是学生角色。学生角色从四五岁开始,10 岁以后进一步增强,20 岁以后大幅减少,25 岁以后便戛然而止,30 岁以后学生角色又出现几次。这是由于处在现代科技发展日新月异的社会,青年在离开学校工作一段时间之后,常会感到此前的学习已不能满足工作需要,需重回学校,以进修的方式来充实自我。也有一部分人甚至等到中年儿女长大之后暂时离开原有的工作,接受更高层次的教育。

第三层是休闲者角色,这一角色在前期发展较平衡。直到 60 岁以后迅速增加,把休闲者角色列入生涯规划的考虑之中,是因为平衡工作和休闲是一项非常重要的任务。特别是在如此快节奏和高效率的社会中,正如图中的空白也构成画面一样,休闲是我们维持身心健康的一种重要手段。

第四层是公民角色。此角色从 20 岁开始,35 岁以后得到加强。65—70 岁,达到顶峰之后慢慢减退。公民的角色代表了承担社会责任关心国家事务的一种责任和义务。

第五层是工作者角色。工作者角色从 26 岁左右开始,颜色阴影几乎填满了整个层面,可见图中的当事人对这一角色相当认同,但在 40 多岁时工作者的角色完全消失,对比其他角色不难发现,这一阶段,学生角色和家长角色都有不同程度的增强,两三年后学生角色消失,家长角色的投入恢复到平均水平,而工作者的角色又被颜色涂满,直至 60 岁以后开始减少,65 岁终止工作者角色。

第六层是持家者角色。这一角色可以拆分为夫妻、父母、祖父母等角色,然后分别作图。此处家长角色从 30 岁开始,头几年投入精力较多,之后维持在适当水平,直到退休后才加强了这一角色,76—80 岁之后几乎没有了持家者的角色,当然个体的生涯中还会承担其他的角色,但对于大多数人来说,上述这些是基本的角色。

（三）理论价值

舒伯的职业生涯彩虹图表明了个体一生中的角色是不断变化的,从生涯彩虹图可以直观地看到个体的每一种角色在不同的人生阶段需要投入的时间和精力不同。例如,在 8—25 岁左右,我们的重要角色是学生,26—60 岁重要角色是工作者,在使用生涯彩虹图时要根据自身情况进行分配。

二、教学活动示例

（一）活动名称

绘制我的生涯彩虹图。

（二）活动目标

让学生按照生涯发展的广度、宽度及六种主要角色,根据自身情况绘制属于自己的生涯彩虹图。

（三）活动流程

1.绘制生涯彩虹图

根据舒伯提出的生涯发展的广度、宽度及六种主要角色,我们用不同颜色的笔来完成自己的生涯发展彩虹图。请用多种颜色来表达角色会带给你的情绪,用色彩的厚度来表达这个角色在你心中的重要程度,用面积来表达这个角色占据你生命的宽度广度等,最重要的部分,希望你涂抹出你想要的精彩人生。

2.我的角色分配

可以让学生根据每一个阶段每种角色所占的比例,绘制不同人生阶段的饼状图。

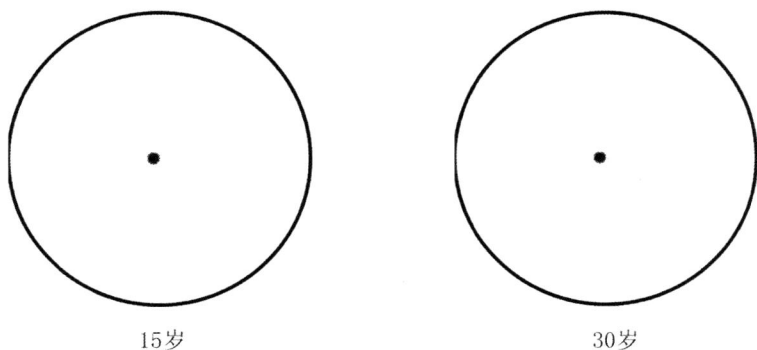

15岁   30岁

图 3-5 我的角色分配

生涯彩虹理论通过彩虹的形象图示,生动地展示了人生不同阶段和角色之间的相互影响关系。了解并应用这一理论,有助于我们更好地规划个人发展,平衡各个角色的投入,并追求一个丰富多彩的人生。希望通过绘制个人生涯彩虹图的教学活动,可以帮助学生更好地认识自己的生涯发展,为未来的人生做出明智的选择。

第六节　自我同一性理论

高中生涯指导数字化课程资源体系建设理论中的自我同一性理论是一个重要的理论模型。它包括了埃里克森的自我同一性理论和玛西娅的自我同一性理论模型。自我同一性是指个体在过去、现在和未来的一致性和连续性的自我感觉和体验，以及别人对个体的一致性和连续性的知觉或意识。自我同一性的形成与发展是持续一生的过程，它对个体的个性发展和适应社会起着重要的作用。本节基于自我同一性理论设计了教学活动，旨在帮助学生了解自己的特点和自我认知，并思考理想自我的追求和现实自我的差距。通过这个活动，学生可以深入思考自己是一个怎样的人，从而更好地进行生涯选择。

一、理论核心观点

自我同一性的建立，是青少年期的主要发展任务，也是中学阶段的身心发展的重点。

（一）自我同一性理论

1. 埃里克森的自我同一性理论

该理论认为人的一生要经历八个连续而又不同的发展阶段，每一阶段都面临着一个主要矛盾或发展任务。而在青少年期，个体面临生理、心理以及社会角色的巨大变化，因此同一性问题变得尤为突出，建立自我同一性成为青少年期的中心发展任务。

自我同一性是一个多元概念，根据埃里克森（1968）的观点，可从四个方面来理解它：

指在过去、现在和未来,三个时空中,对自己内在的一致性和连续性的自我感觉和体验,以及别人对自己的一致性和连续性的知觉或意识。

自我的一致性和连续性通过以下几方面表现出来:个人独特的意识感;对个体人格连续性的潜意识追求;个体与其所处的社会集体或群体在理想、价值或社会同一性上的内在一致感和一体感;自我整合的连续过程,将童年期形成的认同等经验与青少年期的自我整合成一个有意义的整体,从而在个体内心产生一种和谐一致的感受。

同一性是一种社会心理结构,这种结构通过自我与他人相互作用过程中的模仿、认同和积极的自我建构来反映社会的影响。

同一性是一个自我调节系统,可帮助个体指导注意、加工信息、控制意识以及选择合适的行为。

简单说,自我同一性是个体同在特定环境中的自我整合,是个体寻求内在一致性和连续性的能力,也就是对"我是谁""我将来的发展方向"以及"我如何适应社会"等问题的坚定而连贯的意识。

埃里克森认为自我同一性是由个体的生理、心理以及社会性文化环境三因素的交互作用形成的,由于这三方面因素在个体的一生中都是不断发展变化的,因此同一性的形成与发展是持续一生的过程。

2.玛西娅的自我同一性理论模型

玛西娅被称为自我同一性研究的集大成者。他认为同一性作为一种内在的、自我建构的结构以及主观体验不能被直接观察到,因此,他从同一性概念的行为层面出发,根据埃里克森同一性理论中的两个主要的过程变量——探索和承诺,建立了自我同一性的理论模型,划分出四种同一性状态。

(1)同一性完成型

具有高探索和高承诺,这类个体已经体验了探索,仔细考虑过各种选择,并对特定的目标、信仰和价值观做出了坚定、积极的自我承诺。例如,我喜欢唱歌,我想要当歌唱家。

(2)同一性延缓型

具有高探索和低承诺,这类个体正处于探索过程中,收集信息、尝试各种活动,但还没有对特定的目标、价值观和意识形态等做出有意识地投入。例如,我想成为教师、医生或律师,但是我还没想好选择哪个。

（3）同一性早闭型

具有低探索和高承诺,这类个体没有体验过明确的探索,但做出了承诺,这种投入基于父母或权威人物等重要他人的期望或建议,他们接受了权威人物预先为他们准备好的同一性。如我要当教师,因为我妈妈觉得我适合当教师。

（4）同一性弥散型

具有低探索和低承诺,这类个体没有仔细思考或探索过各种同一性问题,从来不去探索各种选择,也不去尝试做出努力,缺乏清晰的方向,没有确定自己的目标和价值观,也未对特定意识形态、价值观或社会角色做出清晰承诺。例如,我不知道未来要做什么。

（二）自我同一性的意义

青少年期是自我同一性形成的关键时期。在这个时期,个体的生理、心理和社会角色的变化首次汇合到一起。通过对童年期获得的同一感与现在的自我重新进行整合和修正,形成一种完整的自我概念,建立起前后一致的自我同一性。

自我同一性的确立,意味着青少年对自我发展的重大问题进行了深入思考之后做出了明确的选择。知道自己是怎样的人,形成了自己的价值观念,明确了自己的努力方向,知道如何去适应社会。

自我同一性的形成是人格发展的重要事件,它标志着儿童期的结束和成年期的开始。

（三）影响自我同一性形成的因素

1. 主观因素

青少年自我意识中的矛盾。它主要表现为两个方面:主观我和客观我的矛盾;理想我与现实我的矛盾。主观我是个人对自己的认识和评价,客观我是客观而真实的自我存在。二者会处于一种不一致的状态，这种不一致可能是自我膨胀，也可能是过度自卑。

青少年对自我与社会关系认识上的偏差。自我同一性还包括一种连带感和归属感，即个体感到自己从属于某一个社会、国家和集团，他接受自己所属社会或集团的价值观念，可以容忍社会的一些不足。他了解社会的期望，并按照一定的社会角色规范去行事，在社会中找到自己的位置并感受到自己的存在对他人是有意义和有价值的。

2. 客观因素

（1）家庭方面

家庭环境：青少年的自我同一性是在儿童自居的基础上形成的。父母是儿童早期认同的对象，青少年自我同一性的形成首先是要综合这种早期认同，如果父母的价值观、人生观、生活态度是错误的或混乱的，势必会影响孩子自我同一性的形成。

亲子关系：父母与子女之间能够有开放的交流和民主的气氛会有利于青少年正确认识自我，对有关自我的发展进行思索，自主地选择发展道路。相反，父母对子女过于溺爱或滥用权威都不利于青少年自我同一性的建立，有可能使青少年长期处于早期完成状态或扩散状态。

父母的期望：如果父母期望过高，会给孩子带来心理上的压力，使孩子感觉"我无论如何也无法成为他们所期望的那样的人"，这在客观上剥夺了确立自我同一性的可能。艾里克森指出，如果一个儿童感到他所在的环境剥夺了他在未来发展中获得同一性的可能，这个儿童就会以令人吃惊的方式抵抗社会环境。

（2）学校教育

教育观念、教育方式和对学校的归属感也会影响青少年自我同一性的形成。

二、教学活动示例

（一）活动名称

我是怎样的"葡萄串"。

（二）活动目标

通过活动了解主观我、客观我，思考认识理想我与现实我，促进深入思考我是一个怎样的人。

（三）活动流程

1. 我是怎样的"葡萄串"

活动要求：

（1）请用黑色水笔圈画出你拥有的特点。

（2）如果自己拥有的特点未在卡上列出，请自行补充。

（3）每个人将自己的"葡萄串"交给组内右手边的同学，请同学用彩色铅笔圈画出他们所了解的你所具备的性格特点（可以重复圈画），依次传递下去，直至组内每个同学都圈画出来。

（4）写出最能形容你的五个特点。

（5）你最满意的特点。

2. 启航号

将"葡萄串"活动中自己与同伴圈画出来的属于自己的特点，填写在"启航号"相应的位置上。

自我同一性的形成对于个体来说具有重要意义。它意味着个体对自己的认知和选择做出了明确的决策，知道自己是怎样的人，并形成了自己的价值观念和努力方向，从而能够更好地适应社会。家庭环境和学校教育是影响

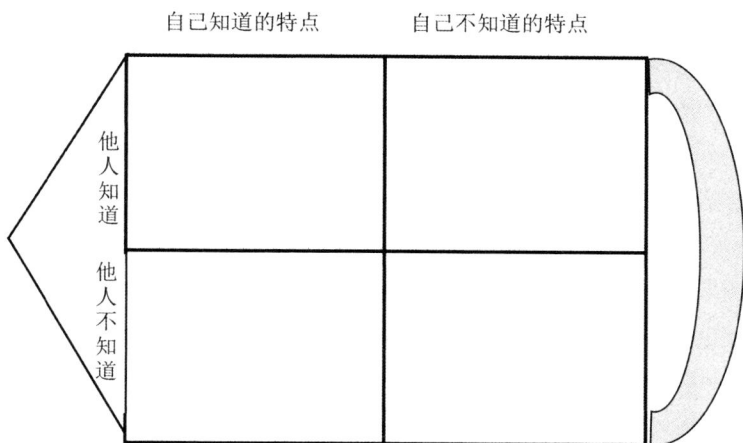

自己知道的特点　　　自己不知道的特点

他人知道

他人不知道

图 3-6 "启航号"

自我同一性形成的重要因素,家长和教育者应该关注和引导青少年的自我发展,帮助他们在形成自我同一性的过程中找到自己的定位和方向。通过理解自我同一性理论,我们可以更好地指导和帮助青少年实现自我认知和成长。将理论和实践相结合,该活动可以让学生深入了解自己的特点和认知,并思考自己理想自我的追求和现实自我的差距。这符合自我同一性理论中的自我整合和对自我发展的思考。通过这个活动,学生可以更好地认识自己,明确自己的目标和价值观,为高中生涯的指导提供帮助。

第七节　多元智能理论

多元智能理论是由心理学家霍华德·加德纳(Howard Gardner)提出的一种关于人类智能多样性的理论。本节将介绍多元智能理论的理论核心观点,并提供一些教学活动设计的示例,以帮助教师在教学中应用这一理论。

一、理论核心观点

多元智能理论是一种被广泛运用在教育教学中的心理理论。加德纳在脑科学研究的基础上,于 1983 年在《智能的结构》一书中提出了多元智力理论。

(一) 多元智能理论提出

自从 1905 年法国心理学家比奈和西蒙等人编制出世界上第一个智力量表以来,传统的智力观认为智力具有单一的性质,通过纸笔测验就可以测出人的智力的高低,如果某种能力无法测出,这种能力就是不重要的。而这种思想反映在教育活动中就是"一元化的教育"——学生尽可能地学习相同的课程,并且教师尽可能地以相同的方式将这些学科的知识传授给所有的学生。为了使学习的内容便于测量和具有最大范围的可比性,在学校里最受到重视的学科无疑是与容易测量的语言、逻辑推理等智力相对应的学科,而与难以测量的智力相对应的学科,如艺术、体育等,在学校教育中是无关紧要的。

针对这一现象,哲学家纳尔逊·古德曼认为西方人过去花费了大量精力和金钱去研究和改进逻辑思维和科学教育,对形象思维和艺术教育的认识却微乎其微,东方人则恰好相反。他决定从零开始弥补科学教育研究和艺术教育之间的不平衡,1967 年在哈佛大学启动了"零点项目"。

"零点项目"的共同主持人,美国哈佛大学心理学家加德纳(Howard Gardner)将这种传统智力理论下的教育称为"唯一机会的教育",认为唯一机会的教学方法造成许多儿童失去自信。他认为智力并不是容易被测量的,如果一定要去测量智力,那么应当侧重于该智力所要解决的问题或在运用该智力时表现出来的创造力。这样,在加德纳看来,智力是一种或一组个人解决问题的能力,每个人都是具有多种能力组合的个体。由此,加德纳在当时脑科学研究的基础上,于 1983 年在《智能的结构》一书中提出了多元智力理论。

（二）多元智能理论的主要观点

加德纳认为智能是多元的。在 1983 年出版的《智力的结构》一书中，加德纳定义了最初的七种智能；1996 年，增加了一种智能即自然观察智能；两年后，又讨论了第九种智能（存在智能）存在的可能性。

经过长期的实践，现在常说的多元智能是指言语智能、逻辑数学智能、视觉空间智能、音乐智能、身体动觉智能、人际交往智能、内省智能、自然观察者智能八种智能。

首先，我们大家都拥有以上所有的智能。从认知的角度上说，正是这些智能使我们成为人。没有两个人拥有一模一样的智能轮廓。即使是基因物质来自同一个卵子，出生后的人类个体也会有不同的经历，发展出不同的智能轮廓。拥有某方面很高的智能，并不意味着一个人的行为具有很高的智慧。即使拥有高度数学智能的人，能够运用他的能力从事重要的物理实验工作，或者进行新的几何证明，但是他也可能浪费了自己的能力，从事自己并不擅长的工作。

其次，各种智能同等重要，智能本身没有优劣高下之分，人与人的差别主要在于具有不同的智能组合。在一个领域表现为智能强项，在另一个领域可能表现为智能弱项。

最后，智能并非与生俱来就是固定的或静态的，是可以学习、教导和提升的。过去认为智能更多受遗传因素决定，是固定的，并未考虑到环境和文化因素。现在把智能看作是一组能力，并随着人的一生持续扩展与改变。我们可以通过学习、练习，提高各方面和各层次的智能。

二、教学活动示例

（一）活动名称

多元智能探索之旅。

(二)活动目标

全面评估个体的多元智能发展状况,为未来的学习和成长提供指导。

(三)活动流程

1. 智能检核表测验

请完成多元智能检核表,在下列各组智能检核表中勾选出自己符合的项目。

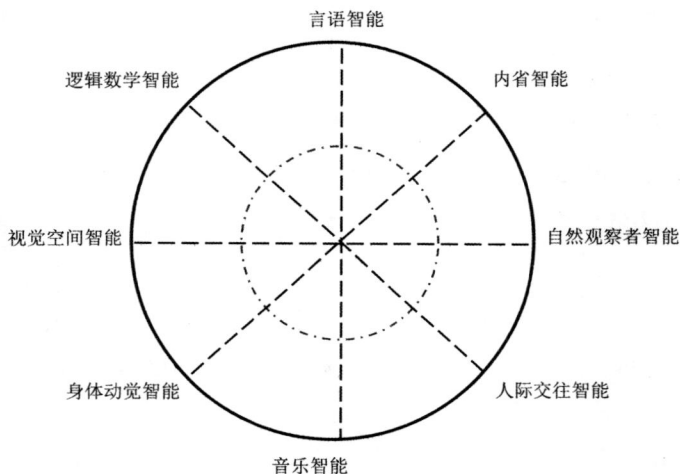

图 3-7 多元智能检核表

说明:这个检核表是一个测验,而量化的数据(如每项智能的核对记号数)并不能决定你拥有或缺少某项智能。它的目的是引导你回到生命历程或生活经验里,去发现自己较有潜力的智能。

依照每一项智能勾选的数量,画出符合自己的智能饼,如下面。

优势智能:

中性智能:

劣势智能:

2.我的发现

从勾选最多项的能力中,选一个最有感觉的项目,写下过去发生在你身上的故事,完成"我的发现"。

我的发现

图 3-8 "我的发现"

多元智能理论强调了个体智能的多样性和发展,教育应该提供多样化的学习机会,以满足学生的多种智能类型和兴趣。教学活动设计可以根据多元智能理论的观点,为学生提供丰富多样的学习体验,帮助他们全面发展和实现个人潜能。

第八节 大五人格理论

大五人格理论是一种用于描述和解释个体人格特质的理论,它包括五个维度:外向性、情绪稳定性、宜人性、尽责性和经验开放性。这些人格特质对于个体的职业生涯发展具有重要影响。本节将介绍如何将大五人格理论运用于职业生涯发展指导中,帮助个体更好地了解自己的人格特质和适合的职业选择。

一、理论核心观点

大五人格理论(Five—Factor Mode),是现代管理学、心理学和社会学研究人格的主要理论之一。大五人格理论提出之前,学者们在人格模式探讨上并没有形成统一的观点。直到这一理论提出以后,学者们才开始达成比较一致的共识,即通过词汇学的研究方法可以将人格特质用五种状况来进行描述。

"人格"(personality)一词,最开始源于古希腊语"persona",原本的意思是指希腊演员在戏剧中戴的面具,这个面具会根据扮演的人物角色不同而改变,代表了每个角色的人格特征。这也是人格最初的含义。

人格是构成一个人内在思想情感和外在行为的特有统合模式,这个模式是个体独有的、区别于他人的、稳定而统一的心理品质。

在人格特质理论看来,特质作为人格构成的基本元素和评价人格的基本单位,决定着个体的最基本特征。每个人都有很多种人格特质,在每种人格特质变化的维度上,又会占据某个位置,这样人与人的人格特质就会存在差别。

戈德伯格采用单一单词形式的特质形容词研究"大五"模型,并对其进行了最系统、最彻底的研究。根据戈德伯格的观点,"大五"模型的关键形容词成分有:

一是外向性:健谈的、外向的、自信的、热心的、坦率直言的;与之相对的是害羞的、安静的、内向的、缺乏自信的、羞怯的。二是宜人性:有同情心的、亲切的、热情的、有洞察力的、真诚的;与之相对的是缺乏同情心的、不亲切的、苛刻的、残酷的。三是尽责性:有组织的、整洁的、有序的、实际的、准时的、做事谨慎的;与之相对的是无组织的、无序的、粗心的、马虎的、不切实际的。四是情绪稳定性:平静的、悠闲的、稳定的;与之相对的是喜怒无常的、焦虑的、不安的。五是经验开放性:有创造力的、有想象力的、聪明的;与之相对的是缺少创造性的、贫乏想象力的、愚笨的。

随后经过学者们的进一步验证,形成了大五因素模型(Five—Factor Model,FFM),这五个特质的首字母构成了"ocean"一词,因此也被称为人格的海洋。

20世纪80年代,美国心理学家科斯塔(Costa)等人根据对16PF的因素分析和自己的理论构想编制了考察人格五因素的测验量表—NEO-PI人格问卷(NEO-PI Five-Factor Inventory)。该问卷包括五个人格特质因子,共300题,要求被试评估每个题符合自身实际情况的程度,采用五点计分方式,即完全同意到完全不同意。

尽管该测验量表与戈德伯格的顺序不同,甚至在少数情况下命名也不同,但其实际测量的人格特质几乎与戈德伯格所发现的完全相同。形容词形式与句子形式的项目得到的因素结构之间的趋同性,为五因素模型的可重复验证性提供了坚实的依据。

二、教学活动示例

(一)活动名称

特质大搜查。

(二)活动目标

通过特质表自评和小组互评了解自己的特质,进一步思考特质与职业理想的相互关系。

(三)活动流程

指导语:每个人都有着不同的特点,请在特质表中仔细想想你具备了哪些特质,用"○"标记出来自己拥有的特质。填完特质表后,请将你的特质表在小组中进行传递,邀请小组同学用不同颜色的彩笔,标出他们认为你身上所拥有性格特质。

讨论:看到小组成员标注后的特质表,你有什么感受?你在标注他人特质表的时候有什么发现?希望继续保有的特质是什么?我希望改变的特质是什么?适合自己职业理想的特质因素有哪些?

表 3-1 特质因素表

特质因素	感受											
N	烦躁	紧张	情绪化	不安全的	忧郁	多疑	平静	放松	果敢	安全	自我欣赏	坚强
E	好社交	活跃	健谈	乐观	重感情	合群	谨慎	冷静	保守	退让	话少	无精打采
O	好奇	兴趣广泛	有创造力	有想象力	非传统	创新性	习俗化	实际	兴趣少	无艺术性	非分析性	刻板
A	心肠软	易轻信	宽容	乐于助人	直率	脾气好	粗鲁	报复心	多疑	不合作	易怒	残忍
C	可靠	准时	有条理	有企图心	勤奋	自律	懒惰	无目标	粗心	享乐	意志力差	松懈

　　大五人格理论为个体的职业生涯发展提供了有益的指导和启示。通过深入了解自己的人格特质,并将其与适合的职业角色和环境进行匹配,个体可以更好地选择和规划自己的职业道路。同时,职业生涯发展也是一个动态的过程,个体可以不断调整和发展自己的人格特质,以适应不同的职业需求和挑战。通过综合考虑人格特质、兴趣爱好、个人能力等因素,个体可以实现职业生涯的成功和满意度。

第九节　职业定位锚理论

　　职业定位锚理论是美国心理学家爱德华·希勒(Edgar H. Schein)提出的一种关于个体职业选择和发展的理论。本节将介绍职业定位锚理论的理论核心观点,并提供一些教学活动示例,以帮助学生更好地理解和应用这一理论。

一、理论核心观点

职业定位锚理论是美国麻省理工大学斯隆商学院埃德加·H.施恩(Edgar. H. Schein)教授发现并提出的。施恩运用面谈、跟踪调查、公司调查、人才测评、问卷等多种方式,对斯隆管理学院的 44 名 MBA 毕业生,进行了长达 12 年的纵向研究,最终分析总结出职业锚,又称职业定位理论。1978 年"职业锚"作为一个全新的概念出现在施恩教授编著的《职业的有效管理》一书中。

通过对 44 位毕业生长达 12 年的调查,施恩发现,一个人在实际工作经历中可能很少看出一致性,但在做出决策的原因中包含了大量的一致性,并且这些原因与日积月累的工作经验越来越一致。个人自省的能力、需要及价值观有助于指导、制约及稳定个人的职业所谓职业锚,又称职业系留点。锚是使船只停泊定位用的铁制器具。职业锚实际就是人们选择和发展自己的职业时所围绕的中心,是指当一个人不得不做出选择的时候,他无论如何都不会放弃的职业中的那种至关重要的事物或价值观。

施恩曾说,假如职业锚有任何价值的话,就是因为它确实存在生活之中。他认为职业锚由自省的才干和能力、自省的动机和需要、自省的态度和价值观这三种自我观构成,且三者之间相互作用。

1987 年,施恩根据持续的调查提出其对象的反应模式可以分为五种职业锚类型,即技术型、管理型、安全型、创造型和自主型。1992 年,施恩在其书中对职业锚理论进行了整理,将职业锚型完善为八种,新增了服务型、挑战型、生活型三个职业锚。

技术型职业锚:这类职业锚的人热爱自己的专业领域,希望通过各种途径提高自身的专业技术水平。他们喜欢从事纯专业技术的工作,职业目标非常清晰。他们喜欢接受来自专业领域的挑战,对管理岗位不感兴趣,但会接受其技术能力范围内的管理职责,除非这项职责会让自己脱离擅长的专业领域。

管理型职业锚:这类职业锚的人热爱管理职能,不断追求管理岗位的提升,并将岗位的高低作为成功与否的标准。他们同时具备管理岗位所需的能力,如人际沟通能力、组织协调能力、统筹规划能力、处理突发事件的能力等,这些是帮助他们塑造管理角色的关键。

安全型职业锚:这类职业锚的人追求稳定,安于现状,喜欢工作带给他们的安全感。他们关注的不是工作的环境和职能,而是工作能否带给他们稳定的生活,比如较高的收入、优越的福利保障、良好的发展前景等。

自主型职业销:这类职业锚的人追求自由自在,拒绝被束缚,渴望能够找到让自己充分发挥技术和才能的空间。他们不喜欢生活节奏被打乱,不喜欢工作方式被干扰,不喜欢受到各种标准规范的制约。不论从事何种职业,该型职业锚的人都希望能够保持自己一贯的处事方式和生活节奏。

创造型职业锚:这类职业锚的人最看重的是创造完全属于自己的东西,比如创办公司、设计产品等,并因此获得财富、专利、社会的认可。他们敢于面对困难,渴望施展创造才干,并愿意为此冒险和承担后果。在工作晋升问题上,他们希望组织不要设立过多的门槛,能够允许自己充分发挥创造才能。

服务型职业锚:这类职业锚的人最看重的是从事工作的意义和价值,乐于从事能帮助他人的服务型工作,并一直追寻这样的机会。他们喜欢体现助人为乐、为人类服务、为国家服务的价值观的岗位。

挑战型职业锚:这类职业锚的人喜欢挑战看似不可能完成的任务,具有强烈的征服欲望,喜欢寻找对手,克服困难,主动迎接挑战。新奇、变化是他们的兴趣所在。容易且重复的事情,往往令他们感到厌烦。

生活型职业锚:这类职业锚的人注重工作、家庭、个人三者之间的平衡,认为工作只是生活中的一部分,他们希望生活中各个主要方面能够成为一个整体,他们对成功的定义也不局限于职业的成功。

施恩认为,在个人所拥有的职业锚数量上,每个人有且只有一个职业锚。由于个人必须决定要从事哪些工作以及如何平衡个人与工作生活,因此职业锚作为约束力,在个人感觉到工作或工作情况与其才能、需求与价值观不一致时,他将被拉回到与稳定的自我形象更加一致的环境中。

施恩的模型认为个人根本不能同时拥有两个或更多的职业锚,提出如果没有一个明显的锚存在,是因为"没有足够的人生经验来制定、决定如何做出这些选择的优先事项。"

此外,锚并不意味着稳定或无变化。相反,"锚"可以被改变,意味着一些运动,但在某些限定的区域内发生的改变并不是随机的,它的变化需要更多的努力且不太可能频繁的发生。

职业锚的功能主要有四种,职业锚能够准确反映出员工的职业需要及所追求的职业环境,同时通过职业锚,组织能够快速识别员工的能力水平、抱负、职业兴趣及价值观。在识别功能的基础上,通过了解员工的职业锚类型,组织能够增加员工的职业稳定性,对于员工的职业活动具有驱动作用。在人们进行职业选择时,职业锚时刻发挥着导向作用,使个人做出适合其职业锚类型的职业选择。此外,经过一定的实践后,个人的职业锚逐渐清晰且成熟稳定,职业锚具备后发的功能,对个人的职业选择产生较大的影响。

二、教学活动示例

(一)活动名称

招聘对对碰。

(二)活动目标

学生通过模拟招聘了解自己的职业锚类型。

(三)活动流程

同学们,今天有八家企业来到我们校园进行招聘,每个企业都有他们各自的特色也有他们需要招聘的人才的特点,请看企业的详细介绍。

A公司人才需求:热爱自己的专业领域,希望通过各种途径提高自身的专业技术水平,喜欢从事纯专业技术的工作,职业目标非常清晰。喜欢接受来自专业领域的挑战,会接受其技术能力范围内的管理职责。

B公司人才需求:热爱管理职能,不断追求管理岗位的提升,并将岗位的高低作为成功与否的标准。具备管理岗位所需的能力,如人际沟通能力、组织协调能力、统筹规划能力、处理突发事件的能力等。

C公司人才需求:追求稳定、踏实,喜欢工作带给他们的安全感。

D公司人才需求:追求自由自在,拒绝被束缚,渴望能够找到让自己充分发挥技术和才能的空间。希望能够保持自己一贯的处事方式和生活节奏。

E公司人才需求:喜欢创造完全属于自己的东西,比如设计产品,期望因此获得财富、专利、社会的认可。敢于面对困难,渴望施展创造才干,并愿意为此冒险和承担后果,允许自己充分发挥创造才能。

F公司人才需求:看重从事工作的意义和价值,乐于从事能帮助他人的服务型工作,喜欢助人为乐、为人类服务、为国家服务。

G公司人才需求:喜欢挑战看似不可能完成的任务,具有强烈的征服欲,喜欢寻找对手,克服困难,主动迎接挑战。新奇、变化是兴趣所在。

H公司人才需求:注重工作、家庭、个人三者之间的平衡,能够权衡好工作、家庭、个人的关系。

讨论:请大家根据自己对于企业的理解做出自己的选择,你倾向于选择哪个企业应聘? 你选择的原因是什么呢?

通过教学活动,学生可以深入了解职业定位锚理论,并运用该理论来指导自己的职业选择和发展。这将有助于学生更加明确自己的职业目标,提高职业发展的有效性和满意度。

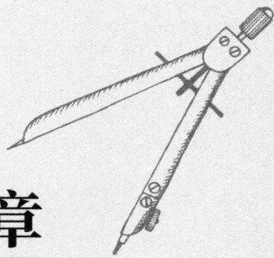

第四章

师生共享
——高中生涯发展指导课

专业、系统的生涯指导课程是学生的首要需求,而教师们也需要科学、规范的课程资源及课堂教学案例作为借鉴。因此我们的课程资源体系建设正是从建构师生共享的"高中生涯发展指导课"课程资源开始的。

课程资源建设目标:学生层面是供学生自主学习使用,唤醒生涯发展意识,提高生涯规划能力;教师层面是供教师教学参考使用,提高生涯指导课程设计与实施能力,提高指导实效。

课程资源建设要点:一是整体架构,保障科学性。网络课程覆盖面广、复制传播性强,对课程的科学性、严谨性要求很高。依据斯温的生涯规划三角理论,以自我探索、环境探索、职业与教育探索为基础,针对高中阶段学业发展需要增加学习管理与学习力提升相关内容,结合学生核心素养培养要求及未来职业发展需求增加职业能力与职业素质培养相关内容,形成了课程资源内容架构。包括生涯意识、自我认识、学业发展、学习管理、职业探索、职业素质六个模块,每个模块下设与模块主题相关性最高的小主题内容,共形成课例资源30节,基本涵盖了生涯发展指导的核心内容。二是细心研磨,保障规范性。为保障课程资源的规范性,确定了每例课程资源的内容结构及呈现方式为"视频+文字资料"。视频部分集中呈现核心学习内容,以教师讲解、动画演示、师生对话、学生练习、人物访谈等为多种形式,将趣味性、知识性、操作性、探索性相结合,激发学生学习兴趣。文字材料包括学习目标、学习内容、延伸练习等,围绕主题提供更多学习素材。同时,确定了先做线下课程再转化为线上课程的策略,每例课程资源都经历了"个人备课,设计课案—小组研讨,修改课案—团体听课,现场讨论—再修改再完善—定稿录制"认真研磨的过程。

课程资源应用要点:一是学生自主学习。数字化课程资源学习灵活性强,课程面向高中三个年级,学生可以根据自己的需要自主选择学习模块和主题进行学习,在线留下自己的问题与观点,学生间可以在线交流,教师也可以留言回应。二是教师组织学习。线上学习优势多,但它不能替代师生、生生之间面对面的交流互动。教师可以在平台上建立班级群,组织学生集体学习,根据学生学习中出现的普遍性问题设计线下课程予以补充,形成线上线下混合学习模式。三是教师教研培训。利用线上课程资源开展线下课程研究、同课异构等活动,通过课例研究、专题研讨、同伴互评、专家指导、自我反思等活动,帮助教师透彻理解课程资源背后的依据、原理,达到知其然也知其所以然的效果,能够借鉴、活用线上课程资源的内容、方法提高课程设计实施能力,增强胜任感和动力,提高生涯指导课程质量。

第一节　生涯意识模块课例：
明日梦想　今日起航

随着新高考改革的实施,高中生涯教育受到极大的重视和发展,但作为生涯发展主体的学生却普遍存在被动性。根据对高一新生进行的生涯规划认识程度调查,发现学生比较关注自己感兴趣专业的性质和特点而忽略自身综合素质与专业的匹配;将职业兴趣简单认同为"我喜欢";认为学习生涯课程就是为了帮助"6选3"以及找个好工作等。学生是生涯发展的主人,生涯发展的起点就是要唤醒学生的生涯发展规划意识,激发自主发展动力。

将"明日梦想　今日起航"作为生涯指导第一课,就是要帮助学生澄清一些观念误区,正确理解生涯规划的内涵,了解高中学习生涯发展规划的意义和任务。同时,推介区域高中生涯规划数字化课程资源的整体框架、内容和学习方法,以及校本生涯课程的总体安排,培养生涯发展的主体意识。

一、教学目标

一是理解生涯发展规划的概念和意义,增强生涯发展规划主体意识。

二是初步了解面对新的高考政策,高中生学习生涯发展指导课程的意义和任务。

三是了解高中生涯发展指导课程的整体框架、学习内容和方法。

二、教学准备

一是课前针对高一学生进行生涯规划认识和理解的调查。

二是《1分钟让你看明白"生涯规划"到底有什么用》的素材搜索。

三是拼图游戏材料的制作。

四是全班同学分为5个小组,每小组5—6人。

三、教学过程

(一)活动导入:梦想指南——生涯发展规划是什么

活动意图:理解生涯规划及生涯发展任务的概念,提升意识。

指导语:同学们,对我们新高一的同学们来说,新高考改革、综合素质评价、取消文理分科、考试科目"6选3"、生涯规划这些词汇就频繁地出现在我们的学习生活中,尤其是生涯发展规划受到了学校、家长和同学们的重视。开学初对同学们进行了生涯发展规划认识的调查,结果显示,对生涯发展规划的认识,同学们还存在一些片面的理解。

比如:生涯发展规划指导课是帮助我们做出"6选3"的一门学科、学习生涯发展规划可以帮助我们在未来找到理想工作、不知道生涯规划是什么,不知道对我们来说有什么用、计划赶不上变化,现在规划好了,以后还是会改变,那不就白计划了……

活动内容:观看区课程资源相关视频,请两位同学分别饰演学习生涯发展规划之前和之后两个角色。

指导语:生涯发展规划带给我们的帮助,涉及很多方面,包括自我认识、个人成长等。生涯发展规划是让生活更加幸福、让工作更有成就感的一种思维和技能,当然它的内容还远远不止这几方面,希望同学们在今后的学习中认真去体会。

小结指导:规划人生的能力并非与生俱来,需要我们不断学习以及积累经验。著名生涯大师舒伯将人的生涯发展分为五个阶段,每个阶段都有相应的生涯发展任务。高中生处于生涯发展探索阶段,新的高考政策下,我们需要通过学习生涯规划知识,完成高中生涯发展任务,提高规划人生的能力,成为有目标又能适应社会变化的人。

(二)活动一:梦想起航:目标引领,指引高考"6选3"

活动意图:了解如何通过学习生涯发展规划应对新的高考政策。

指导语:新的高考政策取消了文理分科,考试科目实行"3+3"模式。前面的一个"3"指的是语文、数学、英语三科,后面的"3"是从原来的理综"物理、化学、生物"和文综"政治、历史、地理"六科中混搭选择三科而成,即我们经常说的"6选3"。多元录取的模式,打破了传统的唯分数论,帮助每个人实现个性化发展。从限学限考到选学选考,多种科目组合赋予了同学们更多的自主权的同时也意味着更艰难的抉择。对于同学们最关注也是高一年级最重要的任务就是做出"6选3"的决定。那学习生涯规划如何来帮助我们进行"6选3"呢?通过一个游戏来找寻答案。

1.游戏:拼图游戏

游戏规则:以小组为单位,完成拼图任务。每个小组随机得到一条拼图目标线索卡,这些线索包括目标清晰的照片或者损毁的照片等。比一比哪一组拼得最快,看看为什么会有这种拼图速度的差异。

学生交流:观察一下各组拿到线索与拼图速度的关系,找一找其中存在什么样的规律?

教师小结:每个小组的线索具有一定的规律,线索的差异其实是目标清晰程度的差异。随着目标越来越清晰,速度也会越快。目标越清晰,越有方向感,效率也会越高。这对我们高考选科有什么样的启示?

2. 解读政策:目标引领,指引高考"6选3"

高考的"6选3",一定程度上决定大学专业的选择,而专业又是职业选择的重要影响因素。也就是说,当拥有生涯目标,可以反过来指引我们高考科目的选择。学习生涯发展规划就是帮助我们确定生涯目标,并将目标清晰化的过程。

学习生涯规划对高中生的意义不只在于初步定位生涯目标,还包括学习学业规划、自我管理等,也就是培养学生人生规划以及实现梦想的能力。

(三)活动二:追逐梦想:寻找生涯宝藏

活动意图:通过简单探索职业目标影响因素,了解高中生涯发展任务,通过"高中生涯通关地图"了解生涯发展课程整体框架。

指导语:如何初步确立生涯目标,并且做出学业规划就是我们高中生涯规划所要学习的内容,具体包括哪些内容呢?

现代心理学研究将生涯发展和职业发展融合在一起,所以我们也可以将生涯目标通俗地理解为职业目标,老师想带着大家一起去探索确立职业目标的影响因素,以了解高中生涯发展的任务。

对于未来的理想职业,有的同学会考虑自己喜欢什么,有的同学会考虑热门职业等,以身边熟悉的同学作为案例,我们一起去探索一下职业目标的影响因素都有哪些。

1. 我为子菡谋职业

活动规则:以小组为单位,根据子菡同学的自我介绍,以及平时对子菡同学的了解,你们认为她未来适合从事什么职业。将职业名称、三四条理由以及每条理由所属因素记录到职业探索小组记录表格中。职业因素包括

（参考斯维因"生涯决策金三角"）：能力、性向、性别、兴趣、价值观、健康状况、个人需求、个人特质、学业成就、机缘、家庭、社会潮流、家人期望、地缘关系、同伴关系、助力或阻力升学渠道、参观访问、发展趋势、科系类别、职业类别、学校类别等。

子菡的自我介绍：

大家好，我叫子菡，是一个活泼开朗、乐于助人，对于很多事物都抱有好奇心的人。我担任过班长、文艺文员等职务。我的兴趣有很多，如绘画、做手工、记手账等，尤其喜爱绘画，我会经常帮班级画板报和设计软木墙，也会在闲暇时间作画。我比较擅长一些体育运动，像羽毛球、射箭和游泳。我具备一定的动手和创新能力，曾经获得亚太区 DI 头脑创新大赛二等奖。而关于我的父母从事的行业，我母亲的职业是货运代理，平时的工作比较忙。我父亲是一位 IT 行业的自由工作者。对于未来的工作，我希望它能给我带来稳定的收入以及更多的阅历和成长。同学们，通过这些介绍以及平时对我的了解，你们认为我在未来适合从事什么职业呢？

小结指导：根据斯维因"生涯决策金三角"探索生涯目标，我们需要参考的因素有：自我探索：能力、性向、性别、兴趣、价值观、健康状况、个人需求、个人特质、学业成就；教育与职业的探索：升学渠道、参观访问、发展趋势、科系类别、职业类别、学校类别；社会与环境的关系：机缘、家庭、社会潮流、家人期望、地缘关系、同伴关系、助力或阻力。

高中阶段我们要学习的生涯规划内容和任务包括：在自我探索与职业环境认知的同时做出自我与环境的匹配来确立生涯目标，并且落实到实际的行动之中。

2. 高中生涯通关地图

同学们，生涯探索的过程会遇到不同的困惑和任务，这更像是一个寻宝的过程，而我们的生涯规划课程就像一幅藏宝地图。以下是课程图，在地图上我们可以看到寻宝的过程中，我们会遇到很多关卡，每个关卡都是需要你完成生涯任务，接下来我们整个生涯课程就是带领大家一起进行更深入、具体的探索，寻得宝藏。

教师指导:给大家推荐"南开区生涯指导课"。这是南开区开发的区域课程资源,包括六个模块三十节课例资源,大家可以登录南开区"云动"课程资源平台进行自主学习。需要提醒同学们的是生涯课程不同于其他学科的学习,它更注重你自己的主动探索,需要通过更多的合作学习、探究学习、实践活动等,帮助大家完成课程通关,提高生涯规划能力。

图 4-1　天津中学高中生涯通关地图

(四)课堂小结

学生谈课程收获,教师小结指导:有人曾说如果一个人从 80 岁活到 0 岁,那他一定会聪明得多,因为当我们知道未来会发生什么的时候,你一定知道现在该如何做出选择。虽然我们无法穿越到未来,但是我们可以在高中阶段通过试图了解自己想要的人生,并通过科学的生涯规划和具体而踏实的行动来实现生涯发展的成功。愿同学们通过生涯规划的学习都能成为一个有目标又能适应社会变化的人,拥有自己精彩的人生。

(五)作业总结

登录南开区云动课程资源平台,浏览"高中生涯指导课",整体了解课程内容,思考自己高中阶段的发展目标。

四、教学感悟

生涯指导课程是学生接受系统的生涯教育的重要途径。本课作为高一学生生涯指导第一课,首先有必要给学生科普一些生涯发展的基本知识,渗透一些生涯探索的基本方法,但是又要避免过多说教,使学生对生涯课程一开始就产生畏难和抵触情绪。因此,既要注重课程的知识性又要注重课程的趣味性和吸引力。

首先,以网络视频资源《一分钟看懂生涯规划》导入课程,让学生对生涯规划有一些初步感受;接着,通过以学生最关心的新高考改革"6选3"规则的介绍引起学生的兴趣,同时介绍新高考改革的变化及根本理念,引导学生生涯发展自主意识。主题活动设计了"我为子涵谋职业"环节,以贴近学生的案例研讨的方式,梳理出生涯金三角理论的基本架构,让学生了解生涯探索的思路,以"高中生涯通关图"的形式将学校生涯指导课程总体框架出示给学生,让他们对课程有一个整体认知,为今后的学习奠定基础。最后将区域课程资源推介给学生,成为他们自主学习探索的补充。

(天津市天津中学　王馨)

第二节　自我认识模块课例:港湾与小船

合理的生涯规划是建立在清晰地自我认识基础上的,自我认识是生涯教育最重要的内容之一。在这一模块中,我们设置了"我的兴趣与职业""性格与职业""能力与职业""价值观与职业""家庭与职业"五个主题的课程资源。其中,家庭的影响按照金三角理论放在环境探索模块更恰当。但是考虑到个人和家庭有着非常特殊的关系,从某种意义上讲也可以说个人来自家庭,家庭是个人的延伸,当一个人做生涯决定时,听到的不仅是自己内心的声音,还有各种家庭脉络传来的声音。在生涯教育中,关于个人兴趣、性格、能力、价值观与职业的关系的探索方面的课程比较多,可参考的课程资源也比较多,而关于家庭对个人生涯发展的影响相对薄弱。为了增进这方面的讨论,我们将家庭影响这一主题放在了自我探索模块。

相关研究表明,个人的生涯选择会受到外在环境的影响,特别是原生家庭的影响。杨国枢在华人本土心理学研究中指出,华人具有有别于西方社会的家族取向、关系取向、权威取向、他人取向,华人更重视他人,尤其是亲人对自己的看法。现实中,家庭对学生的影响非常大,同时又困扰较多。在高中生涯规划辅导过程中,帮助学生了解自己的家庭职业族谱,感受家庭对自己的影响,厘清自我期待和家庭期待、社会需要和个人追求、思想观念与实际行动的关系,完善自我认知,是非常必要的。

一、教学目标

一是透过职业家谱了解家族成员职业概况。

二是感受家庭因素对自己生涯选择的影响。

三是初步树立权衡自我期待与家庭期待、社会需要与个人追求、思想观念与实际行动之间关系的意识。

二、教学准备

一是制作 PPT 课件、印制职业家谱图。

二是学生课前完成调查表(可根据实际情况增加行数)。

表 4-1　调查表

调查内容										
亲人称呼	职业	工作内容	薪资福利	工作环境	工作满意度	最看重的职业回馈是什么?	对我的职业期待是什么?	对我的职业忠告是什么?	能给我的职业发展支持有哪些?	我的想法

三、教学过程

（一）热身导入

活动意图:吸引注意,激发兴趣,引发思考,导入主题。

活动流程:播放《寻梦环游记》的视频片段。教师提问,学生思考交流:鞋匠家庭出身的 12 岁小男孩米格尔,自幼有一个音乐梦,但音乐却被家族禁止。如果你是米格尔,会放弃音乐梦想吗？为什么?

指导语:当家人对自己的职业期待与自己的想法不一致时,不同的同学有不同的选择,但是无论如何,家人的态度对我们都会产生影响。这节课我们一起来探索家庭对职业规划的影响。

（二）主题活动

1. 家庭职业树

活动意图:了解家庭成员的职业状况,感受家庭因素对自己生涯选择的影响。

活动流程:教师向学生展示家庭职业谱示例;教师指导学生参考示例,绘制属于自己的家庭职业树;学生一边绘制职业树,一边思考相应的问题;学生就思考的结果进行分享、交流,教师予以点拨。

指导语:家庭作为社会生活的载体,对个人职业选择的影响很大,家庭的社会经济地位、家庭教养方式、家庭居住地、家庭职业传统等因素都会在我们的职业选择过程中留下痕迹。我们每个人的职业家谱,通过代际的经纬结构和互动关系对我们的职业选择会形成潜移默化的影响,家谱是个人背景的一部分,我们对自己的认知要还原到成长的家庭系统中,才能真相大白。请同学们参考家族职业谱示例,绘制自己的家族职业树。

分享问题:你未来想要从事的工作在家族职业谱中出现过吗? 为什么?

小结与指导语:在现实的职业选择过程中,有的人继承了父母的事业,也有的人根据自己的意愿选择了全新的职业。不论是哪种情况,家庭都对我们的选择有着潜移默化的影响。

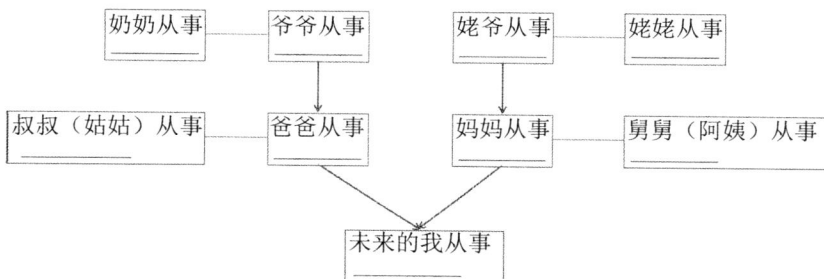

图 4-2　家族职业谱

2. 后生可畏

活动意图:通过与家人就职业规划问题的讨论,思考如何权衡自我期待与家庭期待、社会需要与个人选择、心态调节与行为管理之间关系。

活动流程:学生在课前与家人交流,完成调查表;播放亲子交流小视频;教师引导学生依据课前调查表,思考并回答汇总表中的问题;学生就思考的结果进行分享、交流,教师予以点拨。

指导语:课前留了一份职业访谈的作业,在访谈前,你对家人的职业了解多少? 访谈结束你最大的感受是什么? 请同学们回顾访谈的内容,思考以下问题:家人对我的职业期待与自己的想法有哪些相同之处? 家人能给你的支持和你期待的一样吗？有些支持如果家人给不了，你打算怎么办？家人对我的职业期待与自己的想法有哪些不同之处？你怎样看待这种差异？哪些职业是你优先考虑的？哪些职业是你绝对不会考虑的？依据什么做出了这样的选择？家人对你的职业忠告有哪些？谁的想法对你的影响最深刻？为什么？（学生分享，互相评价，教师小结指导）

小结与指导语：不同的人对职业的认识不同，对人生的理解不同、自然对职业的期待有差异。对于家族传递给我们的观念，我们既不要迷信，也不要抛弃，而要在保持自我觉知独立性的基础上，按照自己的意愿做出明智的选择。既要考虑到家庭的实际状况，又要考虑到自己的志向和爱好；既要对社会有理性的剖析，又要对自我有客观的认知；既要保持乐观积极的心态，又要践行踏实务实的作风。

（三）总结

1. 学生谈课程感受与收获。

2. 教师总结指导。我们就像小船，家是港湾。成长中的我们在职业选择的过程中遇到困惑，往往第一时间会征求家人（特别是父母）的意见。随着我们不断长大，我们的认知水平不断提高，心智日益成熟，对于职业规划会形成属于自己的独特看法。然而，究竟是听从家人的建议，还是坚持自己的见解，从来都没有标准答案。希望同学们在坚持主见的时候，不忘认真听取家人的建议，同时充分考虑社会发展的需要，在积极务实行动的基础上，保持乐观谨慎的心态，勇敢追求属于自己的职业理想。

（四）作业

将自己绘制的家庭职业树与家长进行分享，听听他们有何补充。将你的职业理想和家长说一说，听听他们有何建议。

四、教学感悟

这堂课，通过亲子职业访谈的课前活动，设计更加贴近学生的实际生活，激发了学生的学习兴趣和参与度。采用了多媒体和互动式教学方式,课堂更加生动有趣,学生更容易理解和接受新知识。这门课的实效性也很强。通过讲解家庭对孩子生涯发展规划的重要性和影响因素,学生认识到了家庭在他们的成长中扮演的关键角色。他们意识到自己需要与家人进行更多的沟通和合作,共同制定个人生涯规划。

在教学中,通过邀请家长参与教学活动,分享他们的经验和观点,使得课堂更具实践性和针对性。利用家庭资源,组织学生进行面对面访谈调研,学着利用家庭资源,为自己的未来做出更好的规划。另外,访谈的内容紧贴社会现实,让学生与社会接轨,了解不同职业的特点,为自己的职业规划提供更多的参考。

为了使课程的实效性落到实处,要鼓励学生与家人进行深入的交流和探讨,让他们了解家人的期望和意见,让家人了解自己的目标和愿景,充分评估家庭和自身的情况进行合理规划。学校可以挖掘更多的家庭教育资源,组织亲子活动,帮助家庭更好地参与孩子的生涯规划。同时,充分利用区域教育资源,与社区、企业等建立良好的合作关系,为学生提供更多的实践机会和职业体验,培养学生的实践能力和创新精神,鼓励他们积极参与社会实践活动,拓宽自己的视野和经验。

（天津市天津中学　翟娟）

第三节　学业发展模块课例:玩转大学专业
——物理学科与大学专业探索

中华人民共和国教育部下发的《普通高校本科招生专业选考科目要求指引》中,允许高校设置必选科目,给出高校专业选科更大的选择权限,同时也给高中学生出了一道难题。如何根据自己的特点合理选择选考科目,选择合适的大学与专业？如何在高中阶段制定个性化、有针对性的学习规划？对于高中学生来讲需要学校和教师的帮助指导。为此，我们在课程框架中设置了"学业发展"模块，下设大学院校及专业设置、高中学科与大学专业、拟定专业方向与升学目标、学情分析与选科选考、拟定自己的课程学习方案、高中毕业升学路径等相关主题内容。

本节课是在应用课程资源中"高中学科与大学专业"基础上的延伸，以物理学科为例对高中学科与专业进行进一步的探讨。教学对象为高二已选考物理的学生，他们当中有一部分学生是因为喜欢、擅长物理学科，还有一部分仅仅是因为听说选考物理将来报考大学专业的选择面更广，然而并不清楚高中物理学科与大学相关专业的具体联系，甚至对于学习物理存在畏难情绪。因此，面对新高考改革实行的模式，有必要帮助学生提前了解大学院校专业报考的详细要求，针对自己选择的学科最优化自己的报考范围，为自己报考理想大学和理想专业做好充分准备。

一、教学目标

一是探索了解大学专业与分类；探索了解哪些大学专业需要必选物理。
二是探索了解与高中物理相关联的 13 类大学专业。
三是坚定学好物理的信心，为找到自己喜爱的专业而努力。

二、教学准备

PPT 展示、每组一个可上网电子设备。

三、教学过程

（一）热身活动

活动意图：该环节是为了让学生们进入本节课的学习状态，由学生代表

给全班同学进行简单的知识讲解,吸引大家的注意力,明确什么是专业,初步
了解大学专业分类。

活动流程:进入南开区"云动"课程资源平台,点开南开区生涯指导课程
资源"大学与专业"一课,观看现阶段五大热门专业的动画演示;学生代表为
大家介绍大学专业的定义和分类;介绍中国大学专业 13 个学科门类,92 个
专业类,近 600 个专业基本情况。

（二）过渡活动

活动意图:该环节以游戏的形式让大家参与进来,调动学生们的兴趣,并
让他们充分理解挑选专业不能只看字面意思,进一步激发探索的欲望。

活动流程:每组学生代表分享自己所熟悉的专业有哪些,以及从哪里获
得的信息,并简单介绍此专业;进行游戏"迷惑专业猜猜看",让学生猜信息
与计算科学、信息资源管理、地球物理学、生物医学工程、资源循环科学与工
程等专业到底是研究什么内容。

指导语:通过以上活动同学们明白了选专业大有玄机,不能盲目看表面
名称,可能一字之差,谬之千里。要对专业相关信息进行深入了解,才能选准
选对专业。

（三）主题活动

1. 我选择我热爱

活动意图:让学生了解物理学科在选择专业中的重要性及其优势。

活动过程:

教师提问:你为什么选考物理学科呢？ 高中选考物理学科对选大学专业
有什么好处呢？ 高中选考物理可以大学选哪些专业呢？

学生在小组内进行分享,并选派代表做全班分享。

教师指导:选物理的学生可报考 95.7% 的专业类,在《普通高校本科招
生专业选考科目要求指引》中,共有 19 个专业类必考物理。必考物理的 19
个专业类分别来自理学（5 个）、工学（13 个）、管理学（1 个）。大学时选择物

理相关专业的优势以及步入社会从事物理相关工作的优势在于训练逻辑思维、训练发散思维、与就业需求吻合度高。近年来,随着科学发展速度的加快,很多物理行业研究出的前沿技术很快便得到了应用,例如中微子通信,就是目前热门课题之一。随着现在学科交叉与学科细分现象的日益明显,知识的更新程度非常快。像应用物理这样基础性专业的人才,由于可塑性强、基础知识扎实,越来越受到各个行业的重视。

2. 物理相关专业初探

活动意图:以小组合作的形式,通过运用电子设备进行网络信息搜索,对感兴趣的专业进行初步了解,了解更多探索专业的渠道。

活动过程:

指导语:需要高中物理学科的专业有以下几大类:能源类、机械类、水利类、天文类、电气类、力学类、核工程类、自动化类、土木工程类、电子信息类、运输交通类、医学技术类、化学与制药类。请同学们选择一个专业形成小组,以小组为单位进行探索。

学生小组活动:从专业的研究范围、主干学科、专业方向、对应课程、推荐院校、就业单位等方面收集信息,进行讨论,形成小组成果。

班级交流:每组代表发言,共享讨论结果。

指导语:对相关领域了解得越具体、详细,越能帮助我们未来进行准确的专业选择,课堂上通过网络信息查询,同学们对物理学科相关专业类别只是有了初步了解,可以在课下通过更多途径进行进一步探索。

(三)课堂总结

活动意图:总结本节课收获,鼓励学生进一步明确专业方向并为之付出不懈努力。

活动过程:

学生说:自己喜欢的专业。通过本节课对相关专业增进哪些了解?

教师小结指导:对于大学专业的选择来说,物理是一门重要的学科,只有对相关领域和专业进行更多的了解,才能做出更准确的学科选择和专业选择。不仅是物理,其他学科亦如此。经过本节课的学习,请每位同学都尝试确定自己为之奋斗目标的理想专业,平时多积累喜爱专业方面的知识,更多关注社会发展需求的变化,发奋读书为理想而拼搏。

（四）课后作业

通过网络搜索、人物访谈、实地考察等途径,尽可能多地搜集资料,写一篇关于自己喜爱专业的调查报告。

四、教学感悟

2017 年天津市开始实施高考新政,笔者作为物理教师恰好任教新高一,当时感觉既兴奋又有压力。感到兴奋是自己能够在天津实施新高考改革第一年就参与其中,体验到新高考改革带来的新变化,内心还是非常期待;体验到压力主要是由于作为学科教师不知道如何才能在短时间内承担起学生发展指导的任务,特别是学生很快就会面临的制定升学目标、选科选考等一系列问题。随后,我参加了市里组织的生涯指导教师培训,并有幸加入南开区高中生涯指导数字化课程资源体系建设项目。跟随项目组一起做方案、听课、研讨,收获很大,厘清了高中生涯指导的基本思路,找到了作为学科教师对学生开展生涯指导的定位,期间我完成了课程资源中"大学与专业""高中学科与大学专业"两个课题的内容建设。

本节课是针对高二年级选课后的学生开设的,目的是让选择物理的学生对该学科有进一步的了解,提高学习物理的信心。课程是在区域课程资源《高中学科与大学专业》基础上,结合物理学科进行的具体探讨。

课前,先让学生进入南开区"云动"课程资源平台,自主学习南开区生涯指导课程资源《大学与专业》一课,观看介绍大学专业的动画演示,也可以自己去感兴趣的大学网站搜索了解相关专业开设情况,课上学生代表为大家介绍大学专业的定义和分类基本情况。这一过程也是让学生了解获取有用信息的途径及信息筛选整理的方法,培养他们的自主性。考虑到线下课程的特点,设计了游戏活动"迷惑专业猜猜看"激发学生对专业相关信息进行深入地了解的兴趣。主题活动"我选择我热爱"让学生了解物理学科在选择专业中的重要性及其优势,以小组合作的形式,通过运用电子设备进行网络信息搜索,对感兴趣的专业进行初步了解,了解更多探索专业的渠道。经过充分地探索交流,基本达成了课程目标。

(天津大学附属中学　于宇)

第四节　学习管理模块课例:目标成就梦想

在终身学习时代,学习管理能力不仅是高中学生学业顺利发展的保障,更是促进其生涯发展的关键能力之一。《中小学心理健康教育指导纲要(2012年修订)》提出要帮助高中学生掌握学习策略,开发学习潜能,提高学习效率,积极应对考试压力,克服考试焦虑。因此,我们在课程资源体系中设置了学习管理模块,包括学习目标、学习动机、学习风格、时间管理、压力管理等相关主题内容。

明确、合理的目标有利于激发学生的学习动机,提升学习效率,提高抗压水平。发展心理学认为,到了青春期,大多数学生会认真思考自己的未来,高中阶段对学业和职业定下的目标很大程度决定了未来的选择和发展。因此,高中阶段帮助学生在充分了解自己的基础上,确定适合自己的学习和发展目标非常重要。高一入学后,一部分学生依据高中阶段学习和发展任务很快拟定了初步的目标和规划,一部分学生却仍感到非常迷茫。因此,在高一入学之初,开设相关课程帮助全体学生树立目标意识,明确学习方向,不仅能够帮助学生尽快适应高中的学习生活,而且对学生整个高中阶段甚至更长远的发展具有重要意义。

一、教学目标

一是促进学生进一步树立目标意识。

二是学习了解制定目标的"黄金圈法则",尝试运用"黄金圈法则"探索高中阶段的发展目标。

二、教学准备

教学 PPT、课前采访小视频、学习任务单、彩笔。

三、教学过程

(一)热身活动:校园随访

活动意图:激发兴趣,引起共鸣,导入主题。

活动过程:

指导语:升入高中以来,很多同学都对高中生活充满希望并设定了目标,教师对部分学生做了随机采访,下面请大家思考,你属于哪一类呢?

学生观看视频,自由发言。

指导语:通过对这几位同学的随机采访,我们了解到身边的同学大都有自己的目标,有大有小,有远有近;有的实现了,有的正在实现。成功的人生往往由一个个目标的实现组成,今天我们就一起探索如何制定一个合理可行的目标吧。

(二)过渡活动:王亚平的黄金圈

活动意图:通过观看视频,了解我国首位女航天员王亚平的具体事迹,引入黄金圈法则,帮助学生学习理解。

活动过程：

学生：观看王亚平采访视频，思考她是如何成为首位女航天员的？

教师指导：王亚平确立目标、实现目标的过程符合黄金圈法则，她寻找到内心真正的目标，并为之不断地努力，最后实现目标。黄金圈法则是一种思维模式，它把对目标的思考画成三个圈：最外面的圈层是 What 层，也就是做什么，指的是事情的表象；中间的圈层是 How 层面，也就是怎么做，是实现目标的途径；最里边的圈层是 Why 层面，就是为什么做一件事。黄金圈法则指出，确立目标时思维过程应由内而外，首先要思考为什么想要去做，达成这样的目标是自己内心的渴望吗？然后思考怎样去做，最后再思考想要取得什么样的成果。即黄金圈法则强调的是制定目标必须唤起自己内在的动力。

（三）主题活动

1. 我达成过的小目标

活动意图：学生分享自己成功实现目标的经验，然后用黄金圈法则重新分析自己成功达成目标的原因，进一步理解黄金圈法则对制定可行性目标的作用。

活动过程：

学生活动：根据自己成功实现目标的经验，绘制自己的黄金圈；进行小组分享，思考运用黄金圈法则制定可行性目标是否有新的理解和发现。

教师指导：通过"why"找到了内心渴望的目标，还需要通过"how"和"what"将目标具体化，才能使目标更具可行性。通过同学们的分享，我们发现可以从分步骤、可操作、有时间限制和奖惩等方面具体实施计划帮助目标的达成。

2. 我的目标海报图

活动意图：让学生尝试运用黄金圈法则制定自己高中的发展目标，对高中的发展目标进行思考和探索，不局限于学业目标，还可以包括兴趣爱好的探索、各方面能力的培养等。

活动过程：

指导语：心理学研究表明，与单纯的文字相比，图像更能被大脑理解和接受。请同学们用喜欢的、最能表达自己情感和意图的图画、图像、符号等，配合适当的文字来呈现自己的目标海报图。

学生活动：同学绘制海报并进行小组分享后，由小组推荐代表做全班分享。

指导要点：要不断地用"why""how""what"提问，引发学生深入思考、澄清自己的目标，同时引导学生开阔视野，以发展、多元的思维，探索、制定自己的发展目标。

（四）总结

学生用一句话概括这堂课收获。鼓励引导学生在今后的学习生活中进一步探索、明确、完善高中阶段的发展目标。

指导语：恰当的发展目标能够激发一个人的内在动力，释放人的潜力，使人获得更大的成就感和自我价值感。正确地规划加自律地执行，达成目标，成就梦想！

（五）作业

将自己的目标海报分享给家人、朋友，征询他们的意见，对海报进行修正、完善。

四、教学感悟

本课是区域课程资源"学习管理"模块中"学习目标"一课的线下转化。课程资源能帮助学生从自己的优势、不足、机遇、阻碍等方面了解制定合理目标的思路。本节课因为是线下课程，对学生的指导可以更加具体、深入一些，也要让学生更有兴趣、操作更容易一些，通过一节课的学习操练，让学生真正掌握确定目标的方法，引起对自我学业发展目标的思考和探索。

在导入部分,就高一学生入学后是否制定了明确的学习目标这一问题采取了课前随机采访的形式录制了小视频,因为内容来自身边的同学,一下子吸引了学生的注意力,激发兴趣。进入主题活动,关于制定目标的方法选取了好理解好操作的黄金圈法则,首先,用女宇航员王亚平的故事帮助学生理解黄金圈法则的内涵及操作规则。紧接着,让他们用黄金圈法则回顾、审视自己曾经成功的一件小事,对黄金圈法则进行试用。最后,让学生运用黄金圈法则探索自己高中阶段的发展目标,并以海报图的形式呈现出来。经过层层递进的练习,学生基本掌握了黄金圈法则在目标管理上的应用。

通过这堂课我深深地感受线上课程资源对普及知识,学生自主学习起到很大的作用,也为教师上课提供了基础的备课资料,但线下课程师生之间、生生之间面对面的互动,互相启发促进,以及现场的生成更精彩。教师要善于借鉴数字化课程资源,结合学情和时事的变化引入新案例、新素材,提高课程的实效性。

（天津市南开田家炳中学　赵媛）

第五节　职业探索模块课例：
精彩生涯 多元选择

《中小学生心理健康教育指导纲要》指出要帮助学生在充分了解自己的兴趣、能力、性格、特长和社会需要的基础上确立职业志向,培养职业道德意识,进行升学就业的选择和准备,培养担当意识和社会责任感。生涯教育就是要帮助学生正确地认识职业与自己,能合理规划自己的理想职业,正确选择生活道路,实现个人与社会的共赢。

生涯金三角理论指出做生涯决定时需要考虑三个方面的因素:自我、教育与职业资料及个人与环境的关系。但是,高中学生对社会需要和职业世界的了解相对薄弱,获取职业信息、探索职业的途径方法比较欠缺,因此我们在区域课程资源中设置了"职业探索"模块,包括丰富多彩的职业、职业调查、职业实践、模拟招聘会、就业与创业、生涯规划书等主题内容。"精彩生涯 多元选择"一课在区域课程资源基础上,意图将学生对高中毕业后的发展路径和未来职业选择的认知和理解做进一步的探索,帮助学生打开思路,树立开放、多元的生涯发展观。

一、教学目标

一是了解高中阶段生涯发展任务,树立生涯主体意识。

二是探索生涯发展的路径,树立多元、开放、发展、适应的生涯发展观,提升生涯发展信心。

三是初步思考、探索适合自己的生涯发展路径。

二、教学准备

制作 PPT 课件。课前征集高中生涯发展任务,选择其中各 20 条制作"高中生涯发展任务清单",学生进行测试,提供样本数据。编辑学生采访毕业生的视频(问题:如果有机会回到高一,你会如何规划你的高中生活)。走访高校招办,采集信息,制作高中毕业多元路径的动画视频。

三、教学过程

(一)热身活动:职业猜猜看

活动意图:营造轻松的课堂氛围,引起学生对职业探索的兴趣。

活动过程:

指导语:在我们身边,丰富多彩的职业构成了丰富多彩的世界,每种职业都有鲜明的职业特点和标志性职业符号,我们今天的热身活动就一起来了解它们——职业猜猜看。

情境设计:对医生、军人、外卖骑手、带货主播、程序员等职业进行关键词的描述。

学生活动:根据教师给出的提示信息进行抢答,猜出职业,每个职业给出四组关键词,看看谁的反应最快。

小结与指导:同学们刚升入高中,教师就要问你们一个问题:你们是否认真思考过自己高中毕业以后将要走向何方? 想要上什么样的高校? 学习什么专业? 未来从事什么样的职业? 有的同学可能内心已经非常明确笃定,有的同学可能还有些迷茫和焦虑。今天我们就一起走进"精彩生涯 多元选择"进行探索吧。

(二)主题活动

1. 他们的故事我来说

活动意图:通过课前自主学习了解校友的成长故事,启发自己对生涯发展的思考。

活动过程:

指导语:上节课老师给每个组都发了这本《天津中学校友文集》,要求同学们阅读并寻找最能引发你思考的生涯故事或成长经历,老师也收到了很多同学的反馈,学长们的故事给了大家很多启发,今天我们就请几名同学来分享一下他们的感悟。

学生讲述:学生利用《天津中学毕业生文集》作为课程资源,讲述启发自己的生涯故事;播放采访毕业生视频:如果有机会回到高一,你会如何规划自己的高中生涯。

交流分享:从学长的经验中你怎样理解生涯规划与变化呢? 谈谈自己的想法和感受。

小结与指导:有规划的生涯让我们目标更明确,发展路径也更清晰;外界环境是发展变化的,我们的生涯发展也是开放、多元的,每个人都要树立生涯发展的信心。

2. 我的未来我规划

活动意图:介绍高中毕业后的多元路径,培养学生多元、开放、发展、适应的生涯发展观,引导学生初步思考、探索适合自己的生涯发展路径,在此基础上绘制自己的生涯地图。

活动流程:

指导语:每个人的生涯轨迹都是独一无二的,每个人都在寻找适合自己的成长路径,在课前教师也走访了高校招生办的专家,了解了高中毕业后不同的升学路径,我们先看一段小视频。

观看动画视频《天津高中升学路径(2020 版本)》,简要介绍高中毕业后的多元路径;辨析生涯、生涯规划与职业规划。

指导语:多元的发展路径为我们的生涯提供了更多的可能。请同学们结合学长生涯发展经验给你的启发,初步思考、探索适合自己的生涯发展路径,并绘制出自己的生涯发展地图。请以关键时间、事件、节点等为标志,规划自己的未来生涯。生涯地图是对未来发展的积极规划,请尽量呈现生涯发展全貌。任选 A4 或 A3 的画纸,用彩笔绘制生涯发展地图。学生现场绘制;小组及班级分享。

小结与指导:我们发现生涯发展是一个开放的、多元的、发展的过程,需要我们不断地去调整、适应,用发展的眼光看待自己、看待世界,完成好每一个阶段的生涯发展任务,积累、提升自己的能力、素质,每一段走过的路都会助你走向更远的未来。

(三)课堂总结

学生:通过分析学生课前关于"高中生涯发展任务"的调研数据,教师解读、学生谈感受,将"高中生涯发展任务"梳理成生涯决策三角。

教师指导:介绍南开区生涯课程体系,激发学生的生涯发展主动性,推荐教育素材。指出自我探索、环境探索、职业与教育探索构成了高中的主要生涯发展任务。需要在不断学习和实践中提高自己的生涯规划和生涯发展动力。

(四)课后作业

完善自己的生涯发展地图,梳理高中阶段的生涯发展任务,写出自己在高一年级想要完成的重点任务。

四、教学感悟

本节课依据区域课程资源多元、开放、发展、适应的原则,从生涯发展的连续性视角设计课程。课前问卷征集"高中生涯发展的任务",旨在了解学生对生涯规划意义的理解、学生现阶段的生涯发展观以及生涯指导的具体需求。基于学生需求定向联系毕业校友进行朋辈访谈,旨在帮助学生拓展视角,提升生涯发展信心,增强生涯规划意识及能力提升的主动性。

基于"校友资源"的学生成长系列活动是我校生涯指导的主要路径之一。在这堂课的生涯探究环节,教师先发给学生《天津中学校友文集》,要求学生阅读并寻找最能引发你思考的生涯故事或成长经历。然后按照学生的采访意向,联系毕业校友进行分组访谈。在学生和校友的一问一答、一思一辩中,学长的真实生涯历程、挫折、困惑及成功经历激起了学生的共鸣,真实的榜样激发了学生成长的愿景,提升了学生对自我生涯发展道路探索的内驱力。

生涯指导课程对教师的专业能力和知识结构有很高的要求,而这门课涉及的升学路径介绍目前没有比较集中和权威的官方信息,为了不误导学生,教师带领学生在课前登录了各级各类官方网站,做了大量的资料收集,并亲自走访部分高校的高招办,了解相关升学路径信息,最后综合各方有效信息,制作了高中毕业多元路径的动画视频,在课堂中予以分享,效果很好。

课堂中呈现的路径也许不能涵盖全面,但探索过程对学生自主学习还是起到了一定的示范作用,让学生不惧怕未知,对自己的发展路径主动、大胆地去探其究竟。作为教师总是希望利用更权威的、全面的资料和素材大胆地去设计实施课程,学生更是存在被动等待、依赖教师给出标准答案的现象。通过本课程的实施,笔者体会到这种被动的做法跟不上信息时代的快速变换,对于学生生涯指导应该慎重但不能束手束脚,"多元、开放、发展、适应"的原则对师生的成长都是适用的。

(天津中学　傅钰)

第六节　职业素质培养模块课例：
寻找生涯灯塔

对高中生开展生涯发展指导过程中,教师常常忽略职业素质的教育和培养,大概是觉得普通高中的学生大部分的发展路径是先进入大学学习,距离入职从业还比较遥远,认为职业素质和能力的培养是职业学校的教育内容,但这种理解是偏颇的。国家相继出台的教育改革方案中反复强调要培养学生的核心素养,培养学生正确价值观念、必备品格与关键能力,为国家培养高素质劳动者。

每一个学生将来都会成为一位职业人,职业素质和能力需要长期的培养、积累和提升。《中国学生发展核心素养》给出了学生核心素养的具体框架和内容,给生涯教育开展职业素质教育提供了重要依据。依据核心素养相关内容,吸收国内外对职业素质的研究成果,我们在课程资源中设置了"职业素质培养"模块,确定了职业价值观、匠人精神、创新精神、责任心、诚信、行动力、规则意识、自律、意志力等相关主题内容。本节是"职业价值观探索",职业价值观是指人生目标和人生态度在职业选择方面的具体体现,是一个人对于职业的认识和态度以及他对职业目标的追求和向往。本节旨在引导学生建立对职业价值观的客观认识,澄清自己的职业价值观,探寻有意义的人生。

一、教学目标

一是了解职业价值观对于个人生涯选择的影响。

二是在活动中带领学生尝试探寻和澄清自己的职业价值观,理解在不同的发展阶段职业价值观会有所变化,要适时澄清。

三是引导学生树立正确的职业价值观,提升职业素养,在生涯选择中坚持正确的方向,行稳致远。

二、教学准备

教学 PPT,视频素材、学案纸,轻音乐。

三、教学过程

(一)热身活动:何去何从

活动意图:通过热身活动活跃课堂气氛,引出主题。

活动过程:

指导语:同学们,在生活中我们总是避免不了要去做一些选择,小到每天穿什么衣服,大到选择与什么样的人共度一生、做什么职业等。接下来请大家跟着老师,一起尝试做一些取舍,面对未来我们该何去何从呢?

情境设计:高收入的工作比稳定的工作对我更有吸引力;我想去离家远的城市读大学;能上更好大学可以忽略专业兴趣;警察、医生这类职业是危险、劳累的职业,选择的话代价太高;就业为了情怀选择公益是不理智的。

活动规则:根据问题做出自己的选择,如果"是"请将双臂上举呈三角状,如果"不知道或中立"请双手在身前平举,如果"不是"请双手于胸前交叉。

问题分享:在刚才的选择中,你觉得困难吗? 你选择的依据是什么呢?

小结与指导:上述的问题是我们未来实际生活中可能会面临的一些选择,在职业生涯发展的过程中,除了考虑我们的兴趣、性格、能力之外,还需要考虑职业价值观。如果将生涯比作行驶中的邮轮,那么职业价值观更像是海上的灯塔,指引我们前进的方向,影响着我们职业目标的选择。接下来就让我们一同寻找生涯灯塔,开启一场职业价值观探索之旅吧。

(二)主题活动

1."魔法超市"

活动意图:通过价值观排序和取舍引导学生尝试澄清自己的职业价值观,理解在不同的生涯发展阶段职业价值观会有所变化,要适时澄清。

活动过程:

指导语:我们当下的职业价值选择是什么呢? 让我们一同进入"魔法超市",去探探究竟。

活动规则:欢迎大家来到"魔法超市"活动专柜,大家每人有1000元代金券。在这里一共有15样商品,每样商品价值100元代金券,你可以购买其中的10样商品。请在学案纸上进行勾选。这10样商品已经属于大家,是未来职业发展中看重的部分,对大家很重要。但是很遗憾,在购物的过程中,出了意外,我们弄丢了500元,所以需要大家将购物车里的5件商品丢掉,你会选择丢掉什么呢? 请大家将在意的5个职业价值观写在职业价值观罗盘中。很不幸,结账的时候,你发现又不小心遗失了200元,请大家再丢掉其中的2项,留下最后的3项核心职业价值观,并进行排序(排序为"1"的是为绝对不会放弃的职业价值观)。问题分享:你选出的3项最重要的价值观是哪些? 你做选择时的感受? 当下职业价值观的选择如何影响未来你的职业发展方向呢?

小结与指导:在选择职业的过程中,人与人的价值观存在差异,也会存在着鱼与熊掌不能兼得的犹豫和矛盾,因此我们需要澄清职业价值观,看到自己当下期待的职业目标和方向。著名心理学家马斯洛提出人有5个层次的需求,分别是生理需求、安全需求、爱与归属需求、尊重需求和自我实现的需求。对应职业价值需求来看,在我们关心自己的生存时,我们会追求薪资待遇和报酬,当薪资报酬满足后,我们会倾向于追求工作环境、制度保障,接着我们对于归属和爱的需要,对应着职业中被接纳和认同感,尊重需要在职业方面表现为自尊或被尊重,自我实现则体现在希望发挥潜能,实现自己的职业理想。这些需求由低到高构成个人发展强大的内在驱动力,在不同的生涯发展阶段,价值追求也会不断变化和提升。

2. 榜样故事

活动意图:引导学生注重将个人职业价值观与社会环境相结合,放眼未来,勇担青年一辈的责任,追求有意义的人生。

活动过程:

指导语:在之前的课上,老师曾经布置过寻找生涯榜样的任务,今天的课程上,我们邀请两位同学,与大家分享他们的生涯榜样,一同体会在榜样人物职业发展中,他们有着怎样的职业价值选择。(榜样人物:施一公、汪勇)

活动规则:课前,每个同学寻找自己的生涯榜样,探寻榜样职业成长的故事,分析他们的职业价值观对其职业发展的影响,小组同学间进行分享。推举两名同学制作 PPT 在课上进行分享。听完两位同学的分享,继续“魔法超市”活动。相信大家现在会有新的感悟,请大家回到我们的学案纸,我们在“魔法超市”结账后,被通知获得了加选一件物品的奖励,你会选择哪样商品? 请将答案写在学案纸上。

问题分享:你的职业价值观选择有变化吗? 有什么样的变化? 为什么? 你对职业价值观有什么新的理解?

小结与指导:我们可以看到榜样人物之所以能够取得职业上的巨大发展,与他们将实现小我价值融入社会发展、国家需求的大我价值实现当中有密切关系。这与南开中学一直倡导的“允公允能,日新月异”的精神高度契合。希望同学们在深入了解生涯榜样的过程中,眼界、胸怀能够更宽更广,在实现自己价值的同时,勇于奉献,勇担强国的责任和使命。

（三）课堂总结

学生：谈课堂收获。

教师总结：希望同学们在进行自我探索和生涯规划的过程中，有意识地将个人发展与社会和国家发展相结合，尝试在兼顾个人理想和社会需求中定位自己的生涯发展方向，在不同的人生阶段不断澄清、修正自己的价值观，承担好这一辈青年的责任，让自己梦想的这艘游轮，行驶得更稳更坚定。

（四）课后作业

尝试将自己的职业价值观选择与亲友进行分享，听听他们的看法，再次思考自己的职业价值选择是否有新的变化，记录下来。

四、教学感悟

本节课围绕"中学生职业价值观探索"这一主题，通过活动体验、交流分享等方式开展教学，结合南开中学百年的育人理念，启发学生展开思考。在"魔法超市"活动中带领学生尝试探寻和澄清自己的职业价值观，理解在不同的发展阶段职业价值观会有所变化，要适时澄清。学生进行的生涯榜样故事介绍，尝试帮助大家理清个人职业价值观与社会环境的关系，启发学生放眼未来，勇担青年一辈的责任，追求有意义的人生。

在本节课程的备课阶段，笔者用心学习了区域生涯课程资源中的理论通识课程和生涯发展指导课程。对于学生来讲，职业价值观探索是个相对困难的过程。生涯发展指导课程中的"自我价值观探索"一课中，教师用生活中的选择引入价值观选择的教学过程给予我灵感，在热身活动中我在"何去何从"活动中，让学生通过姿势变化回应选择，在充分调动学生参与线下课程热情的同时，也让学生体会面对选择时的内心感受，将线上课程的教学思路转化成线下课程，提高学生的互动参与感。

生涯课的准备，教师需要在认真了解学生学情、需求的基础上，熟知相关理论并根据教学目的设计相关的教育活动。区域生涯课程资源是教师备课的宝藏。教师可以根据课程主题提前了解相关理论知识、理论通识课以及生涯发展指导课程中提供的活动范例，教师可以进行参考和改编，通过运用情境演绎、角色扮演和案例介绍等教学方式增加线下课堂的互动性，拉近教师和学生的距离，促进学生感悟的生成。

（天津市南开中学　穆玉凤）

第七节　综合应用与创新课例：迷人的"巴洛克"文化

常规的生涯指导课程基本上是以斯温金三角理论为模型，从自我探索、环境资源探索、职业与教育探索等方面，依据相关政策要求和理论规范设置教学内容。这些内容作为生涯教育的基础是必要的，但是，太过中规中矩的课程内容和形式往往难以激发学生的学习兴趣，达到良好的效果。因此，我们始终鼓励教师进行拓展创新，充分应用校本资源，发挥教师所长，创新课程的内容与形式，尽可能带领学生跳出学校的框架，跳出学科教学的框架，激发探索兴趣，开阔视野，带给学生新的视角和思路。

"巴洛克文化探索"是天津大学附属中学依托天津大学建筑学院开发的校本课程。巴洛克文化对高一学生而言既陌生又熟悉。陌生在于巴洛克文化是遥远的欧洲文化，熟悉则在于我们能在生活的方方面面发现它的存在。现代社会纷繁复杂，新鲜陌生的名词令人眼花缭乱，学生容易被不明白内涵的"洋名词"吸引，不知来源，盲目崇拜。课程的设计实施，意图通过以巴洛克文化为载体，激发学生兴趣，打开学习思维。通过查阅网络图书、邀请博士讲座、读书交流、实地考察等不同方式对巴洛克文化进行多方面的了解，接触了解到由巴洛克文化而衍生出的更多不同的社会职业。并且与同时期中国的文化特征进行对比,以小见大,理解社会环境对文化、行业、职业的影响,在学习国外先进文化的同时,培养学生的民族自信和文化自信。鼓励学生将自身特长潜力和兴趣爱好与社会环境和需求相结合,进行科学合理的规划。

一、教学目标

一是学生通过分组分配任务,利用书籍、网络等途径获得知识,与同伴分享,互相讨论总结,达到对课题多方位的深度理解。

二是在学生了解文化的过程中接触到社会各个行业,根据自己的了解结合自身的兴趣爱好和特长,绘制出自己的职业期待,与同学交流自己绘制的作品,并且提出自己努力的方向。

二、教学准备

学生分成五组,认领学习任务,合理分工进行学习交流;各组学生将自己的学习成果进行整合,准备展示汇报;学生准备个人照片影像,教师准备职业绘画相关用具。

(一)热身导入:快闪——巴洛克之旅

活动意图:回顾活动历程,为接下来的展示环节烘托气氛,使学生克服紧张情绪,进入情境。

活动过程:播放快闪视频,回顾以往活动历程,介绍参加展示的学生代表。

(二)主题活动

1. 成果展示——陌生又熟悉的巴洛克

活动意图:为学生提供展示的平台,对学生的自主学习与合作整合给予肯定,提示通过多种形式的学习接触了解的不同职业。

活动过程:教师协助学生进行小组展示,在汇报中对相关职业进行合理引导。

第一组:巴洛克文化基本概述和成因。阐述要点:"巴洛克"原意,基本发展特征;在文化发展历史中,上承古典主义,下启洛可可,是经济发展推动下,文化变迁的必然,对社会影响深远。职业期待:文化学者、作家等。

第二组:巴洛克建筑基本特征和典例。阐述要点:代表作:意大利维尼奥拉设计——罗马耶稣会教堂,建筑特点:简洁与浪漫,精致与亲切,流动与变化。从17世纪马可波罗广场到天津意式风情建筑再到近代建筑的体现与融合。职业期待:建筑设计师、园林景观设计师、城市规划等。

第三组:巴洛克文化在生活中的体现。阐述要点:哈尔滨老道外,中华巴洛克历史文化区。时尚:品牌服装设计,与东方风格对比、饰品设计等。装修装饰:室内外装饰风格,建筑及环境设计等。职业期待:时尚从业者、时装设计、装修设计等。

第四组:巴洛克文化在音乐、美术中的体现和影响。阐述要点:文化的不同呈现形式。代表作者作品:鲁本斯、巴赫。职业期待:音乐、美术从业者。

第五组:同时期中国文化风格比较。阐述要点:此时期中国正处于明末清初,是汉文化和少数民族文化的融合期。经历宋、明两朝,汉文化的清简疏朗达到艺术高峰,少数民族又带来了游牧民族的热情广袤,使中国当时形成了新的文化特征,不仅是改朝换代带来的文化冲突,更多的是民族交融带来的丰富与包容。同样是历史发展的必然结果,同样是多文化的交融和变迁,同样是以其旺盛的生命力对现代文化有着巨大的影响。在学习中发现自身的文化基因,不仅感受到其渗透在生活中的方方面面,也认识到自己应该作为其创新者、传播者、传承者的使命感。职业期待:各行业、各个岗位。

学生小组成果汇报:

巴洛克建筑之美:

接到这个小组任务时我们都很兴奋,因为在课堂学习中,来自天津大学的黄博士给我们讲解建筑范例的时候,这个从哈尔滨来的幽默的东北人就给我们列举了很多在中国土地上的巴洛克风格建筑,这些建筑与中国的风土相结合,并不突兀,非常和谐。这也启发我们在了解巴洛克建筑基本特征的情况下,开启观察天津的行程。百年历史看天津,行走在家乡的大街小巷,堪有万国建筑博物馆的家乡在我们学习了建筑知识的目光审视中散发出动人的光辉。通过利用周末的骑行和拍摄,我们找到了在天津的一些风貌建筑,拍摄了外观,也有曾在俄罗斯旅行的同学提供了当地的极具俄罗斯风格的巴洛克风格的照片,与不同地区相同风格的建筑进行了对比和讨论。

在讨论中,我们认为,通过认识一种建筑风格,可以更好地了解建筑的特征以及基本设计原理,一些对此感兴趣的同学,做出了建筑设计师、城市规划师、园林景观设计师及地产开发等多种职业规划,走出小小的课堂,走向大大的城市,打开了职业规划的眼界。

生活中的巴洛克文化:

我们组的任务是寻找在生活中的巴洛克文化,接到这一组任务时,我们认为巴洛克文化离我们还是很遥远的,这是一种源自欧洲,兴盛于建筑、美术行业的文化风格,在21世纪的中国北方城市生活着的我们,又能有怎样的接触呢。

我们利用网络搜索找到了一些现代装修欧式风格的图片,现代装修由于受到风格和文化的影响,不可能完全复刻巴洛克风格,但是在一些家具和装修细节中,可以体现巴洛克风格的奢华与灵动,造型华丽,奔放热烈。

我们又打开购物网站,搜索关键词,发现很多衣着饰物也以巴洛克风格著称。甚至在同学中广受欢迎的运动鞋品牌也会利用这些经典元素,推出具有特色元素的产品。不仅向经典致敬,也体现了巴洛克风格在现代生活中的生命力。

其实我们还搜寻到在美食行业和旅游行业也有这样的文化风格渗透在我们身边的生活当中。通过对文化风格的了解和在生活中的寻找,我们也有所感悟,了解到现代设计师除了需要具备创新能力,也需要了解世界的文化,了解民族的文化,进行融合和创新,才能设计出更多更好的作品。

巴洛克时期的中国：

我们小组拿到的题目是"巴洛克时期的中国"。16至18世纪，中国当时处于明末清初的时期，也正在经历一场文明的变革与融合，审美正在从宋代明代的清雅淡丽，追求飘逸明朗，向明艳豪放的满蒙文化发生过渡与变化。同时由于航海和远征的商队，中华文明与外族文明也在进行渗透与融合，呈现出独特且绚丽的文化风格。

在我们研究的目标中出现了雨过天晴般淡雅的宋瓷，也有典型的北方游牧民族风格的窄衣旗装，最后我们把目光落到了清末出现的中国现代旗袍，旗袍之美在于端庄妖娆、浓妆艳抹都能找到自己的位置，东方的审美融入西方的裁剪，美得恰到好处。

其实我们学习西方文化历史的同时，也要注重本国文化，更要传承先人留下的衣钵，为我们的精神文化注入源源不断的新活力，学习巴洛克文化，只是一扇了解世界的窗口，是为了在中华文明的传承与传播中不断创新，让这份精神在各行各业中都得到更好的体现。

2. 我的思考，我的规划

活动意图：以巴洛克文化为窗口，认识社会。通过完成小组不同的任务，了解自身优势特长，以达到科学合理的职业规划，并且对选课走班进行指导。

活动过程：教师提问我想要做什么？我能做什么？我现在应该怎么做？学生讨论：思考交流教师提出的问题，对自己的职业期待进行规划，利用工具绘制未来的职业形象并进行交流完善。

（三）小结

指导要点：巴洛克文化只是一个窗口，让我们发现世界的丰富性，可以学习和施展才能的领域很宽。只要找到了心中热爱，大家的学习兴趣和潜力都很强，这也给了老师开发更多大家喜爱课程的信心和动力。学习的目的是继承、发展和创新，希望大家保持对世界、对生活的好奇和热爱，逐渐寻找到属于自己的发展道路，并且用行动不断向自己的目标靠近。

（四）作业

回想一件你最感兴趣的事,把它推荐给同学们。包括这是一件怎样的事? 你是如何被它吸引的? 你为它付出了哪些努力? 这件事和你今后的生涯发展有怎样的关系?

四、教学感悟

设置这门课程的初衷是让学生从一个看似孤立的点去观察身边的世界,以点带面发现万物相连的规律。以巴洛克文化为切入点,是因为学生对相关文化了解得少,定位于让学生通过不同的形式学习一个全新的知识,设置了校外教师讲座,学生自行搜集材料,教师推荐书目阅读,学生实地考察、走访等多种学习形式。而后学生分小组进行讨论学习交流,通过学习与思考,看到一个陌生的知识在自己熟悉的生活中渐渐清晰起来。

课程后期的重点放在通过观察社会中与该知识点有关联的不同行业,拓展对不同职业的认识,给学生一个想象憧憬的空间。同时也鼓励学生了解自己本民族传统文化,倡导文化的融合与创新,强调学习是发展的动力。课程现场我们鼓励学生将自己的生活照片植入对未来规划的场景,展开职业生涯的规划。由学生根据自己现有对学习的准备,包括知识的准备、方法的准备、习惯的准备,列出实实在在的计划、选课方案、专业选择方案,为自己的职业规划指出明确的道路。

学生对课程表现出的浓厚兴趣和探索能力给了笔者很大的鼓舞,也让笔者看到生涯课程更多的可能性。生活中我们并不缺乏教学资源,只是需要我们用心去发现、去转化、去生成。

（天津大学附属中学　于逢忻）

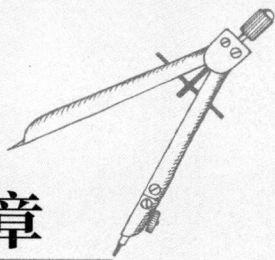

第五章

学生创生
——来自学生的生涯实践报告

　　"生涯百探"课程资源建设以实践体验和信息挖掘为核心,通过构建区域生涯实践基地和挖掘丰富的信息资源,为学生提供多样化、具体化的生涯探索资源。资源内容积极正面,形式规范,注重学生主体性和开放性,以培养学生实践能力、主动性和开放思维为目标,通过学生创生课程资源建设与应用,为学生提供了丰富的生涯探索资源,帮助他们更好地了解职业和专业,开阔视野,形成正确的生涯观念和发展规划。同时,学生通过参与资源的创建,发挥了主体性,培养了实践能力和自主学习的习惯,使其在生涯发展中能够主动探索、积极发展。通过不断更新和开放,课程资源能够满足学生和教师的需求,为生涯教育提供重要的支持和途径。

　　生涯实践性课程资源不足,学生实地实践机会较少是生涯教育中存在的普遍性问题。为此,我们一方面积极拓展社会资源构建区域生涯实践基地,另一方面引导学生挖掘网络信息资源,由学生自主创建生成生涯实践性课程"生涯百探"。

　　课程资源建设要点:实践体验,构建资源。以天津市国际青少年志愿团为桥梁,整合各类社会资源,筛选公益团体、政府部门、事业单位、文化场馆、科研机构、食品行业、非遗文化、电子制造、生态农业、法律服务、新媒体、互联网等不同行业不同类别的单位,构建起区域生涯实践基地。学生由教师带领或以小组为单位走进企事业单位,走近企业家、专家学者及各领域职业人物,通过实地考察、生涯体验、人物访谈等,将自己的直接经验撰写成报告或制作成视频,生成课程资源。挖掘信息,资源构建。《教育信息化2.0行动计划》提出要全面提升师生信息素养,努力构建"互联网+"条件下的人才培养新模式。当今,大学校园网站、企事业单位官网、官方招生招聘网站、大型网络平台等信息资源新鲜、丰富,优质的内容、生动活泼的呈现方式能够给学生带来深刻的震撼和启迪。学生们选定感兴趣的主题，在教师指导下挖掘、分析、整合，生成图文并茂的视频资源，是对实地生涯实践资源不足的有益补充。学生选取自己关切的内容，在自主实践、探索、体验的基础上，创造性地生成课程资源。资源内容要注意价值观导向，要求积极正面。资源内容做到聚焦具体问题，谈切身体验、感受、思考、启发，不做泛泛之谈，既有通识性，又具个性化。资源形式以学生喜闻乐见的方式，综合运用图、文、小视频等，可适当进行效果渲染。注意语言规范，使用普通话，避免过多网络用语或过分调侃。项目组对学生作品梳理总结，形成了八大模块近百例资源：走进企事业单位、探访大学与专业、学长经验谈、职业人物访谈、生涯榜样的故事、父母有话说、看电影悟生涯等。

课程资源建设原则：实践性——"生涯百探"中所有课程资源的创建都是建立在实践基础上的，参与建课的学生走进高校、走进企事业单位，进行切实的观察和体验，从而做出更加准确的价值判断和选择。没有参与建课的学生则通过观看学习，产生替代性经验，达到开阔视野和思路的效果。学生创建的资源从选题到内容再到表达方式具有亲近感、代入感，更容易被学生吸收借鉴。主体性——学生是生涯发展的主人，参与创建课程资源的过程就是其发挥主体性，进行生涯探索的过程，有助于其形成主动发展的习惯、积极地生涯态度以及自我规划的能力，使其终身受益。通过"生涯百探"建设，学生探访亲友、追问学长、与家长对话、在网络里挖掘、到电影里寻找……他们遇到问题不再坐等教师给资源，而是自己主动想办法找资源、创建资源，充分体现了生涯发展的主体性。开放性——数字化课程资源建设的触角能够突破时空的限制，开放多元，更新迅速。以此为基础，"生涯百探"是一个开放的、可持续增建和更新的资源库，历届学生均可参与，为学生提供了关于专业和职业的丰富的认知与体验性资源，也为教师、家长深入了解学生的内心世界打开了大门，是校家社联动、提高生涯教育针对性的重要途径。

课程资源应用要点："生涯百探"课程资源的应用可由学生自主选择观看，也可由教师根据教学主题选择相关资源直接引入课堂，设置相关讨论问题，引导学生观看交流。

第一节　走进机关事业单位

走出校园,走进企业事业单位,走进乡村,切实感受乡村振兴的面貌,引导学生从职业视角认识和理解"乡村振兴",启发学生树立个人发展与国家发展相结合的意识,促使学生思考与学会选择自己的职业生涯。

一、走进企事业单位课程资源建设的价值与要求

说到机关事业单位,大家一般会想到市、区政府部门,政府机关的基本职能:政治职能、经济职能、文化职能、服务职能;事业单位是我国经济结构中不可或缺的组织机构,对于"走进机关事业单位课程资源建设"组的高中同学来说,走进机关事业单位,通过实践活动走访,真实的体验、感受、了解机关的职能部门,了解事业单位的人才管理方式及做了哪些实事。

人生有很多选择,不同的选择也会成就不一样的人生。在一次教育论坛时见到了一位高校的领导,在人生岔路口选择到最艰苦的地方去拼搏,他来到了天津市大唐庄镇作为驻村干部参加扶贫工作,交谈中提到了国家的扶贫政策为国家带来了全面、高效、跨越式的发展。于是,回到学校,征求了学生们的意见,大家一致同意将这次走进机关事业单位实地考察的主题确定为"乡村发展离我并不远",同学们想亲自去看看当代新农村的巨大变化及自身发展,并将此次学访作为自己人生中的一次前所未有的机遇。同学们通过讨论,感到自己身上肩负着更加重要的历史使命。

学生创作的课程资源应注意以下五方面的要求。一是高度重视精心准备。思想上一定要高度重视政府机关乡镇企业的走访工作,提前做好计划、确定走访的机关事业单位,提前联系相关工作人员,做到遵守各项制度,走访过程中不添乱、不扰乱公共秩序,保守国家机密。并实地考察后撰写考察报

告。二是责任感与使命感。乡镇工作关系到基层村镇广大人民群众基本生活的重要大事，作为走访的学生在制订走访计划时，体现以小见大，从小事上看国家发展、人民生活水平的提高。从政府职能部门的具体工作中看管理。三是认真学习当地的交流方式，走访才能够真正深入进行下去。和村民的交往中，几句简单的问候，就会很快拉近彼此间的感情，作为学生，要想茁壮成长，就必须在艰苦的环境中经历风雨、增长见识、提高本领。四是走访常怀感恩之心，内心对未来要走的路充满期待。通过生涯实践活动，追寻人生的梦想，实现人生的价值。五是整体参观。访谈单位或部门负责人，了解单位的总体职能，单位的部门设置及岗位设置；访谈工作人员，了解其所在岗位的职责，该岗位对工作人员的条件要求（学历、专业、能力、素养等），工作人员从事该职业的经历和体会，对学生的建议；这次生涯实践活动对生涯规划的启发。

视频由学生团队共同创作，从机关事业单位各个岗位的工作人员中，选择能够深入交流的人选，讲述他们的创业故事、讲述政府的支持与授人以渔的励志故事，并制作课程视频资源，要求同学们的资料详实、树立正确的三观，故事说服力强，制作者有较强的视频采集、资料的筛选、甄别能力，通过制作视频同学们各项能力增强，视频制作精良能够起到很好的教育指导效果。

二、资源实例：乡村发展离我并不远

我的脑海里从来没有想过我的生涯发展能和乡村发展有什么关联，虽然也看过一些大学生下乡当村官的纪录片或视频，但总觉得那些事离我很遥远。

但是，在教师的带领下，我们利用综合社会实践的机会，真正走进了乡村，见到了在乡村一线默默工作，为乡村振兴发展作出贡献的那些人，给了我震撼！我深深地体会到：社会是一个大课堂，实践出真知，这次的乡村职业探索，对我今后的学习和发展启发很大。

"走进政府机关企事业单位考察探索组"一行师生二十人驱车前往天津

市宝坻区大唐庄镇东杜庄村,调研脱贫攻坚成果和乡村振兴成就。首先,我们在驻村脱贫干部王处长的带领下,围绕村庄进行实地考察:农田、池塘、农产品等,乡村画卷扑面而来,为我们提供了一本乡村振兴的"活教材",让大家对东杜庄村一下子就有了初步的认识。

"百闻不如一见,走进乡村看乡村振兴,了解相关职业",这种形式要比课堂更见实效。通过考察真实体会到东杜庄村脱贫攻坚战取得胜利,根本原因在于党的领导及脱贫攻坚政策,人民才能过上美好生活,勉励同学们苦练本领,在自己的职业生涯发展中展现自己的作为。

考察团穿梭于东杜村的大街小巷,我们亲眼看到了村子房屋、街道绿化,亮起来的路灯,干净整洁的村党群工作站及内设的图书阅览室、便民服务室、文化活动室,处处展现着美丽乡村的建设成果。团队成员边走边看,不时与村民交流,在感悟乡村文化的同时,也真切地感受到这个充满活力的乡村。

乡村振兴之路未来怎么走?观察团在东杜庄村找到了答案。驻村扶贫干部是开放大学王处长,在东杜村驻村三年,王处长谈道:"东杜村的发展离不开产业支撑,村企联建助力乡村振兴,有效推动了乡村集体经济巩固壮大,为乡村发展注入了内生动力。"这几年他们为了让脱贫项目能够有自己的发展内生动力,并能长期发展下去,抓住发展的契机,参加"非遗"活动,并取得了相关部门的大力支持,开发了与上海的经济合作,他们将接受东杜村村民们的手鞠球项目。建立了产销合作服务的两个项目,天津市宝坻区产业扶贫项目——"绣"出好日子"互联网+非遗+扶贫",民宿文化休闲娱乐:通过创意开发,把民宿文化休闲娱乐和工匠精神加以融合开发一个有品位有底蕴的有当地民俗特色的高品质休闲乡村。以非遗文化为核心进行设计、经营理念、体验互动、商品开发,并教授村民们学会了手鞠球技艺,其中李子华成为手鞠球在天津的传承人,目前全村近一半的农户从事手鞠球加工,直接带动了多种产业融合发展。王处长讲述了自己作为驻村干部,怎样带着李子华参加各种比赛,在走南闯北的比赛中积累经验,为妇女创业竞赛中树立自信心,在培养村民掌握技能中传递创业致富授人以渔的理念,并以手鞠为媒,给大家宣传了优秀传统文化和创新创业知识。"以产业发展带动农村建设",在我们的眼中,这就是乡村振兴的"密码"。

作为学生,看到乡村振兴繁荣景象,我们明白了发展产业的重要性。职业生涯与经济社会发展紧密相连,同学们还想到合作的企业走一走,观察乡企融合背景下职业生涯发展成就。归来后,考察团成员意犹未尽,对于职业探索又有了深度思考,大家认识到乡村不仅有村官、会计等,乡村振兴还可以是乡企合作,同学们挖掘资源成立兴趣小组,艺术表达(美术特长)小组的同学们认为自己可以为大唐庄进行手鞠球设计、为大唐庄代言等活动,信息技术小组的同学们认为可以进行线上活动推广、策划、设计拓宽数字经济的发展。

产教融合、乡企合作是高中学生职业探索实践活动的新模式。考察团考察到的这些乡村、企业资源都转化为高中学生的生涯实践活动教育资源。当听到"手鞠球"项目已经在东杜村生根发芽、开花结果时,团队成员热情高涨,与乡村相关负责人进行了座谈交流。村委会管理人员告诉观察团,村民通过锻造技术技能,练就了过硬本领,成为名副其实的手鞠创成基地。在村党建活动室里摆放的各种比赛、竞赛获奖证书吸引了考察团成员的目光。讲解人员说,这些成果中很多都是村里和企业合作取得的,让同学们深刻感受到技能成才、技能报国的信心。

乡村振兴离我们并不遥远,我们走进乡村、深入企业,看发展、观成效,探寻职业生涯发展助力乡村振兴、赋能产业发展新路径,在实践中受教育、长才干、作贡献,拓宽了生涯发展的路径。

【点评】

这次的宝坻大唐庄的走访非常成功。首先,计划方案操作性强,有具体的走访群体和个人代表,前期的沟通工作细致,走访提纲设计合理,让以李大姐为代表的基层村民能够跟同学们敞开心扉,讲出自己摆脱贫困的故事,使得同学们能够获得翔实感人的资料,为撰写考察报告奠定了基础。在工作中总结凝练出一套翔实资料,撰写调研报告,这是学生通过量的积累到质的飞跃过程,综合能力在无形之中得到提升。其次,这样的活动磨砺了学生的意志。从最初的忙碌、迷茫、盲目的状态,到最后的热情服务,为振兴乡村献计献策,这是学生理想信念的最好的教育活动,学生对国家的未来、自己的未来都充满着期望。同时也深深地体会到乡村振兴、国家发展离不开政府及相关工作人员的共同努力,也了解到看到了乡村的领导们工作时间长,面临的问题多,但是他们在这样的工作环境下坚守从不抱怨坚守着自己的岗位,真实地感受到他们的平凡而伟大。

第二节　探访大学与专业

探访大学是增强学生与高校的双向选择、加强高中生涯教育的重要手段。学生自主创作课程资源,立足学生对高校及其专业设置的了解需求,通过多元的教学手段,引导高中学生更早、更深入认识职业领域相关的专业,让学生体验调查方法在生涯抉择下的价值,直观地进行自我思考和理解各专业内涵,以此为契机,促使学生学会选择自己的生涯之路。

一、探访大学与专业课程资源建设的价值与要求

作为高中学生,即将进行选课走班参加高考,选择大学与专业,如果不了解大学里有多少种专业,这些专业的内容和特点是什么,怎样能选好专业?哪些专业适合什么样的学生? 有的同学不了解相关大学与专业,甚至连名字都不知道,怎么进行专业选择? 大学与专业的选择机会并不多,大部分同学甚至只有一次选择机会,错过了很难再弥补,我们在选专业之前,要掌握了解大学与专业的主要途径和方法,了解大学开设了哪些专业,专业是如何分类的,不同类别专业有什么不同等,有关专业设置的相关的知识。

为了帮助高中学生提升对大学与相关专业的了解,为高中选课走班打下基础,培养学生健全人格并了解自己的发展优势,实现全面而有个性地发展,学校可组织实施探访活动,组织到大学参观走访,充分了解大学与专业。同

学们可以通过教师辅导,按工作任务分成不同的探索小组做好探索准备工作,小组之间分工合作,职责分明,团队协作,按小组完成任务并形成集体调研报告,可通过计算机网络、报刊、广播电视等渠道获得大学资讯,也可以通过到大学进行实地访谈、参观等形式,与大学工作人员进行深入交谈,通过实地参观、体验进行感性认识,综合集体智慧进行汇总分析,撰写研究报告,将探索结果制作成视频,供学生学习参考,本次课程资源以"探访大学与专业实例:田野教学——非遗学新理念"为例探索天津大学冯骥才文学艺术研究院非遗学专业的方法与技巧,制作成视频介绍给学生们,形成学生创生课程资源。指导学生用此方法,试着探寻自己喜欢或心仪的大学与专业,成为自己人生的主人。学生创作的课程资源应注意以下步骤:

一是通过互联网、多媒体初步了解大学与专业,建议参考教育部门权威网站阳光高考指定平台或各大学官方网站及相关的公众号,首先对大学与专业进行通盘的了解和认识。再对某个自己感兴趣的专业进行深入了解,这样才更有效率和针对性。在大学网站浏览和通读大学专业库的所有专业,制作专业兴趣表,有的专业我们不知道,但不一定不适合自己。

二是具体了解专业方式,还可以到大学的实地参观,通过走访大学的学院、博物馆等,全面了解专业和培养目标。如果对于学校对该专业培养的方向不了解的话,可以进入学校官网查询,或找到专业人员了解专业设置以及学科培养的方向。对比自己的实际情况,再来决定是否把这个专业作为自己志愿填报的备选专业。

三是可以通过网络课程试听,对自己特别感兴趣的专业,进行重点了解,深层次了解专业学习情况,了解大学相关的课程。通过这样的学习,孩子和家长对专业既有理性的考量,又有更直观而具体的认知。通过校园网站、网络文献、实地走访、学长访谈等方式全方位的了解,这样选出来的专业是较为适合自己的。

四是思考具体问题:你心仪的大学或专业它的哪些方面吸引你?你心仪的专业就业情况和发展前景如何?如果你想未来进入这一院校学习某专业,你现在需要做哪些准备?

二、资源实例：田野教学——非遗学新理念

我们"探访大学与专业"小组共六人，都对非遗项目比较感兴趣，也愿意为扩大非遗的影响力做点事情。同时，作为天津大学附属中学的学生，我们对天津大学充满了向往。天津大学冯骥才文学艺术研究院（下称"冯研院"）是天津大学附属中学"校—馆"合作探生涯的合作单位，让我们高一年级的学生有机会走进大学体验学习。

我们小组协商后，决定分为三组，每组两人，分成了访谈交流组，意在通过访谈大学教师、博物馆工作人员，进行面对面的交流探寻；参观感受组，意在通过参观直观感受、领悟多元文化；体验发现组，意在通过参加体验活动发现自己的个性特长与兴趣，最后进行资源共享，写出探索推荐总结。就这样我们开启了探索大学与专业的研学之旅。

在我国第18个文化和自然遗产日，正逢冯研院五个非遗学田野教学基地成立了。这一天我们来到冯研院，展现在眼前的建筑颇具现代感，竹树环合，水波激滟，古今人文交相辉映；门厅中悬挂的匾刻"挚爱真善美，关切天地人"，体现该院追求的人文精神。

访谈交流组通过访谈博物馆工作人员和学院教师，了解到天津大学冯骥才文学艺术研究院是以我国著名作家、画家和文化学者冯骥才先生的名字命名的一所风格独特的学院，非物质文化遗产学交叉学科硕士学位授权点于2021年10月经国务院学位委员会批准设立，为全国首个招生单位，由著名作家、文化学者、中国非物质文化遗产保护与研究领域的领军人物冯骥才教授领衔，在中国木版年画研究中心、中国传统村落保护与发展研究中心、中国传承人口述史研究所3个"国字号"研究机构基础上，还拥有7个非物质文化遗产博物馆、1个数据库和分布全国多地的田野调查点。本专业采取课程学习和田野实践相结合的培养方式，以导师独立指导和导师团队指导相结合的方式进行科研训练和学术交流，旨在培养较好掌握本专业基础理论和方法论，具备非物质文化遗产研究及管理能力的专业人才。学制两年半。"把书

桌搬到田野"是冯研院一直秉持的教学理念。

参观感受组在冯研院跳龙门乡土艺术博物馆参观,站在徽州三雕江西省传统美术,国家级非物质文化遗产之一———木雕前。感受它静态的美,具有穿透力,让我们的心态更加柔和。感受本次展出的木雕透露出独属于民间的马咽车阗。百花厅,敞亮简洁,展示了当代民艺精华,收集了传统民艺传人今日杰作。雕塑厅,展示了历代雕塑风格的嬗变,以及民间应用雕塑的方方面面,陈列的雕塑栩栩如生、巧夺天工。花样生活厅,从服装配饰、节日用品等方面,将民间对美好生活的热爱展现得淋漓尽致。通过参观,我们深深地感受到历史是文化的载体,文化是历史的血脉。历史长河中灿若星辰的文化和自然瑰宝在历史烟云里铭刻着辉煌的过去,在世代传承下见证精彩的现在,更在历久弥新中孕育着更加美好的未来,如果有机会到这里学习研究,一定能带来意想不到的收获。

体验发现组这次的博物馆参观学访中发现没有讲解员,采用了答题卡互动的方式引导参观者在馆内主动探索寻找答案,通过问卷答题,让我们带着问题,在探索与欢乐中学习。"靛蓝花衣人间女,白河鼓乐斜塘吟;画好能生吉祥景,字活更传万千文。"出自冯骥才《五田野聚》。通过现场体验木活字印刷为自己留下文化和自然遗产日的纪念,馆内答题兑换奖品的形式,激起了大家的兴趣,厅中还设有端午节活动答题专区,其奖品"老虎牵拉"、明信片等深受同学们的喜爱。通过体验发现丰富的非遗馆藏背后的历史文化,感受民间艺术所蕴含的生活情感,如果有机会在这样的环境中学习,一定能习得真本领。

学院师资队伍结构合理,学科交叉优势明显,具有丰富的非物质文化遗产学教学、科研、实践经验,并建立了多个方向的国际学术专家委员会,积极开展国际文化交流。近年来取得了丰富的学术成果,出版多部理论专著和非物质文化遗产档案丛书,发表若干学术论文,研究方向稳定,为学科建设与发展提供了扎实的基础。对优秀传统文化感兴趣,有志于非遗学研究的同学们,可以到冯研院进行研学实践。如果报考冯研院非遗学,在这里学习并得到专业支持,在田野教学基地全程参与科研项目,在田野实践中认知非遗的性质、特征与规律,学习非遗学的理论,掌握非遗学科研的方法,深入了解非遗的现实,关切非遗的保护和传承、命运与发展,从而树立对非遗事业的责任感。目前学院非遗专业只招收硕士研究生,有志于此就要从现在开始学习积累,广泛涉猎文学、历史、美学、民俗学等方面的知识,提高自己的文化素养。

【点评】

学生走进大学,直观感受到大学校园的文化氛围,受到很强的感染和触动,激发了他们对大学及相关专业的向往,了解到通往大学的专业发展路径,转化为高中学习的动力。视频由学生团队共同创作,各小组各司其职,涉及网络信息、采访访谈资料、参观学访讯息的收集整理制作,将探索结果生成实践报告,以图文并茂的方式讲给大家听。他们的制作资料翔实、逻辑清晰、画面清楚能够给观看者以清楚的感知认识,制作者有较强的视频采集、文字说明、语言表达能力,通过制作视频增强学生的创新能力、逻辑思维能力、文字语言表达能力,给其他同学以很好的学习参考。

第三节　细听学长话经验

学长更能切身理解他们在相同阶段面临的压力和问题。"细听学长话经验"活动,更好地挖掘了高中学生生涯教育资源,有利于发挥学长的同辈群体优势,帮助学生较为深入地了解一门专业与职业的关系,提高学生的生涯规划意识。

一、细听学长话经验课程资源建设的价值与要求

学长,是对学龄较长或高年级的学生甚至早已毕业进入工作岗位的前辈的敬称。通过走访或者邀请学长回学校参加活动,了解学长们的成长经历和走上社会后的感受,以及他们对大学生活、中学生活的反思,使高中学生能够

近距离走近学长,正确把握新一代年轻人的成长道路,了解社会对大学生的要求,从而增强高中生涯规划意识、唤醒生涯觉醒,增强自我责任感,激发学习原动力,更加珍惜高中学习生活,理性规划、选择高中选课科目,进而树立前瞻意识,建立规划职业生涯的观念,指导自己的高中学习、实践。同时,"细听学长话经验"是一次集集体智慧在相互合作分工,共同完成的实践活动任务,要求各自在做好自己工作的基础上增强学生的团队意识。

结合新高考改革,这部分资源建设也发动了大量经历新高考改革的刚刚进入大学的校友主动录制资源,为学弟学妹讲解自己面对新高考进行学业规划的经验教训,以及介绍自己所在的大学及专业等。

学生创作的课程资源应注意以下要求:

1. 强调实践活动的意义与目的,确定活动时间、活动内容、参加人员、访谈(或受邀)对象可采访本校的毕业生或者具有一定工作经历的学长。

2. 同学们以3—6人为一组完成采访校友的任务,采访前做好相应准备工作,应尽可能多地了解校友个人简历、学习或工作地址、所在院校或单位情况等情况。同组同学协商制定访谈提纲,争取得到学长的签名或与学长合影,将此次活动内容告知家长并取得家长的支持与指导。与家长、同组的同学一起学习、模拟访谈技巧,预设访谈工作中需要注意的问题及解决方案等,采访工作需要各组成员共同完成,需进行相关工作的细化分工。

3. 外出采访或外出进行调研时注意出行及饮食安全,注意采访时的礼貌及用语,谦虚耐心,以促成采访的成功。

4. 做好访谈记录,访谈工作过程中征得学长同意,可拍摄照片或者视频,访谈工作结束之后,向校友邮寄一封感谢信(也可采用电子邮件方式)。

5. 尽可能选择从事各个专业或行业的学长,具有代表性,注意收集那些让你印象深刻的事情及学长的小建议。

视频由学生团队共同创作完成,从校友或者学长中选择具有代表性的人选,讲述他们的专业与就业故事,提炼成果,并制作课程视频资源,要求资料翔实并从不同的视角制作视频。通过制作视频,同学们各项能力得以增强,视频制作精良也能够起到很好的教育指导效果。学生与学长直接交流,了解相关专业或职业的核心能力和素养的要求,并撰写实践报告制作成视频资源,通过数字化平台实现区域共享,使得校外生涯实践资源在促进更多学生的发展方面发挥出巨大的功效。

二、资源实例:不识庐山真面目 只缘身在此山中

亲爱的学弟、学妹们,大家好!我是天津中学2020届高三毕业生马××。兜兜转转,我的大学旅程行之将至,如果时间可以丈量距离,那么高考——这一曾经充斥耳畔的名词离我已有三年之远。回想三年前的自己,除了有交上最后一科试卷后的如释重负,就是拿着自己的成绩去和各大高校的录取分数线"锱铢必较"时的紧张彷徨。

说心里话,就当时的我来说,对志愿填报、未来规划、专业设置等没有非常清晰的概念,加之当年是天津市新高考改革元年,也是全国新高考改革的第一批,纯属"摸着石头过河"。不过好在,我自认为属于幸运的那一批,误打误撞地选上了自己心仪的学校和专业,但高考对于绝大多数普通家庭来说,是孩子实现阶级转变甚至圈层跨越的最重要途径,不可能全都寄希望于运气,那么在某种程度上来说,志愿填报前的规划与考试取得高分成绩同等重要。

与以往传统的高考模式不同,"3+3模式"要求我们在高二甚至高一选科时就考虑好未来想要从事的工作以及报考的大学专业,相当于把以前应当发生在高考之后的生涯规划安排,提前了两年多的时间。当然,任何新的改革必然有其较之于老的制度所优胜的地方,而且从长远来看一定会朝着有利于我们的方向发展,所以改革的正确性毋庸置疑。首先,选择非"物化生"和"史地政"的考生一定是新的选科制度的受益者,因为在过去,这些考生必然会选择至少一科自己不感兴趣或不擅长的科目,至于成绩是否会受影响,我们没有统计数据作支撑,不做评判。其次,我们可以对自己未来的规划早做打算,用职业规划倒推大学的专业选择,再通过不同专业的选考要求做出选科决定,目标导向明确,少走弯路。生涯规划已经是我们不得不做的一道选

择题,从主观上我们要正视且重视起来。在我的同级高中同学和大学同学当中,不乏进入大学之后才意识到选择了自己不喜欢的甚至是不擅长的专业,却为时已晚。或有破釜沉舟的勇气,复读一年上了自己理想的学校,但其中的感受冷暖自知;或就此随波逐流,惶惶不可终日。

因此,生涯规划的主体首先是我们自己,都说兴趣是最好的教师。首先,应该对自己有一个明确的定位,绝对不愿意从事哪些职业、不想学哪些专业,在规划的初期就将其排除在外。但这也需要我们提前了解一些职业内容(这个工作要干什么)和大学专业的课程设置(这个专业要学什么),这里举两个我自己亲身感受过的例子来说明。第一是职业内容(干什么),大家原本认为财务人员就是跟票据和账本打交道,或者是银行里冬暖夏凉、朝九晚五的工作人员,实际上目前企业对于财务人员的需求已经从传统核算向管理决策转型,银行柜员背负着业绩压力、账实不符的赔款责任等,以及像人们认为的税务局等"铁饭碗"想要端得牢,也需要掌握不止一门专业知识。第二是课程设置(学什么),就我所就读的天津财经大学来说,2023年新增"数字经济"与"大数据管理决策"两个本科专业,虽然是当下的热点专业,但其课程设置当中,尤其是"大数据管理决策"专业有许多涉及统计学的知识,理科思维不好的同学应该谨慎选择;还有我曾经高中的生涯规划课上,王馨老师举过一个例子,"无机非金属材料"专业实际上主要就是研究二氧化硅(玻璃),所以专业选择并不能只通过专业名称去想当然。

其次,也应当利用好学校的资源。还是以我身边的经验举例,我在读高中时,学校推行了生涯导师制,可以选择一位生涯导师去指导通过大学专业倒推选科决策,一般都是具有丰富毕业班经验和志愿填报指导的教师。与此同时,还可以利用一些科学的方法来辅助认知自我,例如霍兰德职业测试、成绩雷达图等。

除此之外,我还想分享一些关于志愿填报的小经验。在填报时,每一个院校专业组会包含不同专业(类),并且我们以防掉档,一般都会选择服从调剂,那么也就意味着我们很有可能因满足该专业组提档分,却不满足志愿专业录取分而被该专业组内非意向专业录取,所以在这里要有一个权衡。再者,从天津市教育招生考试院每年印发的高校招生计划中不难发现,2019年开始按大类招生,一个专业门类涵盖很多专业,一般都会在大一学年结束后根据个人志愿和大一学年绩点来进行专业分流,其中对于同门类不同专业的办学水平、就业方向我们应当有充分了解。

相较传统高考来说,新高考改革固有经验不足,加上近年来我国经济结构、产业结构、生产要素和劳动力市场需求结构等日新月异,高校专业调整非常频繁。生涯规划没有一个万能的公式可以去适配每一个人,所以就要求我们在变化中把握规律,以不变应万变。

【点评】

这是一例天津实施新高考后第一届毕业生作为学长为在高中学习的学弟学妹录制的一例课程资源。其中,作者以"过来人"的身份对自己高中当初面临的选科选考、学业规划、生涯发展等心路历程等进行了反思,从中真切地感受到"学长"这一特殊角色所拥有的真挚与真诚。其真实的生涯故事,能使学生更加清晰地意识到学用结合的重要性,为学生找到自我价值实现途径和未来前进方向提供动力。通过学长将高中同学与大学与专业、学校与社会连接,帮助学生进行深度体验和探索,感受时代脉搏,体会、领悟多元文化,激发他们的生涯主动性,为自己的人生掌舵。

第四节　访谈各类职业人物

生涯人物访谈是生涯职业规划探索的重要工具,不仅是学生对未来职业生涯的一次探索,更为学生提供了走出课堂,快速了解当前社会及其就业形式,获取自己向往的职业信息的重要实践机会。

一、访谈职业人物课程资源建设的价值与要求

高中学生在选课走班前要进行职业生涯人物访谈,对即将进行选课走班的学生来说有助于他们的选择,职业生涯人物访谈无疑是为他们提供了一个职业思考和职业选择的良好平台,是高中学生进行职业规划的一个重要环节,也是我们获取职业信息、了解当今职场状况的重要渠道,更是拓宽学生选择的路径。进行这样的职业生涯人物访谈是为了使学生了解和认识社会需求,职业需求和职业环境,拓宽学生获取求职信息的通道,学生只有在高考和就业之前了解到足够多的职业信息,才能够在以后创业就业中借鉴被访者的生涯决策和职场感受,帮助自己进行职业选择;倒推回来进行自己的高中生涯规划,通过人物访谈,还能正确认识到自己的优势和不足,从而在以后的学习生活中制订更加合理的学习计划。

学生创作课程资源应要求:

1. 根据自己的优势、特长、兴趣自由组合,每组至少两人,分工合作,共同完成采访任务。

2. 确定访谈对象,通过电话、微信了解访谈对象的基本情况、工作状态,双方协商访谈时间、大致内容、访谈形式。初步了解访谈对象已经从事行业多少年,目前在哪里就职,负责什么工作,对于我们选科、就业有哪些指导作用,并根据初步沟通了解的基本情况通过多种途径查找相关资料确定访谈提纲。

3. 访谈提纲的主要内容(建议从以下方面思考,不一定面面俱到,但要根据主题确定访谈具体内容)。

(1)个人简介:所属单位、行业、职位、毕业院校、所学专业、学历。

(2)你的职业所属行业的发展情况:过去、现在和未来。

(3)职涯发展历程。

(4)你现在的岗位及岗位职责、工作价值。

(5)哪些原因促使你走上这一职业之路。

（6）你当时是怎么获得这份工作的？

（7）你喜欢自己的工作吗？

（8）在工作中你肯定会遇到许多困难，请问你是怎么克服的？

（9）难忘的经历和经验。

（10）对职业发展的自我期许。

（11）担任这份工作需要什么知识和技能？

（12）你觉得这份工作适合什么性格和品质的人？

（13）你觉得这个行业未来发展前景怎么样？

对高中学生的建议，结合这一职业对从业人员的要求（能力与素质）给学生当下提出一些建议或寄语。

4. 访谈准备工作及访谈时注重细节，成功的访谈是从点滴小事做起的，小事虽小，但很重要。

5. 访谈工作结束后，更加慢慢品味，了解到了当前行业的发展状况和发展前景，毕业生面临的就业形势和职场信息以及在应聘工作时的为人处世的道理，帮助我们建立自己的人生规划。要找到自己的目标，规划好自己的人生，要不断地完善自我，为自己的美好将来拼搏！

6. 这次生涯实践活动对我的生涯规划有什么启发？

视频由学生团队共同创作完成，从各个岗位的工作人员中选择能够深入交流的人选，讲述他们的创业故事，讲述政府的支持与授人以渔的励志故事，并制作课程视频资源，要求资料翔实、有正确的"三观"（世界观、人生观、价值观），故事有说服力，制作者有较强的视频采集、资料筛选、甄别能力。通过制作视频，同学们的各项能力得以增强，视频制作精良也能够起到很好的教育指导效果。

二、资源实例：医者仁心——走近身边的好医生

"救死扶伤""医者仁心"是我们普通人对医生的理解。疫情时有许多医务工作者为抗击疫情作出了重大贡献，让我们对医生这一职业有了更加深刻

的理解。我们是天津大学附属中学的张××、冯××,今天让我们带大家走近身边的好医生,也是我们同学的家长"天津敬业奉献好人"——黄河医院的外科医生代明胜。

学生:代医生您好,感谢您抽出宝贵的时间接受我们的采访。

代医生:同学们好!

学生:我们高中生当中立志于做医生的同学很多,今天我们就代表他们,请您和我们聊聊如何才能成为一名合格的医生的相关问题。首先,请您给我们讲一讲您从事外科医生这一行业的初衷和您工作的一些具体情况,好吗?

代医生:我是2003年从河北医科大学毕业后来到天津市黄河医院,一直从事外科工作,目前的职称是外科副主任医师。我学医是因为我在初中就对救死扶伤的医生非常敬佩,对这个职业充满了崇敬之情,所以高考报志愿时毫不犹豫选择了这个专业。当真正从事医生这个职业后,当我们用所学的知识为患者解除病痛,患者满意地离开医院的时候,我觉得我的选择是非常值得的,并且对医生这个职业也更加热爱。

但是,做医生需要不断地学习。我参加了天津医科大学硕士研究生的学习,获得了硕士学位;2015年我又获得了外科学博士学位。救死扶伤是医生的职责,我愿意为此付出终身。

学生:您在2019年获评天津敬业奉献好人奖,据说是您在天津西站救下一位素不相识的老人,您能跟我们讲讲当时的具体情况吗?

代医生:那是春节期间,天特别冷,我去西站送人,在候车室发现有一位老人突然晕倒了,身边没有家属。平时抢救病人是我的工作内容,我马上对他生病体征、呼吸、血压、脉搏、心跳进行了一下检测,认为可能是心脏骤停。心脏骤停很凶险,如果超过4分钟大脑就会缺血,有成为植物人的风险。我没有犹豫立刻对老人进行了心肺复苏的抢救,几分钟后老人恢复了意识,这时救护车来了,我就悄悄离开了,作为医生,救死扶伤是义不容辞的。后来电视台找到医院的领导说想采访,医院才知道,这件事被中央电视台和南开有线都进行了报道。

学生:现在医患矛盾时常发生,在那种情况下,您又不是在医院工作岗位上，为老人施救没有担心吗？

代医生：老人情况危急，没有时间考虑其他，救死扶伤是医生的职责，无论什么情况下都是义不容辞的。

学生：我知道您为南开区引进了一些新的技术，弥补了南开区医疗的空白。

代医生：我研究生毕业以后，引进了一些新技术，连续6年填补了南开区医疗方面的空白。其中有一项就是治疗下肢静脉曲张，传统的手术伤口大，恢复期长，现在通过激光治疗，伤口小、恢复时间短，病人原来得住14天的院，现在3天就可以出院。新技术给病人带来了福音，提高了服务患者的水平。

随着经济条件的好转和社会的进步，医疗模式也在不断转换，出现了"生物—心理—社会医疗"模式，随着基因检测技术和健康理念的发展，现在的医学模式已经到"4P"的医学模式，即预防性、预测性、个体化和参与性。病人从被动转变为主动，对治疗有参与权。医学模式的转变说明现在的医学进步，更多地以人为本，以人为中心。

学生：通过您的讲解，我们知道了临床医生是做什么工作，需要具备哪些能力和素质，对医学技术的发展也有了一些了解。最后，请您给将来想要从事医生这一职业的同学提一些具体的意见和建议。

代医生：想学医的同学得做好吃苦的准备，学医是一个痛苦的过程，每时每刻都在学习，如果不学习，就是跟不上时代的潮流，不能给病人提供最好的诊疗方案。但是学医以后有很大的成就感，我认为应该做好以下几点：一要立志，信念要坚定，我想做一个好医生，像华佗或者张仲景，信念坚定是坚持学下去的根本保证；二要求真，要脚踏实地，在实践中掌握真本事，具有为病人服务的手段和能力；三要务实，一定要参加实践，学医只有多接触病人才能不断提高和积累临床经验，提高诊治能力。

学生：太感谢您了，代医生。同学们，救死扶伤，医者仁心，是代医生的讲述带给我们最深的感受。愿我们的采访对立志学医的同学有所启发，有所激励，勤学、苦学，练就狮子的心、鹰的眼睛和灵巧的手，未来成为一名好医生。

【点评】

访谈中每个成员都获益匪浅,同学们对医生这个行业发展和就业前景有了深入的认识,我们了解了医生这个行业需要什么样的技能和品质的人才,让我们在高中阶段可以针对自己的不足和缺点去弥补,根据自身优势选择高中阶段的学习科目。更好地规划学习时间,高考后报考时才能够不茫然无措,少走弯路,更加体会到职业的选择要学会吃苦耐劳,摆正自己的心态,要学会吃苦耐劳,不能因为遇到困难而气馁,一定不要眼高手低,要学会从小事做起,脚踏实地的工作。

第五节 讲述榜样的故事

通过讲述榜样的故事,学生以旁观者的视角,体验榜样人物的个人价值的实现过程和经历,思考个人职业选择与国家需要之间的关系,体会生涯规划发展的重要性,唤醒自己的生涯意识。

一、讲述榜样的故事课程资源建设的价值与要求

榜样能够让学生从别人身上看到更好的自己,讲述榜样的生涯故事,探究榜样的力量,学生通过课程资源建设录制视频,看到榜样如何影响我们的人生。

人从出生开始就不断学习,而在学习的过程中人们通常会寻找榜样来帮助自己成长。榜样不仅能够给人启迪和鼓舞,还可以让人快速获取知识和经验。在日常生活中,成功人士或你身边的任何人,他们都拥有优秀的品质、具备出色的能力和成就、身体健康、正直善良等,这些特质都可能影响一个人的成长和发展。在学习和发展的过程中,我们往往会遇到各种各样的问题,那些具备丰富知识、经验和能力的人能够指引我们解决问题以及完善自我,帮

助人们建立自信心和自尊心,当我们看到榜样取得的成就时,也会对自己更有信心。与此同时让我们认识到自己的潜力。

在中学生生涯规划过程中,有的学生有自己的职业追求目标,有的学生正处于探索阶段,一个好的榜样能给你带来力量和鼓励。生涯榜样对职业发展的影响很重要。一个成功人士的经验可以给正在选课的高中生和正在职场摸索的人能带来宝贵的帮助。通过观察成功人士的职场行为和工作决策,学生们可以学习到许多实用的知识,帮助学生更加成功地开展课程选择和职业规划。此外,职业榜样一般具备丰富的职场经验,中学生和职业新手通过观察学习,分析榜样怎样解决棘手问题,给人们带来巨大的影响和帮助、启迪人们的思想,还可以教育人们在成长道路上如何避免陷阱。此外,榜样还可以给人们指引未来,对人们的职业、学习和生活产生深远的影响。

学生创作的课程资源应注意以下要求:

1. 榜样不仅指生活中的成功个体或集体,在选择榜样时,我们需要慎重考虑选择的标准。应选择积极、真诚、正向的人或集体作为榜样,他们通过长期的勤奋努力和坚定信念取得的一定成果。

2. 选择榜样的不只关注其取得的成绩,还要选择对提升人的人品、品格和道德素养等有深刻影响的人或集体,这样的榜样才能产生积极的引领作用。社会中的榜样应选择具有突出成就、影响力、知名度的杰出人物,如政治家、科学家、艺术家和体育界名人等。

3. 调查发现,在少年儿童的榜样中,身边的同学和同龄人所占比例远远超过各类明星和杰出人物。所以在选择榜样时,应引导学生们通过同学讲述生涯故事发现、寻找身边的榜样,这些榜样往往有独特的人格魅力,如心地善良、友爱同学、有进取心、有毅力、有正义感等。同龄人、身边人、熟悉的人之间能够更好地相互感染、鼓励,他们可亲、可信、可学,更容易被学生接受和模仿。

二、资源实例:精益求精 铸就青春信仰

我是刚升入高中不久的新生,高强度的生活节奏和高难度的课业负担让

我有些吃不消,即将来临的选科走班也让我一头雾水,本就擅长动手而不擅长做题的我被这些压力和不适弄得晕头转向,情绪不佳。但是在生涯课上,老师播放的一段视频深深地打动了我,鼓舞了我。

——这个世界不必知道我是谁,但我参与的事业却惊艳了世界!——中国人民解放军建军90周年阅兵,当最后出场的核导弹方队"碾过"屏幕,千里之外的陈行行和同事们沸腾了。他想:他加工的零件,在大国重器中发挥了作用,内心无比自豪。这就是29岁的大国工匠陈行行的内心独白。他是中国工程物理研究所机械制造工艺研究所的高级技师,他所在的单位为我国国防尖端科学技术的科研生产基地。国防军工代表着一个国家制造业的最高水平,身处其中的工匠们要无数次向技艺极限冲刺。

在新型数控加工领域,陈行行总是把不可能变成可能。一次要用比头发丝还细0.02毫米的刀头,在直径不到2厘米的圆盘上打出36个小孔,以前没有人能做到的事情,年仅29岁的陈行行却做到了。在高速旋转的刀具作用下,36个小孔精确成型。在另一项极限挑战中,薄薄的壳体将用在尖端武器装备上,50%的合格率使我国始终难以逾越,陈行行为此无数次修改编程、调整刀具、订正参数、变换走刀轨迹和装夹方式,他的努力最终让产品合格率达到了100%。

29岁的陈行行只是一个技工院校毕业的技术人员,虽然他的学历并不高,但是他特别喜欢学习新的技术,只要是和机械加工相关的他都想学,都想去尝试一下。为了成为专业能手,他至今考取了12本与本专业相关的证书,其中包含了电工、焊工、钳工、制图员、数控车工、数控铣工、加工工艺操作工,还有模具设计师。年轻的陈行行在视频中说:"我记得习总书记说过这样一句话,工业强国,都是技师技工的大国,我们要有很强的技术工程队伍。我看到以后呢,特别地振奋,我就是要做习总书记所说的很强的技术工人,做新时代的工匠!"

陈行行的故事让我特别振奋,青涩年华化为多彩绽放,精益求精铸就青春信仰。大国重器的加工平台上,他用极致书写精密人生。陈行行,胸有凌云志,浓浓报国情。通过他的故事让我深刻感悟到:我的生涯之路不一定要有很高的学历,但一定要找到自己的内心热爱! 扬长避短,靠努力和拼搏把自己的热爱和潜力发挥到极致,把兴趣与特长和自己的未来结合起来,把自己的未来和祖国的命运结合起来,我的未来不是梦!

【点评】

对于当代的青少年来说,偶像可能更容易被接受,对于榜样则往往存在距离感。有的学生甚至说偶像是我自己选的、自己喜欢的,榜样是教师和家长给我的。这说明榜样教育存在一定的问题,学生对榜样的理解存在偏差。在生涯教育中,榜样的作用是巨大的,榜样可以是我们社会中的道德模范,可以是为国家建功立业的人,也可以是我们身边值得敬佩的人,甚至可以是优质的青少年偶像。但他们一定都是具有正确的价值观、关键能力以及必备品格的人,是具有高素养的人,是能给青少年的生涯发展带来积极能量的人。他们身上具有的这些美德和能力需要通过教师和家长的教育展现给学生,更需要我们引导青少年自己去寻找、去发现、去讲述。上述课程资源的创建者,在学习方向不明、动力不足时,发现了自己的生涯榜样陈行行。技校毕业的陈行行 29 岁就荣登大国工匠颁奖台,给了他很大的震动,通过对榜样生涯发展历程的深入了解和讲述,让他看到了自己发展的希望,激发学习的动力和信心,更受到超越小我投身大我的精神感召,这种力量是教师和家长直接讲给他听所不能企及的。而他把自己榜样的故事制作成课程资源讲给更多的同学听将使更多学生获得共鸣和鼓舞。

第六节　学生父母有话说

父母深刻地影响高中生对生涯的认识和决策。"学生父母有话说"建立学生与父母的对话平台,这既为学生开拓了获取想职业信息的新渠道,也有利于提升父母对生涯教育的重视,破除学生与父母沟通壁垒,家校共育,让学生更好地进行生涯决策。

一、学生父母有话说课程资源建设的价值与要求

相关研究资料显示,家庭教育及其环境对孩子行为的影响较大,也是孩子人格形成、职业启蒙教育发展的最佳场所和关键时期,父母适时对其进行教育,将对孩子的发展指导起着重要作用。

家庭是孩子接触社会的第一场所,同时也是孩子对社会准则和行为规范认知的启蒙场所,而父母作为孩子认识职业世界的第一位启蒙导师,其言行举止、所采取的教育方式等都会对孩子产生一定的影响。正确的家庭教育方式和教育态度将影响孩子的职业价值观,父母的职业及其对职业的理念、观点影响着父母对孩子所进行的教育,因父母职业及职业观的不同,对孩子未来的发展期望程度亦不相同。若父母对孩子实际能力考虑不周而对孩子提出的过高或过低的要求,会导致孩子学习动力不足,自我认识模糊及对生涯规划的迷茫,父母的职业观对孩子的生涯发展具有重要作用。

父母通过自己的亲身感受及各种途径了解到的职业观,通过父母的言传身教,及日常生活学习中的口头传授和讨论交流,能够指导孩子在日常生活、学习中树立正确的职业观,以便及时指导孩子的行为不偏离正确发展方向。学习理论及心理动力学模式认为青少年的心理健康需要良好、健康的家庭心理环境,其中便包括生涯规划指导。父母职业状况、养育方式将对孩子的生涯发展具有较大的影响,甚至对未来专业、职业选择以及就业有着密切关系,因而父母从不同的角度对孩子的职业观产生直接或间接的影响。把父母对职业的理解以及对自己的生涯启发和影响制作成视频资源,分享给其他同学,这是一种对学生和家长都是极具挑战的生涯探索方式。学生可以通过访谈、对话等形式,与父母进行深入交谈,但谈话主题内容要与生涯有关,具有教育性和启发性。

学生创作的课程资源应包括以下基本内容:

1. 父母的职业观。

2. 写清对我触动最深的内容等,为什么?

3.对我的生涯规划启发是什么?

视频由学生、家长共同创作,涉及的家长有大学教师及各岗位工作人员、自主创业者、企事业单位工作人员、基层单位公务员、教师、警察、军人、服务人员、自媒、AI 等从业人员。父母有话说的视频资源,资料珍贵、翔实、实用性强,有说服力,制作者创新能力强,收到很好的效果。

二、资源实例:父母格局——孩子看世界的视野

大家好,我是一名高一年级女生的妈妈,也是一位讲授法律的教师和兼职律师,我认为家庭对每个人都意义重大,也会给高中学生的职业选择带来重大影响,比如父母的工作状态、家庭经济地位和受教育水平等及家庭对孩子的支持、教养方式、亲子依恋的影响在孩子职业生涯的规划中具有重要的作用。

我的孩子未来拟选的大学专业是法学专业。孩子认为从接触到拟定这个专业是受到我的影响,而我想对孩子说的是,在你成长的过程中,我的工作一直很繁忙,我发现你还很小的时候就喜欢观察我,为了给你做个好榜样,我时刻注意自己的言行,每天都仪表大方、妆容精致,是为了让你能够看到我在法庭上的坚定、自信;看到你跟随我上班时,被其他律师身影深深吸引着,我也不断地提升自己,赢得别人的赞佩,勇敢地做自己,积极上进,用自己的专业知识帮助有需要的人维护自己的权益,这样的心路历程也给了孩子力量,让你对这个职业有了更深的理解。我的工作状态和工作环境让你能够在律师事务所近距离地感受到律师是如何度过每一天的,很忙碌很有趣,很充实也很有意义。看到同事面对一天高强度高压力的工作依然可以游刃有余,应付自如,在我自己的业务能力不断提升的同时,也让孩子对法律行业有了更多的憧憬。

我想对所有想学法学专业的同学们建议想学法学,高中的思政课、历史课一定要用心学,初步接触一些抽象的社会学理论,诸如法律、法治、规范、民主、共和、自由相关的概念,法律是政治的重要组成部分,是社会治理的根基。

法学是一个逻辑性强、实践性强、挑战性强的学科,虽然现在你的想法并不全面,但它让你努力去追寻法学的真谛。

另外,法律是一门社会性较强的学科,是要与人打交道的,不仅是学历的要求,还需要语言表达能力、沟通共鸣能力,希望你们多参加实践活动,教师讲解加上实操演练,掌握沟通技巧,活动现场应急的表现可以看出你们处理问题的能力,口头表达能力是法律职业的基础能力,希望在活动中思路清晰、简明,表达时逻辑性强、有自己的立场,倾听、写作能力也是律师必须具备的基本能力。

每位律师的肩上都有社会责任和社会使命。我希望你们能够把这份社会责任和社会使命根植在心里,不管将来你们是否能够成为律师,都要以这种高度的情怀来做你们的行业,我相信你们在哪个行业里都会非常优秀。

最后,我建议父母有意识地参与孩子的职业发展,利用自己的职业优势和资源,为孩子提供兴趣和能力发展的活动场所,让孩子在实践中了解更多各行各业相关的知识。

【点评】

父母对孩子的影响极为重要,父母的职业状态、胸襟气度是一个人内在精神的直接反映,决定了孩子世界的宽度,父母有大格局,孩子才能走得长远。通过与自己母亲的深入交流,更加理解作为职业女性的艰辛,也更加崇拜自己的母亲,坚定自己的选择,加深了对法学的了解,更多的体会到了作为律师所应当承担的责任感和生命感,并产生了敬畏之心。孩子真切地感受到了自己长大后要成为母亲那样的人,这也是父母言传身教把孩子培养成什么样的人的一种体现。拥有大格局的父母能创造各种可能,让孩子看到自己的能力,发现自己的价值,从而内心变得强大。父母的格局决定了孩子看世界的视野和态度。

第七节 从电影中悟生涯

作为视听媒介,电影为生涯教育课程资源提供了更加丰富的教学手段,通过故事情节、人物形象和情感表达,给学生展现一个浓缩的社会环境,引导学生深入了解不同职业领域的实际情况,培养积极的职业价值观。

一、从电影中悟生涯课程资源建设的价值与要求

电影作为一门艺术,内容选材丰富多彩,涉猎广泛,反映了人生百态,以独特的方式表达了人们对生活和人生的理解与思考。一些经典、优秀的电影作品更受到学生欢迎,也是开展生涯教育的优质资源。

通过观察电影人物的人生道路,剖析其选择与其自身性格特点、生活态度、所处环境等之间的关系,有助于学生培养生涯规划意识,提高生涯规划能力,在感悟电影人物的人生历程中学到为己所用的处世方法。教师可以引导学生带着对电影人物及其故事的观察和思考,结合兴趣、职业、梦想、角色等方面,加上生涯规划的相关知识对学生进行生涯发展方面的指导。

通过看电影感悟生涯,把自己对电影的理解以及生涯启发和影响制作成视频,分享给其他同学,这也是一种非常受学生欢迎的生涯探索方式。教师可以给学生推荐电影,学生也可以自选电影,但影片主题内容要与生涯有关,具有教育性和启发性。

学生创作的课程资源应包括以下基本内容:

1. 影片故事梗概。

2. 对我触动最深的片段、人物经历、台词等,选择的理由?

3. 主人公哪样的品质最打动我?对我的生涯启发是什么?

《我和我的祖国》《我和我的家乡》《中国合伙人》《翻滚吧阿信》《当幸福

来敲门》《实习生》《舞出我人生》《寻梦环游记》《摔跤吧,爸爸》等视频资源,很受学生的欢迎,教师将这些资源直接引用到课堂上,引发学生讨论交流,收到良好的效果。

二、资源实例:爱与感恩——生涯发展的动力

影片《我和我的家乡》讲述了发生在中国东、西、南、北、中五大地域的家乡故事。其中"回乡之路"这一单元让我印象深刻,故事中两位主角分别是水果种植经销商乔树林以及网红带货主播闫飞燕,"沙地苹果"经销商乔树林的故事让人感动。乔树林从小被沙里沟小学校长高妈妈收养,长大后他经过努力奋斗成为水果大王并为改建校舍向学校捐款 20 万元。高妈妈去世后,乔树林看着家乡依旧黄沙漫天、很多成年人背井离乡的局面后,这位乡村首富决定自掏腰包带村民们种苹果树抗沙,研究"沙地苹果"的种植,想要改变家乡的面貌,完成高妈妈的心愿。乔树林为家乡治沙,经过努力他带领着乡亲们研发出优质的苹果,却因为无法打开苹果的销路而忧心。此时,同样牢记高妈妈嘱托的校友、网红带货主播闫飞燕带着改变家乡面貌的信念回到母校参加校庆。在路途中两人偶遇后被迫共同踏上回乡之路,一路波折不断、摩擦不停。故事的最后,两位校友解除误会,共同为家乡的发展、乡亲们的致富展开深度合作。

对于乔树林而言,在其经过不懈奋斗成为水果大王时,他的经商能力得到印证,种植、销售水果成为他擅长的领域。同时,他为母校的建设积极捐款,心中更是充满对母校和家乡的爱与感恩,做到了知恩图报。然而在高妈妈弥留时,曾称"放心不下学校的学生",此时乔树林看到的困境是,由于家乡环境恶劣,经济不发达,成年人在外打工,留守的孩子很多。这件事情给乔树林带来了生涯发展上的影响。他不顾个人的利益得失,将孩子们的未来和家乡的发展放在了首位。他带领乡亲们治沙,钻研尝试种植沙地苹果,在遇到困难时安抚一起种植的乡亲们。他倾尽所有,不怕别人误会,即使用尽各种方法让乡亲们有收益而努力打开苹果销路。在这个过程中,被他影响的人

也参与治沙中,几年后家乡的环境有了转变,沙漠慢慢变成了绿洲,沙漠苹果研究成功,乡亲们的生活也得到了改善。

在很多生涯故事中我们不难发现一些注重追求自我实现的故事案例。乔树林的故事却从不同视角展现了用行动影响他人的重要意义。如果捐款是爱的表达,那么能够看到家乡发展的本质问题并勇敢面对问题、解决问题则是爱的诠释。他在生活中不在乎得失,甚至不怕被人误解和嘲笑,我认为尤其难能可贵。

电影中有句台词"每个人都可能被别人改变,但很少人能影响别人"。我们置身于社会中,在个人生涯发展的过程中往往需要考虑社会因素。我想或许在我未来有能力过好自己的生活,回馈亲人的时候也应该考虑如何能够更好地为社会进步、国家的发展做些贡献。或许影响别人,可以从提升自身做起,也可以从勇敢地面对问题回馈社会开始。

【点评】

优秀的电影作品往往蕴含着丰富的生涯教育资源,因其故事曲折生动、情感丰富充沛容易令观众沉浸其中,产生共鸣,受到感染。上述课例资源的创建者,从选片来看,主题及题材内容积极向上,讲述了当代年轻人从离家在外到城市谋求生涯发展到受挫回乡肩参与到家乡建设的事业中的故事,其中有生涯目标的选择和调整,有面对抉择的困惑和犹豫,但最终爱和感恩让他们勇敢面对自己生涯发展的问题,承担起家乡建设的责任。电影里的人物经历了复杂的心路历程,克服了现实困难找到了自己的生涯价值和发展方向,焕发出青春的光彩。学生也从中学会了影响别人可以从提升自身做起,从勇敢地面对问题,解决问题开始;要在自立自强的基础上具有回馈亲人、回馈社会的家国情怀。不用教师进行过多引导和分析,学生通过观影自己悟得生涯的道理,这就是电影教育的价值和魅力。

第八节　综合应用与创生实例：
平凡岗位，梦想寻踪

这是一次综合性生涯实践活动。学生在学习了区域数字化课程资源以及线下校本生涯课程，学习了解了生涯规划的基础知识，掌握了一定的生涯实践方法的基础上，师生共同策划，共同走进天津市民族文化宫，用半天的时间，在真实的工作情境中了解一个单位中不同的岗位设置，对不同岗位上的职业人进行深度访谈，倾听他们的生涯经历，引发学生的观察和思考，从而加深领悟生涯规划的意义。活动既体现了教师的指导地位，又充分发挥了学生的主体作用，既是对课程资源的应用，又是对课程资源的补充。

【活动目标】

1. 了解工作人员岗位职责及岗位对人员专业、能力与素质的具体要求，了解他们的从业经历和感受，引发学生对生涯发展的主体性、开放性、多元性、发展性、适应性的思考，激发生涯发展动力，树立生涯发展信心。

2. 通过了解天津市民族文化宫的建设发展历史，感受民族文化的智慧和魅力，懂得文化传承依靠的是各方面人员在平凡岗位中的努力付出和长期坚守，引导学生在进行自我规划时将个人兴趣和社会发展、国家需要结合起来，赋予自己的生涯发展以更大的价值和意义。

【活动准备】

活动前师生均做了充分的准备工作。教师带部分学生课前赴文化宫做前期沟通，搜集相关资料，初步确定访谈时间、地点、人员；编写生涯实践学案，印发学生外出家长信。学生们根据访谈对象背景资料，按照兴趣自由分组；搜集资料，形成访谈提纲并制作成 PPT，准备海报纸、马克笔、便利贴等。

【活动过程】

活动一:初识——整体参观,初步感知

通过整体参观,学生对天津民族文化宫有更为直观的了解,为之后的人物访谈奠定基础。民族文化宫陈馆长带领师生进入文化宫,参观路线:民族文化宫大厅→剧场→民族乐器展→多功能厅→体育区→图书馆→戏曲播放厅→录音棚。陈馆长介绍了文化宫的建设史、整体结构、功能、特色项目、人员设置等情况,让学生设身处地看到、感受到风格独特的建筑、丰富的馆藏、先进的场地设备,激发起学生浓厚的兴趣。

活动二:期待——交流计划,厘清思路

通过前期分组进行资料收集和梳理,学生已经初步了解被采访人的生涯发展历程,在整体参观感受基础上需对计划进行修正补充。学生通过交流,各组相互启发访谈思路,厘清访谈要点;教师对各组访谈要点进行提示,使访谈更加聚焦:馆长——民族文化的传承使命;申老师——选择中的坚守与创新;李老师——从军营走出的媒体人;张老师——浸润书香的文化运营;郭老师——从体育专业到体育运营;聂老师——当文物与博物馆专业遇到展览策划。

活动三:走近——实景访谈,深度碰撞

学生深入被采访人的工作地点,进行实景访谈,对职业有了真实的体验。通过面对面深度访谈,了解被采访人在学业选择、职业选择、生涯发展等方面的心路历程,了解他们的岗位职责及岗位对人员专业、能力与素质的具体要求,引发对生涯发展主体性、开放性、多元性、发展性、适应性的深度思考。

访谈要求:

1.各小组按照访谈计划进行访谈。

2.小组内分工合作,任务明确,共同完成访谈任务,做好记录。

3.访谈地点选取有代表性的工作场景,访谈过程不影响其他人的工作。

第一组访谈方向:文化馆功能。访谈对象:天津民族文化宫陈主任。访谈地点:党委办公室。访谈关键词:勇敢、民族文化、角色转变。

第二组访谈方向:剧场管理。访谈对象:剧场部申老师。访谈地点:大剧场。访谈关键词:跨行业、多部门、适应、挑战。

第三组访谈方向:新媒体制作。访谈对象:宣传媒体李老师。访谈地点:录音棚。访谈关键词:军旅生涯、栏目编导、微电影,国庆大阅兵。

第四组访谈方向:文化运营。访谈对象:剧场部张老师。访谈地点:图书馆。访谈关键词:书香、选择、人生方向。

第五组访谈方向:体育运营。访谈对象:体育部郭老师。访谈地点:射箭馆。访谈关键词:国家一级运动员、国家篮球一级裁判员、特招入伍、大学教师。

第六组访谈方向:展览策划。访谈对象:办公室聂老师。访谈地点:展览公共空间。访谈关键词:中央民族大学、文物与博物馆专业、公益、选择。

活动四:体悟——凝练成果,分享收获

通过对采访资料的梳理、分析,以海报的形式展示分享访谈成果,体悟被采访人的从业经历和感受。思考专业选择与职业选择、个人兴趣与专业需求、开拓创新与长期坚守等方面的关系。

在图文诠释与总结中,学生的感悟得到升华,很多人在谈到自我规划时将个人兴趣和社会发展、国家需要自然结合起来,赋予自己的生涯发展以更大的价值和意义。

活动五:成长——活动复盘,梦想起航

学生们经历倾听、思考、交流、沉淀、反馈等多个环节,有很多收获和感悟,通过复盘活动过程,促使他们把当下的感受转化为生涯成长的动力。

回顾活动中让你触动最深的方面(过程、人、事、物均可)是什么？用一个词进行概括并写在分享卡上,将分享卡贴在"生涯启航号"上,自由分享。

教师指导:我们的生涯就像是这艘启航号和这片广袤的海洋,启航号满载"希望""梦想""努力""坚守";海洋博大、包容却又充满未知与挑战。通过今天的学习,希望你们可以用开放、多元、发展的眼光去看待这场航行,载着个人的理想和家国情怀开启你们的生涯远航。

活动结束后,教师指导学生将本次活动的过程及收获以小组为单位生成实践报告,制作成视频资源,形成"走进天津市民族文化宫——平凡岗位 梦想寻踪"生涯实践课程资源包,上传至区域课程资源"生涯百探——来自学生的生涯实践报告",供区域学生共享。

附:访谈提纲及访谈成果

采访对象:民族文化宫副主任。

采访方向:文化宫整体情况及岗位职责介绍。

采访内容:

1.请您为同学们介绍一下天津市民族文化宫的整体情况,包括特点、单位性质、业务范围、设有哪些部门、各部门的职责,让我们对文化宫有一个比较全面的印象。

2.作为具有公益性质的单位,如何保证可持续运行和发展?

3.整个文化宫共有多少工作人员? 一般需要什么样的专业与学历背景? 需要具备哪些基本能力和素质?

4.作为文化宫的主管领导,您从专业技术转型为行政管理,角色转变带给您的挑战是什么?

5.您对我们中学生的职业规划和生涯发展有什么建议?

小组采访成果:

通过刚刚的采访,我们发现陈主任的思路严谨,逻辑性强,我们决定用思维导图来呈现。

首先,民族文化宫分为 7 个部门,分别是培训部、体育部、信息展览部、剧场部、文献部、后勤部和办公室,人员分别来自传统文化、民族文化、体育等不同领域的优秀从业者。陈主任是专业技术人员,并且负责文化宫的行政管理。

其次,我们还了解到了天津市民族文化宫是新中国成立后的首个民族文化宫,它于 1956 年成立,1957 年正式投入使用,现在的民族文化宫于 2019 年进行了重建,2020 年正式投入使用。在将近半个世纪的时间里,天津市民族文化宫在场地面积、功能建设、文体场馆等方面都在不断地发展和变化,充分发挥了民族文化等非物质文化遗产的文化传承作用。最后,陈主任对中学生生涯规划提出了一些建议,包括要打牢知识基础、开拓视野,把握住时代的机遇,承担时代责任,对自己的未来进行切实有效的思考。

采访对象:张老师　采访方向:文化运营。

采访内容:

1. 我们之前对文化运营的认识主要停留在"运营"两个字上,比如调用资源、做推广等,如何更好地理解文化运营呢?民族文化宫的文化运营工作主要职责是什么?

2. 我们知道您曾在生活·读书·新知三联书店、人民文学出版社等出版机构从事策划、编辑工作,这是两座令人向往的文化殿堂,是什么原因让您加入民族文化宫呢?

3. 您能从工作内容、特点、工作所需的能力等方面为我们介绍一下,书店和出版社的工作与现在天津民族文化宫工作有什么不同吗?

4. 我了解到您去年成功策划了少数民族大学生文创设计大赛,正好我在学校也策划了天津中学第一届文创设计大赛,今天带来了我们制作的海报,您有什么经验或建议可以分享给我们吗?

5. 如果我们将来想要选择这份工作,在高中阶段,除了认真学习科学文化知识以外,还需要对此付出哪些努力?

小组采访成果:

今天我们在老师的带领下,参观了天津市民族文化宫,有幸采访到了张老师,通过他的经历,让我们再一次认识到生涯是开放的、发展的,是我们需要不断去适应调整的一段人生的旅程。

张老师的人生经历就像这本书一样,充满书香,充满转变与选择。在我们高中的生涯中,也会遇到各种各样的选择,在一次次选择中我们也会逐渐明确人生的方向,这也体现了生涯的开放性与发展性。

与张老师的交流中,我们汲取了许多宝贵的经验。我喜欢张老师对高中生的赠言:"选择与努力同样重要,选定人生方向,持续积累,你会感谢今天努力的自己,理想与现实之间不变的是跋涉,暗淡与辉煌之间不变的是开拓。"

采访对象:申老师　采访方向:剧场管理。

采访内容:

1.请介绍一下剧场管理这份工作的工作内容大体有哪些?

2.我们了解到您曾经在国美、LG 的采购部门工作,后来又经历了天津民族文化宫的行政部、重建办公室、业务部、剧场部等多个部门,您认为丰富的工作经历带给您最大的挑战和收获分别是什么?

3.剧场管理的工作事务繁杂,而且每件事都很细小,工作也辛苦,这与您曾经对这份工作的设想是否一致? 是什么原因让您继续坚守在这个工作岗位上。

4.当前是网络信息高速发展的时代,剧场行业的发展必然面临巨大的冲击与挑战,您认为剧场管理行业还有没有就业的机遇? 我们应该提前做好哪些准备? 注重培养哪些能力?

小组采访成果:

天南海北,大千世界,我们每一个人都是平凡的,职场不是从专业到职业的直通车,但我们可以在平凡中创造伟大。

由下而上来看(海报),这些黑白相间的条纹正是我们生活中常见的斑马线,斑马线看似平凡,却发挥着巨大的作用。再向上看,在由斑马线构成的框架中,有两个英文单词,它们分别是"创新"和"坚守"的意思,代表着在平凡的道路中不断创新和坚守。从整体上看,由斑马线的交集汇聚成了人生的十字路口,而申老师在人生的十字路口选择了平凡的道路,并在这条路上不断坚持创新。

通过申老师的介绍,我们知道剧场管理工作细碎而繁琐,需要沉得住性子、耐得住寂寞。他一边脚踏实地,切实做好自己的本职工作,弘扬民族传统文化;一边依据时代的变化,不断创新民族文化传播方式。申老师勇敢地追逐梦想,在平凡中坚守,在坚守中创新,告诉了我们广大青年要坚定理想信念、脚踏实地、勇于追寻。就如他的寄语一样:"飞的时候不要担心,追的时候要勇敢。"

采访对象:李老师　采访方向:新媒体制作。

采访内容:

1. 我们了解到您之前有很多优秀的歌曲 MV 作品和微电影作品,还做过央视栏目的编导,参加过 2009 年国庆大阅兵,这些都是非常令人向往的经历,是什么原因让您后来选择来到天津民族文化宫,您怎样看待自己的职业经历?

2. 新媒体的应用几乎已经融入各行各业,民族文化宫的单位属性比较特殊,媒体制作工作的具体内容是什么? 如何和工作结合的?

3. 您认为新媒体制作这个岗位主要需要具备哪些专业技能? 您为了这些专业技能的学习付出过哪些努力?

4. 新媒体行业在就业领域非常热门,您认为这个行业还会继续保持这个发展势头吗?

5. 我感觉您对文化传媒非常热爱,听说您在部队时还进行过专业的学习,您是如何把爱好和职业相结合的呢? 能否给我们一些建议?

小组采访成果:

我们采访的是从部队走出来的传媒人李老师,下面由我来介绍一下这幅海报。这幅海报是由胶卷构成的,一方面是因为李老师本身热爱摄影,另一方面因为他的职业是自媒体、李老师曾经参军入伍,在部队中他通过不断学习与摄影有关的技术,为以后从事的新媒体工作奠定了基础。

通过刚才的采访,我们了解到他是因为在部队中接触到了新媒体而产生的兴趣,虽没有工资但可以做喜欢的工作。保持热爱奔赴山海。在他的职业生涯中,我们可以看到他将爱好融进了职业之中,为了自媒体事业坚守他的初心与梦想,有志者事竟成。青春年华的我们也应向李老师学习,志当存高远。他对我们的赠言是"志不立天下无可成之大事,年轻就要立大志"。

采访对象:聂老师　采访方向:展览策划。

采访内容:

1. 您能为我们介绍一下展览策划这份工作的主要内容吗? 特别是作为民族文化宫的策展,又有哪些特点呢?

2. 展览策划的工作非常忙碌，同时也需要不断地想出新方案、新主意，您所学的专业在工作中发挥了什么样的作用？

3. 我们了解到，您硕士学的是文物与博物馆专业，我觉得这个专业还是比较冷门的，能为我们介绍一下？您为什么选择了这个专业？动力是什么呢？

4. 想到未来就业的问题，我们时常会想，应该选择一份喜欢的工作还是擅长的，在职业选择过程中，到底应该以兴趣为主还是以特长为主呢？您能给我们一些建议吗？

5. 我们了解到您毕业后的第一份工作就职于公益组织，我们觉得您是一位有爱心，并且愿意付出实际行动去帮助别人的人。现在您又选择了一份自己喜欢同时又能够传承宝贵的少数民族传统文化的职业，在您的身上我们看到个人理想与国家理想是能够很好地结合起来的，您能谈谈您是怎么理解"小我"与"大我"的吗？

6. 您的职业生涯中有高光时刻和至暗时刻吗？

小组采访成果：

我们用一幅画串联了聂老师的职业生涯，包括他的学习状态，曾经有过公益性组织的学习经历，以及他在工作中对于职业的态度：热爱坚守。

在问到聂老师为什么从事这个职业的时候，他是这样讲的："这个主要就是源于兴趣，我对文物专业的喜爱是从小就有的，在很小的时候我就非常喜欢这个专业，包括我自己在家的时候也会非常喜欢看相关节目，比如《中国十大考古发现》，也会去书店里买相关的考古学甚至文物学方面的书籍。大学时期阴差阳错选择了英语专业，但我发现英语对我来说是工具，并不想一生从事翻译工作，还是想遵从自己真实的内心想法。于是我决定跨专业考研，复习的时候看那本《中国考古学》，身边人不理解我为什么要选这门科目。当时学校都没有人去学，但是自己喜欢就要坚持，无论多少人反对都不会改变。"

对聂老师的采访给我们带来了很大的启发，我觉得我们要在高中阶段多积淀、多思考，现在所学的知识也许不会直接变成未来我们从事的职业，但是在未来我们的工作中这些也许会成为重要的工具。坚持梦想,奔赴山海,就是青春最美好的样子。

【教师感悟】

这是一次全新的生涯实践活动,从主题选择到确定实施场景,从活动设计到组织实施,从实践感悟到创生新的课程资源,没有太多可借鉴的经验。这次活动是教师基于对高中生涯发展指导相关政策、理论的研究和理解,依托区域和校本课程资源进行的大胆尝试,是师生共同的创编。教师带领学生走进真实的工作场景,与职业人面对面,用半天的时间进行深度访谈,倾听他们的生涯经历,引发学生的观察和体验,深化学生对生涯规划的思考和认识。这个过程中,有不足和遗憾,更多的是收获和欣喜。

2021年4月,有一群拒绝盲行,敢于暂停,渴望认真了解世界、重新审视价值选择的青年人,聚在一起,组织了一场主题为"解决职业困惑,探索人生可能"的活动。他们走上街头,面对面采访感兴趣的陌生人,聆听他者的职业与生活、梦想与追求,感受城市的脉搏。说者勇敢分享,听者保持尊重,每份经历都被认真对待,帮助彼此看到更多活法,这种用"一棵树摇动另一棵树,一朵云推动另一朵云,一个灵魂召唤另一个灵魂"的行为,不就是对教育的根本追求吗?这种关于生涯发展的经历分享,不就是学生成长所需要的鲜活的案例吗?在这个案例中,青年人直面困惑的勇气、互助革新的魄力、寻求突破的努力深深触动了我。基于这样的思考,我决定带领学生走出校园,开展一场别开生面的生涯实践活动——"平凡岗位 梦想寻踪"——走进天津市民族文化宫。

我将选题和想法与学生进行了沟通,他们非常兴奋,充满期待。尽管这样的活动如何设计实施我没有十足的把握,但我知道这是学生的需要,是有意义、有价值的。

新时代的生涯教育相较于学科知识传授更注重学生生涯意识的唤醒和职业价值观的树立。孙中山先生指出,人的认识过程是"以行而求知,因知以进行"。因此,教育中的唤醒不是简单地教会学生知识和技术,更不是代替学生建构,而是给学生提供体悟真实成长的实践平台和机会。校内的生涯指导课程通过课堂学习为学生提供了必要的支持,但是,缺少对真实生涯案例的直接接触和深入了解,学生对生涯规划的理解往往停留在高考选科与大学专业选择上,缺乏对涉及终身成长和发展的长远思考。

学生是自己生涯发展的主人,生涯教育最重要的是唤醒学生的主体意识和责任感,使他们能够在充分了解客观现实的基础上做出理性的判断和选择。基于这样的考量,将本次活动的目标设定重点放在了对看似平凡的职业人物案例进行深度挖掘方面,以引发学生的深度思考,唤醒他们的生涯主体意识,加深其对生涯发展的开放性、多元性、发展性、适应性的认识,领悟自我规划与社会发展、国家需要一致性的重要意义,逐步树立起正确的职业价值观,赋予生涯发展以更大的价值和意义。

活动过程中,从前期人物资料的收集研究,到访谈计划的拟定,再到现场采访、成果生成与交流,所有学生都全程参与,体现出高度的主体意识,主动性、创造性被极大地激发出来。

学生在生涯教育中常接触到的是成功的、理想的成长案例,这样的案例能够激发学生树立远大的志向,是有益的。但同时,生涯教育不仅要在学生心中埋下理想的种子,还要给学生直面现实的勇气和独立思辨的能力。单一的教育内容往往会令学生产生认知偏差,甚至脱离实际。所以,教育应该是丰富的、多元的。其实,每个看似平凡的生命背后都拥有独特的生涯发展道路和充满个性的生涯发展故事,那些平凡真实的案例往往因贴近生活、贴近实际、贴近学生,而具有强大的教育说服力,是生涯教育最为鲜活的教育素材。

正如在活动的准备阶段,学生拿着六位受访人基本资料准备制订访谈计划,"央视栏目的编导""参加过 2009 年国庆大阅兵""毕业于中央民族大学文物与博物馆专业""曾就职于人民文学出版社、生活·读书·新知三联书店"这些亮眼的经历让学生心生向往,访谈提纲的初稿,问题大多集中于对成功经验的采访,但采访过程中的一问一答,学生却在一次次的思想撞击中经历着成长。

学生在采访记录里写道,曾经做过央视栏目编导的李老师,退伍复员到民族文化宫的时候,曾和领导有过这样一段对话:"由于编制的问题,给你的工资不高,但我能保证让你从事你喜欢的专业,来不来,你自己好好考虑一下!"李老师犹豫了一阵,坚定地回答:"我来!"汇报交流的时候,学生说:"李老师这两个字的回答,背后是对理想的坚守,是对现实的接纳,很让我们感动。"

此外,名校毕业的聂老师也是学生呼声最高的访谈对象。在采访过程中,聂老师的博学、知性、从容给学生留下了深刻的印象,举手投足之间无论是对专业、职业知识的对答如流,还是对成长经历的理性分析,让在场的学生、老师都真切地感受到了什么是"优秀"。但当学生问到"是什么原因让您坚守这份工作的时候",聂老师却停顿了一下,说"今天接受你们的访谈,是我最后一项工作了,我很快就要到北京的某文化研究所去了",学生面对突如其来的答案有点不知所措。作为教师,我快速察觉到学生的思想变化,及时提出相关讨论问题:"面对更适合自己、更有发展空间的工作机会,如何理解坚守与重新选择?""如何才能赢得更好的发展机会?"……学生在思辨中对生涯的发展有了更立体的思考。

活动设计前,我对综合实践活动、社会化学习、项目制学习等新的教学组织形式进行了学习研究,最后综合运用于本次活动的设计,并将小组学习、合作学习、探究学习等学习方式融入其中,主旨是充分发挥教师主导作用和学生主体作用,共同进行课程创生。

活动实施过程中,校馆合作以场馆实景的全域开放为学生搭建实践体验的课程平台,提供了学习素材和资源。以人物访谈为主线,学生自主选择访谈对象,结成小组,共同策划、协同参与,撰写人物访谈计划,分工合作实施访谈任务。学生在合作的同时,保持独立思考,共性与个性并存共生。在真实案例的引导下,教师适度点拨,因势利导,将学生的感受和思考引导到课程目标的落实上,使学生由对个人生涯发展的关注扩大到社会与国家发展对人才的需求上来。

一个学生在分享时说:"当一个人完全受限于理想自我,并由它指引时,人总会以'应该是什么'来支配自己的思想,人如果生活在无数的'应该下',

就渐渐地与现实疏远。通过今天的生涯实践活动，我觉得每个人的生涯都是在发展中不断地选择、不断地适应，作为高中生的我们，当下要做的是增长知识、锻炼能力、找准方向，既要有'忠于理想'的能力，又要有'面对现实'的勇气。"听到学生的话，作为教师很欣慰，也很感动，学生的意识被唤醒，青年的意识被唤醒，我似乎看到了充满希望的未来。

本次活动得到了天津市民族文化宫的大力支持，他们真正做到了向学生实景全域开放，不仅是开放所有场地，而且从主任到全体工作人员任由学生挑选成为采访对象，将自己的生涯发展经历毫无保留地袒露出来，成为学生研究的对象。这样丰富的、真实的教学资源，对教师的专业能力和组织协调能力提出了很高的要求。由于场地大、布局分散，六个小组同时进行，教师不能一一跟进，丧失了许多掌握现场第一手资料的时机，导致对学生进行成果汇报时的指导不够鲜活和具体。今后这样的综合性活动课程，可以多几个助教协同，组织实施上更周密一些，更能保障活动的效果。

这次活动给学生提供了一次难得的实践机会，是对学生实践能力的一次客观检验。大多数学生都是第一次在摄像机面前，在聚光灯下，在真实的工作场景中，与比他们年长的工作人员甚至是行业权威面对面，尽管在前期教师和学生就采访提纲做了大量的问题预设，并和访谈对象多次沟通，但实际采访过程中，学生们还是非常紧张，他们更多地关注预设的问题，对采访过程中产生的即时性素材难以及时捕捉，和采访对象难以进行轻松的对话互动，影响了采访的生成深度。但是，这本身也是非常真实的，对学生也是十分有益的。许多学生在活动后说，原来认为自己是理科生，语言表达并不重要，但是在采访对象身上看到流畅、大方的语言表达的益处，他们纷纷表示，愿意参加这样的活动，全方位锻炼提升自己。因此，今后要注重对学生语言表达能力、组织协调能力、综合实践能力等进行全面的培养，切实提高学生的实践能力和创新精神，这对他们的生涯发展也将起到极大的助力。

活动中的不足都是成长路上的遗憾，是成长真实的样子。活动带给师生更多的是收获，是欣喜，是被唤醒的内心悸动。

（天津市天津中学　傅钰）

第六章

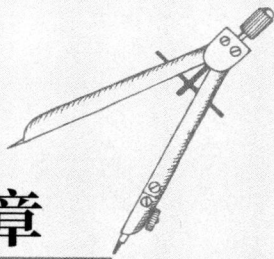

成果应用之校本生成与学生成长

第一节　模拟招聘会：做生涯发展的主人

模拟招聘会是生涯教育课程基于学生更好地了解社会探索出的重要活动形式，也是实现生涯教育家校共建的重要途径。在活动中，学生通过亲身参与和直接体验，深入地了解职场环境、行业和职业，提升学生对自我的认识和规划意识，让学生成为生涯发展的主人。

一、为什么要开展"模拟招聘会"活动

（一）高中生召开"模拟招聘会"的意义

为高中学生举办模拟招聘会，不仅是为学校教育弥补长期欠缺的"应聘技能课"，更是为中学生将来步入社会、走入人才市场、顺利获得心仪已久的工作岗位做好坚实的准备，在仿真的环境中，让学生更多地了解外面的世界，建立一个社会与中学生的衔接点，通过模拟求职者的角色，使学生了解当今社会就业方式日趋多样化，切身体验自主择业的感受。通过让学生自主设计求职简历，模拟企业的负责人，培养其创新思维的能力。为学生能够更好地接触社会、走向企业提供了平台，拉近了中学生与社会的距离。感知自己的能力与世界之间的距离，应聘指导提高了学生的表达能力、沟通能力、协作能力，这些为学生将来顺利找到工作、积极地融入社会都会产生深远意义和积极影响。

（二）高中生召开"模拟招聘会"的作用

学校开展特色生涯体验活动——模拟招聘会，通过创设仿真的情境"实战演习"，让学生通过亲身参与和直接体验，加深对职场和职业的理解，提升

生涯规划意识和能力。意在帮助学生在自我与职业匹配的过程中,加强自我探索与职业探索,全面深入地认识自己,了解社会发展趋势和职业要求,增强目标感,激发内驱力,从这个意义上讲,"高中模拟招聘会"是面向未来的一次"充电"。

1. 提前认识到就业形势的严峻

人社部调研指出,大部分地区和城市"求人倍率"岗位需求多于求职人数,但仍有不少求职者或穿梭于各大型招聘会,或频繁"跳槽",表示一岗难求,就业形势严峻。原因之一就在于求职者的知识结构与企业的需求有脱节现象,这一问题不是在大学期间产生出来的,要追溯到高中。高中是"打地基"的关键阶段,新高考又给了学生自主选科的选择权,在仿真环境中,模拟初步确定未来发展方向让高中生提前体验"就业问题",提前认识到就业、创业形势的严峻,有紧迫感,对自己负责。

2. 帮助高中生找到自身短板

"模拟招聘会"的一个直接作用就在于帮助更多的学生认识到自身的不足,从而补齐短板,取长补短。企业需要什么样的人才和高中生想成为什么样的人才两者必须同频共振,才能实现双赢。通过"招聘演习",能够帮助每一名参加活动的高中生对自身有更加准确地定位,思考如何规划自己的学习与生活。

3. 激发高中生的创新活力

招聘会上,学生通过精心准备应聘陈述,模拟企业负责人的准确定位,激发了高中生的创新力。这种创新在招聘会现场又与面试题完美结合。从故事般的问题中引导高中生思考现实,思考未来,面对两难的题目如何选择,是对学生生涯发展的一次综合检验,激发了学生的创新活力。

二、高中生"模拟招聘会"活动流程

（一）学生的两种角色

一是学生模拟招聘方，即用人单位招聘相关人才。

二是学生模拟应聘者，参加应聘活动。

（二）活动分两个阶段

一是前期准备阶段：由学校生涯导师团、家长代表、高校师生等组成导师团，对学生进行培训；按照要求设计参选方案；导师团进行初评。

二是展示汇报阶段：入选学生在导师指导下开展现场模拟招聘会，现场公布招聘、应聘结果，总结经验教训，生成生涯教育新资源。

（三）家校共建的三大模块

一是教师模块：参与对学生前期的指导，包括撰写"企业招聘策划书""应聘书""个人简历"等资料准备。在教师中进行微课征集活动，以"职业、专业与学科"为主题，包括"微课视频+微课设计"，大会评选出优秀微课，在总结会进行展示。根据学生的表现和教师的参与情况评选出优秀导师。

二是学生模块：组成模拟招聘方和应聘方两个团队，对模拟招聘方设立优秀企划方案、集体及个人奖项，对模拟应聘者设立优秀应聘书及优秀应聘者个人奖项。

三是家长模块：支持并指导孩子参加模拟招聘活动，为孩子提供资料、信息及职业体验活动的机会，发挥导师作用，与孩子共同探索，设立优秀家长导师奖。

（四）活动成果的生成

形成"模拟招聘会资料包"，包括优秀企划书及招聘海报、优秀应聘书及个人简历、"职业、专业与学科"优秀微课设计方案与视频、活动观察实录分析等，逐渐完善天津大学附属中学模拟招聘会成果数字资料库。

根据活动现场反应来看，同学们的参与积极性极高，活动气氛热烈而高昂。应聘人员和企业人员都有出色的表现，每家企业根据公司发展和岗位要求，对应聘人员进行相关的面试和考评。活动达到活动目标，甚至超出预期效果。公司负责同学们能够对创建公司、组织人才要求有一定了解。而其他同学利用活动平台尝试多岗位应聘，也收获了展示自我的机会。

下面是活动各环节、各岗位人员按三大模块选取的活动成果与反馈举例：

教师模块

（一）学科导师指导活动举例

在指导学生撰写应聘书的过程中，多了一个和学生沟通的渠道。价值在于对人格的塑造、精神的交流、专业的培养和职业的引领。学生的成功不能只看分数，更重要的是，看他的决断能力、是非观。能够把握自己人生的能力。在指导学生时导师要具有出色的专业素养和人格魅力，要从学业指导、思想引领、职业引领、人生规划几个方面对学生进行指导。导师要给学生提供充分的信息，帮助学生做正确的判断。导师的职责是帮助学生进行科学的人生规划和学业规划。导师是学生做决策的参谋者，而不是决策者。引导学生，首先做出关于高中学业的规划。在基于学生进行了霍兰德职业兴趣测试的基础上，引领学生做了学业规划"我理想中的大学"。学生通过对自己心仪的大学的了解、分享。通过进一步比对发现自己的学业与理想的差距，进一步明确了努力的方向。在指导学生撰写应聘书时，在一次次修改、模拟竞聘的过程中，同学们相互交流、互相提问，把自己对未来职业的一种向往变为可能，从中发现自己的问题和不足。

170

（二）师生共建活动示例：不同视角下的同一家模拟公司——
　　模拟 CEO 指导小组成果

（1）示例一：HIGHAI 人工智能有限公司
①指导教师视角下的 HIGHAI 人工智能有限公司招聘活动
　　学生的理念是"与传统的昨天告别，向新的未来前进"。在整个招聘过程中，学生情绪饱满，积极性高，很快进入角色，体验深刻，仿佛自己真实地创办了公司，并为自己公司的发展招聘适合的人员，在招聘的不同阶段，设置了不同的问题。

　　在无领导小组讨论阶段，问题的设计比较有针对性，也符合要招聘的职位，由于 CEO 提前都有所准备，信心满满，语言也比较流畅，思路清晰，但由于招聘者事先没有透露要回答的问题，应聘者提前没有做准备，因此都是临场发挥的，态度上都很积极。在招聘会现场，应聘者还是显得过于紧张，学生语言表达能力有待提高。甚至个别时间段出现了无话可说的情况，可以看出应聘者内心想法很多，不知道如何去表达。还有的学生面部表情过于僵化，动作有些扭捏，显得很不自然。通过这次活动，让学生体会到做事凭的是本领，只有真材实料，方可拥有更多的机会。在结构性面谈阶段，CEO 结合职位设计了不同的情景问题，问题设置比较新颖，能够考量应聘者的整体素质，问题的设置比较精准，有的放矢。

　　CEO 情景问题的设置十分关键，直接关系到应聘的效果。在回答问题时要口齿清楚，思路清晰，条理分明，应聘者还要注意加强对时间的掌控，不要超时。在多道题集中回答时，则要注意扬长避短，对自己拿手的题可以多说一会儿，对自己拿不准的要少说一点，当然也不能少太多，要尽量自然一些，让人感觉自己是真情流露，以此打动 CEO，从而应聘成功。

　　通过模拟招聘会让学生体验到招聘形势的严峻，让学生体会到要想适应未来的社会，提高应聘的成功率，还要多一份勤奋和努力，多一些动力，少一些埋怨。提高自己各方面的能力，成为社会需要的人才。

②模拟 CEO 视角下的 HIGHAI 人工智能有限公司招聘活动

我是田芮,是 HIGHAl 人工智能有限公司的 CEO。我擅长人际交往,喜欢阅读成功励志和人生道理方面的书籍。在之前的团队合作过程中,我与成员有过争执,也有过偏见,但最后经过我们不懈的努力和彼此之间的信任,获得最后的成功。我的团队共有七名成员。

我们公司是一家致力于编写新程序研发和新产品制作的公司,公司产品将涉及多个领域,因为在这个多元的世界,许多领域都需要新型的技术,给人们的生活带来更多的不一样,并提高人们的生活质量水平。

之后我们将在多个领域发挥我们最大的潜能,如无人机、医疗技术、无人驾驶、文字和图形的处理以及新一代的语言助手程序编写的开发与应用。

目前我们创造了一款可以通过文字识别人的情绪的聊天机器人,它的名字叫 MEANT,支持汉语、英语、日语、法语、西班牙等八种语言。

(2)示例二:净和环保有限公司

①指导教师视角下的净和环保有限公司招聘活动

作为指导教师,陪伴着学生们一起成长,感同身受。从公司的成立,到制作公司简介,到招聘岗位设置,再到 PPT 制作无不渗透了学生的智慧与素养。学生们成立净和环保有限公司,体现了他们对社会的洞察力,能抓住社会热点问题,现在全社会都在提倡"环保""低碳生活"。公司共有六位"高管"负责招聘,CEO 是一名责任心和能力都很强的女生,从规划到实施,事无巨细地操持,可见对此项活动的热情和认真。在准备工作中,团队其他两位男生的状态似乎不如四位女生,但到了招聘会现场的时候,男生的状态却非常饱满,作为招聘方的气场十足。作为指导教师,我感受学生们的潜力是巨大的,只待我们发现、挖掘。在彩排过程中,无领导小组讨论环节,我们这一组进行得并不顺利,学生们略显沉闷,不能积极讨论,并没有达到预期目标。CEO 和其他主创人员积极引导、调动并鼓励同学们,在正式的招聘会上,大家就放开很多,效果较好。学生们能够及时地看到问题,甄别问题的原因,想办法解决问题。笔者认为这是他们在这次活动中的收获之一。通过模拟招聘活动,让学生的生涯课程有了真实的体验,也深入地思考了自己的生涯规划。在此活动中，与其说笔者是"指导"，不如说笔者是"陪伴"，体会教学相长。与学生一起收获，看到他们获得成功的体验，与他们一起欣喜。

②模拟 CEO 视角下的净和环保有限公司招聘活动

我是净和环保有限公司的 CEO，招聘会中我既发挥了我做事严谨的特长，也充分锻炼了组织团队的能力。在此期活动之前，我并没有想过当一名领导者，甚至在以后的工作生活中也只是想当一名普通的职员，可是现在我已经改变了我的想法，当一名领导者，不仅有更多的事情要做，也让我们可以见识到不同的人，有更多的责任。

和我一起组建公司的伙伴还有四位，公司共有四个部门：环境设计部、废弃物处理部、环境检测部和材料设计部。我的四个伙伴一人管理一个部门。

在招聘的过程中，虽然我们会笑场，但也为我们缓解了紧张的气氛。这次活动不仅展现了我们的能力，还让我们了解了在正式面试中一些应聘者可能出现的问题，也让我们知道了一些招聘者的心理状态。例如，在进行模拟招聘的时候我们通过观察应聘者的一举一动，意识到如果我们在公司应聘的时候，一举一动都看在招聘者的眼里，这些细节都有可能影响着我们的面试结果。面试的时候不良的仪表尤其是不好的习惯很有可能为你"减分"，要尽量从现在开始改掉这些坏习惯。通过这次活动，我们积累了很多经验，这些经验可以让我们有技巧地回答问题，比别人更有优势，得到招聘者的另眼相看，让我们的招聘之路不会走得那么困难。

学生模块

模拟招聘会采取任务驱动模式：由 8 名"CEO"带领 52 名"执行官"组建了 8 个模拟公司、96 名应聘者、80 名观察者、30 名志愿者在不同场合担任各自角色，模拟真实职场面试环节；为学生创造了"仿真环境"，让他们直接感受到"真实"的职场状态，以及不同职业对个人素养和学历的要求。观察员和志愿者针对模拟招聘会当天的两个主要活动进行观察分析，现场所有人清晰形象直观地看到学生的临场应对方式；关于模拟活动整体分析及模拟公司整体展示，并有"CEO"给应聘成功的学生颁发了"初步聘用意向书"。

（一）模拟公司（企业）创建活动感悟

（1）优秀企划案设计——MYSTIC 人工智能计算公司

我是现任 MYSTIC 人工智能计算公司首席执行官，爱好篮球，以积极向上的价值观待人接物。在偶然看了英伟达公司的简介后，对此产生了浓厚的兴趣，并决定成立一家可以与之匹敌的公司。经过我与 6 名合作伙伴的共同努力，MYSTIC 公司初具雏形。

MYSTIC 是一家人工智能计算公司，创立于 2018 年，总部位于中国深圳。公司自创立以来一直在可编程图形处理技术和中央处理器算术逻辑运算上享有极高的声誉，专注于打造能够增强个人和专业计算平台的人机交互体验的产品。公司的图形和中心处理器拥有广泛的市场，已被多种多样的计算平台采用，包括个人数字媒体 PC、商用 PC、专业工作站、数字内容创建系统、笔记本电脑、超级计算机组和视频游戏控制台等。公司作为 CPU（中央处理器）和 GPU（图形处理器）同时研发和生产的前沿公司，拥有着很大的优势。

（二）不同角色学生参加活动感悟、理解、体会

1. 志愿者感悟、理解、体会（节选）

我校举办了一个盛大的活动，高一年级的同学们在教师的帮助下办起了公司，扮演着招聘方、观察者等角色。作为一名志愿者，我先是接待了来宾，作为一个不太会说话的人这真的是一个全新的体验。之后我们来到了招聘会的现场。各个公司正在进行无领导小组讨论，已接近尾声，我们负责下一个环节——结构化面谈的人员备场工作。闲暇时间里看着走廊中一个个广告牌，仿佛我不是在校园里，而是正在参加一场公司的招聘会，仿佛看到了未来的我。看着同学们都是西装革履，还真有点羡慕呢。

我认为本次活动旨在为广大学生提供一个近距离接触招聘的平台，让广大同学全方位地了解招聘的相关知识和技巧，并提供了一个展现自我的舞台，让我们设身处地站在社会当中，为未来求职就业提供了宝贵的经验。

2. 应聘者感悟、理解、体会（节选）

作为应聘者，我们参与的是无领导小组讨论和结构化面谈。在活动中，我感受到应聘方法的灵活，在大家讨论的时候，我积极参与，尽量让自己显得特别，争取让面试官注意到我。这虽然是个活动，但也是我们将来的一种缩影。职场无情，要是没有能力，自然会被淘汰，而防止此情况发生，我们能做的只有提升自己的能力和实力。

结构化面谈是名副其实的"面"试。在这个过程中，我体会到了真正面试时的紧张，在面试时，除了展示我们的实力和能力，更重要的是做好心理上的准备。只有这样，面对面试官千变万化的提问，我们才能沉着应答。另外还有一点非常重要，就是我在制作应聘书的过程中发现了自己使用电脑的能力还有待加强，这在这个信息化的时代是一项不可缺少的技能，也是我们高中生必备的一项技能。

3. CEO 感悟、理解、体会（节选）

我是净和环保有限公司的总 CEO，在这个角色中我有许多感受。作为总 CEO，我的主要任务是：首先从自己班里选 5 到 7 位分公司的 CEO，构思自己的公司，思考我们现在需要组建什么样的公司，需要哪些部门；其次，把各个部门分配给我们所挑选的 CEO，并让他们把每个部门主要负责什么、需要招聘什么样的人才等规划清楚；再次，总 CEO 设计出公司的标识，并制作 PPT 把公司情况体现出来；最后，想出模拟招聘时的题目。这个工作量非常巨大，但是通过教师和同学们的努力，最终我坚持地完成了。

我们要在全年级师生面前展示我们的公司，这是一个巨大的挑战，因为我们组的成员根本没有人曾经在两百多个人面前演讲过，准备的过程都很紧张。在演讲过程中尽管我们有一些失误，但总体还是很成功，毕竟我们超越了自己。

4. 观察员感悟、理解、体会（节选）

此次活动中我担任的角色是观察员，即观察 CEO 与求职的人，在这个过程中感受颇多。

首先，在招聘会开始前，公司的成员们在确保不会耽误学习的情况下，牺牲自己休息的时间来准备这次招聘会。当早上同学们还没有到教室的时候，他们早已来到了教室，准备接下来要面试的内容。面试开始后，他们仔细聆听，认真地做好记录，在无领导讨论结束后，成员们聚集在一起讨论着谁去谁留。在结构化面谈时，他们对每一位面试者都平等相待，认真思考。在他们的记录中写到了每个人的优点与缺点。

其次，对于观察员和志愿者来说，虽然没有和同学们一起参加面试，却也收获不少。就我个人而言，我在观察的过程中进行了记录，对于同学们上午的表现有所感悟。让我真正了解了去面试时应该以什么样的仪态和行为举止来面对面试官。让我知道了应以什么样的心态来对待面试，就是要做到不紧张、不慌张。同时也体会到了生活的不易，也懂得了为什么大人常说"上学的日子是最幸福的"，也明白了父母对我们的殷切希望和鼓励，我们必须抓紧在学校的时间充实自己，汲取更多知识，尽全力做到最好。

家长模块

家长感悟一：原以为是学校组织的一场活动，结果发现在自己心目中还是一群孩子的他们把模拟招聘会做得像模像样，如同真实版的应聘公司与应聘者的较量，感触良多。总结会上才知看似简单的招聘活动竟然是几所大学联合做的课题，从课题的选项、组织到结论的获得都是经过了一番专业的策划，多方的合作与配合显示着学校对学生活动的重视以及孩子各项能力的培养。

在招聘现场，通过问答可以看出孩子平时的知识积累、为人处世以及现场应变能力，我觉得对孩子是一次非常好的锻炼。在座的家长们一致认为家中那个长不大的孩子忽然能够撑起世界，我们真的忽略了他们的成长。现场应急表现可以看出孩子处理问题的能力，也能看出家长及社会的影响力。

家长感悟二：作为一名学生家长，我看到整个活动中教师只是配合辅导，孩子们则有条不紊，充分融入提前设计好的各种角色中，让我感受到教师们在日常学习生活中用心教育，学习上耐心教导，生活上严格要求，作为家长深受感动。

同时,孩子们通过此次活动定位了人生目标和提高了学习动力。在当前的社会大环境中,"00后"的孩子们缺乏人生目标是普遍现象,这次学校组织的模拟招聘会,我非常欣慰,不管活动的最终结果如何,重要的是孩子们都从中感受到了知识的广泛积累和日常言行都是将来步入社会的顺风车。再次感谢学校的领导和教师们,给予了孩子们一个体验平台,给予了家长们从另一个侧面了解自己孩子的机会,他们用实际行动告诉教师——他们是最优秀的。

家长感悟三:作为CEO精英组成员的妈妈,我荣幸地参加了这次活动。带着一丝好奇心,我观察着这些稚气未脱的孩子们,衬衣、西装、皮鞋,忽然间觉得职场精英们都来了。楼道内一个熟悉的身影,快速地发着手里的宣传单,那不是我家的小CEO吗?看来CEO也要从基层做起,从小事做起呢,但愿孩子以后真正进入职场也能这样积极踏实地工作。

家长感悟四:这次模拟招聘会学校方面给予了高度的重视,做了充分的准备。学校还聘请了专业公司给予指导,同时还聘请了多位专家,为学生们今后的职业规划提供长期的指导。

为了本次模拟招聘会,孩子们精心制作了应聘简历,积极参加应聘操练。当我看到孩子们在面对面试官时的从容淡定,回答面试官提出的各类问题均应对自如时,我充分地感到孩子长大了、成熟了。我见识了孩子们的应聘实战的思维模式,他们的表达能力、沟通协同能力以及临时应变能力。

虽说是模拟招聘会,但通过参加模拟应聘,让孩子们对求职有了深刻和直观的感受,有利于将来更好地适应社会、步入社会。同时让他们认识到学习的重要性,既要学习文化知识,又要学习为人处世之道。通过参加这次的"模拟招聘会",让他们感受到外面世界的压力,希望可以将压力转化为今后学习的动力,在以后的学习生活中更加刻苦,改进不足,不断地提升自己。

（天津大学附属中学　陈文革）

第二节　校友大讲堂：他人经验助力成长

校友大讲堂是生涯教育课程充分开发社会资源探索出的重要活动形式，在活动中，学生倾听校友的故事，与优秀校友进行互动访谈，吸收访谈者成长中的间接经验，从心态、能力匹配、职业发展等方面获得了成长。

下面以我与天津中学的故事——基于"校友资源"的学生成长系列活动为例。

为贯彻落实教育立德树人的根本任务，培育和践行社会主义核心价值观，全面提高普通高中学生的综合素质，天津中学早在 2010 年就参加了"全国普通高中学生发展指导"课题组，参与了发展指导制度的全程研究，结合学校实践育人办学特色，依托社团活动、社会实践、志愿服务和生涯主题教育等教育途径，做了很多生涯指导的实践探索，形成了一套行之有效的操作模式。

2016 年学校进一步从推进高考改革、促进学生全面发展的视角，对高中学生发展指导制度进行了重新的梳理和界定，在继承前期实践经验的基础上，进一步对新时代背景下的生涯指导工作进行深化与探究。学校统筹师资资源，组建全学科的导师队伍，整体构建模块化生涯指导课程体系，使学生初步具有自我规划、自主选择的能力；制度化推进生涯导师工作，实施三级指导模式，兼顾发展导向的群体需要和问题导向的个人需求；长效追踪学生成长，关注学生个性化成长路径和发展历程。

多年来，学校也在逐步探索朋辈效应在学生成长中的引领作用，深挖校友资源，尝试建立"在校生—应届毕业生—往届毕业生"的互动系统。提倡在校生对应届毕业生进行"一对一"毕业访谈，邀请往届毕业生返校参加"校友讲堂"，鼓励历届校友撰写"我与天中的故事"讲述自己成长的故事。用一个个真实的榜样激发学生的成长愿景，用一段段真实的经历提升学生成长的内驱力。

【系列活动一:谈经历——"校友讲堂"】

活动概述:天津中学"校友讲堂"由学校团委主办,相关年级协办,邀请各行各业的校友返回母校与高一年级学生做现场交流,进行职业展示和经验分享。该活动旨在推进天津中学办学传统的继承和发展,开阔学生的眼界,让他们对不同职业有更深入的了解;提高学生的实用技能,如沟通能力、时间管理能力和团队合作能力;提供丰富的职业规划和学业指导资源,帮助学生做好学业和职业规划,推动朋辈文化在育人中的功效,促进天津中学校友在人生理念、成长成才上的沟通认同。

案例一:昨日青青少年 今日星辰大海——天津中学校友讲堂

活动准备

整理校友背景资料,设计参访环节和内容;制作小视频,带领校友们回顾往昔的校园。

活动环节

环节一:与君初相识。校友们向在场的学生做了自我介绍,深情回忆起了初入天津中学时的场景、各位恩师留给自己的深刻印象以及丰富多彩的校园活动、躲不开的学习压力。

环节二:恰同学少年,风华正茂。校友回忆在校期间的美好生活,介绍如何平衡学校活动与学习压力之间的关系时,四位校友结合个人经历告诫同学们要学会时间管理,在学到知识的同时,享受校园的美好生活。

环节三:他山之石,可以攻玉。现场同学就自己感兴趣的问题向校友提问,通过与成功校友的互动,鼓励学生们深入了解自己的兴趣、优势、价值观和目标,帮助他们建立积极的自我认知,从而更好地选择适合自己的职业道路。

环节四:校长为校友颁发学生生涯规划指导聘书,聘请校友长期为同学们提供职业发展的指导,通过与成功校友的互动和实践活动,帮助学生们发展和培养与职业发展相关的核心技能,如沟通能力、团队合作、问题解决能力等,以增强他们的竞争力和适应能力。

案例二:征途漫漫,惟有奋斗——天津中学校友讲堂(摘录)

活动介绍:校友讲堂是天津中学在学生发展工作中整合校友资源,对在校学生实施全方位教育的一个"重头戏"。学校邀请各界校友返校,围绕不同主题与在校学生进行交流,本次邀请了司法、科技、新闻等领域的校友与高三毕业班学生面对面,就高校专业选择、毕业季心理体验、心理适应力调试、职业生涯体悟等互动交流。

访谈内容

"为什么选择了这个专业、这个职业?"

"高三的学弟学妹们面临着大学专业的选择,对他们有什么叮嘱和建议?"

"在和教师相处的三年有没有些交往的趣事? 有没有过年轻气盛的冲突与不解?"

"走上工作岗位之后,身份发生了变化,还会遇到类似的冲突吗? 您是如何处理的呢?"

"高三学习压力大,很多同学都反映不喜欢父母唠叨,有时说上几句话就开始吵,对此有什么良言送给学弟学妹吗?"

"您怎样看待竞争?"

"高中时课外补习的同学多吗? 您补习过吗? 您觉得什么样的补习是必要、有效的?"

"高三已经过半,在不到 150 天的日子里,复习策略上有什么建议吗?"

校友反馈

王××校友说:"我觉得高三都挺过来了,还有什么是过不去的坎儿。实际上,高中阶段养成良好的学习生活习惯,如果保持住,会受用很久。"他还说:"我刚工作的时候,写作和采访水平很不稳定。没有别的办法,只有多实践,多学习。"

韩××校友说:"一定要对大学里适合自己方向的专业进行初步了解,先要了解专业,再去了解大学,选一个适合自己的专业要比上一个哪怕更好的大学更有帮助。"

黄××、邓××、朵××、杨××等校友分别围绕家事与国事、个人与集体、教师与学生、过去和现在、家庭与责任等主题,讲述了自己一段段至深至情的经历感悟,让高三的学生们收获到一个个"青春体验大礼包"。在两个多小时的访谈中,现场掌声不断,笑声不断,互动不断。

活动结语

校友是天津中学最值得挖掘的育人资源。他们的求学体验、职业领悟、生活感触真切而深刻。学生们要以更加平稳的心态、更加持恒的专注、更加精准的自身定位,在高考这个人生节点上,为自己的青春画卷画上最充盈饱满的一笔。

【系列活动二:说收获——毕业访谈】

活动概述:在每年的毕业季,高一、高二的学生会对高三的学长进行"一对一"的访谈,刚刚参加完高考的应届毕业生会从学习经历、学校和专业选择、成长寄语等几个方面与学弟学妹们进行交流。在"一问一答"中传递成长的感悟,激发学习的动力,启迪选择的智慧。

案例一:绽放光彩不负青春

采访对象:张××　　　采访者:王××

问题一:天津中学给你带来了什么?

六年是一段不短的时间。人生又能有多少个六年呢? 十二岁到十八岁的六年,可以说是人生中最宝贵的青春时光。那么我的青春便是与天津中学一起度过的。初入天津中学,我只是个懵懂的少年。现在我已经成为一名有理想与追求的青年。学识渊博的教师们引领着我一步步走向成熟,热情开朗的同学们是我前进路上的伙伴。各类社团活动、参观研学、社会实践、主题沙龙……这些活动给学习生活带来了不一样的色彩,让我难以忘怀。

问题二:如何选择自己的专业?

不善言谈的他,向来喜欢动手实践,而化学便成为他动手的"平台",也正是这些实验,让他积累了丰富的知识与操作的经验。化学成为他的兴趣。成功的秘诀在于兴趣,他说在之后的学习与工作中,会继续坚持自己的兴趣。

问题三:想对学弟学妹们说的话?

他希望后来的学弟学妹们能够学会珍惜,珍惜在母校学习的机会,珍惜与老师同学在一起的时光,去发现自我,在最好的年华绽放光彩,不负青春。

案例二:视野决定了高度

采访对象:高茁豪　　采访者:杨琳

问题一:天津中学给你带来了什么?

走过天津中学六年,我不仅收获了 628 分的成绩,更收获了成长的惊喜。学习上,我的成绩突飞猛进;生活上,我学得了许多关于为人处世的道理。天津中学师资力量强大,学习有保障;同时,作为住校生,我学会了自立。天津中学的氛围很好,给人一种家的感觉,很温馨。教师和同学也都很友好,相处融洽。天津中学团委的老师为同学们搭建了广阔的平台,开阔了眼界,从校内的 90 学堂到校外的高校学访;从社团自主管理到参加校际活动,激发了同学的潜能,锻炼了同学的能力,丰富的课外活动使得校园生活缤纷绚丽。

问题二:想对学弟学妹们说的话?

学习是一定要有所付出的。钻研问题、独立思考是必要的,并且要锻炼自己的逻辑思维。创造性和发散性思维也不容忽视。学海无涯苦作舟,遇到困难不要退缩,坚持探索下去,这么宝贵的时光,不奋斗太可惜了。要刻苦学习,保持清醒。

问题三:关于学校及专业的选择?

做出选择前,要认真分析自身能力,调查每一选项的发展前景和热度,再有兴趣加持。当然,不论是做出什么选择,我们都要为之努力奋斗。学习品格非常重要,一定要端正学习态度,不能畏惧困难,勇往直前,保持清醒,不负韶华,大胆追梦。

这不仅是一次交流,更是一次剖析自己内心、拨开迷雾寻找梦想的旅程。我们正处于最美的年华,这时正是拼搏奋斗的最佳年岁。保尔说过:"人的一生应当这样度过:当他回首往事时不因虚度年华而悔恨,也不因碌碌无为而羞耻。"今后的时光,愿我们天津中学学子一起大胆逐梦,开创美好未来。

案例三:越努力,越幸运

采访对象:王桐　　采访者:史国淼

初印象:当我知道,将与我进行学习经验交流的是高考 641 分的王桐学长时,兴奋之余不免有些紧张。见面后,学长改变了我对"学霸""大佬""优等生"的刻板印象,之前我认为"学霸"一般是除了成绩优异以外,乏善可陈的书呆子。王桐学长的精神面貌与平时在篮球场挥洒汗水的男同学无异,同样的朝气蓬勃,不同的是多了一分稳重。

问题一:天津中学对你最大的影响是什么?

让我看问题时想得更加透彻,比如选专业,选择的是学医,在很多人眼里医学是枯燥的。但在天津中学老师的指导下,我查阅了一些资料,发现学医并不是表面上那样枯燥,也有许多有趣灵活的地方。天津中学的物理老师也激发了我对物理等学科的兴趣,甚至热爱,对我的理科成绩有很大的影响。

问题二:想对学弟、学妹们说的话?

一定要相信自己,我的中考成绩是 539.5 分,数学成绩奇迹般地成为班里的倒数第一。是金子总会发光,开学第一天,我在本子第一页写上这样一句话:"十年河西,十年河东,莫欺少年穷!"哪有什么"锦鲤""躺赢",其实都是"咸鱼翻身",越努力,越幸运。

我对学长的印象是一个健谈、聪明、活泼的"学霸",丝毫没有死气沉沉的书呆子气息,我想也许受天津中学劳逸结合的教学模式的影响。后来我与学长也聊了些关于高考志愿填报的话题,他没有给我灌心灵鸡汤,而是从我们的角度对我们的成绩、学习方法、心态等进行分析,让我立下了更加明确、更加远大的目标,踏下心来继续前行。正如学长说的"心静者,可成大事"。

案例四:竞争残酷但也公平

采访对象:张子涵　　采访者:王艺臻

问题一:天津中学给你带来了什么?

天津中学给了我许多发挥自己能力的机会。初中时,我有幸参加了王培才老师和刘兰仪老师的航模扩展课。在两位老师的耐心指导下,我渐渐了解了关于航空模型,乃至飞机的诸多知识,王教师用形象的比喻将关于飞机的术语向我们逐一解释清楚，尾翼、副翼、迎角、舵面……一个个晦涩难懂的词汇在他口中变得活灵活现，每堂课我都能学到新知识、新技能。他还在课程中向我们渗透了诸多电学、空气动力学方面的知识，这都让我受益匪浅。更重要的是，在老师的教导下，我对科创产生了兴趣，开始热衷于制造一些小发明。

在这之后，天津中学的老师们发掘了我的能力，在学校与教师的帮助下，我参加了全国青少年科技创新大赛、ISEF（国际科学与工程大奖赛）夏令营、北京未来科学论坛、南开区科技周展览、京津沪渝四直辖市挑战营等诸多活动。可以说，没有学校对我的培养，为我提供实验设备与经费，提供实验室，我不可能有机会参与这些活动。

问题二：有什么想对学弟学妹们说的？

面对高考，竞争残酷但也公平，在高考面前，没有小聪明可耍，临时抱佛脚也往往起不到作用，只有脚踏实地的努力才能换来成果。愿大家在天津中学收获崭新的自己，拥有属于自己的美好前程！

问题三：关于学校及专业的选择。

在科技比赛中，我遇到了许多难题，在解决难题的过程中，我查阅了许多物理学与工程学方面的书籍。虽说只是入门程度，但也引起了我对这些专业的兴趣。因此在填报志愿时我集中在应用物理学系与材料科学与工程系。我想对大家说，在选择专业时，在忠于自己的兴趣的基础上，一定要事先了解相关专业的就业情况，很多时候可能与你想象的大相径庭。我也是在询问了科创活动时认识的几位工科教授后才决定报考。

【系列活动三：写感悟——讲述成长故事】

活动概述：校友是一所学校最宝贵的财富，是在校生成长最生动的榜样。他们在求学生涯中完成了自己从懵懂少年到青春韶华的过渡，树立了正确的世界观、人生观、价值观；他们在中学阶段学习知识、探索科学、树立理想，为进入高等学府深造打下了坚实的基础；他们在天津中学的校园里培养兴趣、陶冶情操、接受基本的艺术和审美塑造。2019 年 1 月，在学校的公众号上发布了"讲述我与天中故事"征文公告，邀请广大校友撰文讲述自己的成长故事。2020 年,在天津中学建校 20 周年之际,《廿年不忘——讲述我与天中故事》第一部正式出版。书中包括"薪火相传""校训启示""花季相册""桃李印象""燃情岁月""雏鹰展翅"六个板块。其对应主题分别为曾任和现任的领导教师对校史的回顾,结合亲身经历对校训的感悟与思考,校园生活的回忆,对教师谆谆教诲、亲切关怀的感念,参与社团活动的收获以及对母校教育的感恩等内容。

案例一:在天中埋下一颗勃发的种子

作者:2007 届校友程林。

2004 年,我第一次离开伊洛河畔,来到津门求学。天津中学是我梦开始的地方,也是我很多情感、理想的原点。那时十七岁的我,理直气壮地觉得未来就是无限的。不谙世事,除了满怀憧憬,就是过剩的精力无处安放。在那懵懵懂懂、渴望恋爱的年纪,在那还认真读诗写信、爱好文学、痴迷天文地理、忧郁且茫然的日子里,我最大的幸运是在天津中学遇到了影响我生命轨迹的姜老师。

在天津中学,他本身就是传奇的存在。他不教语数外,也不教物理化学历史地理。先生教的,都是排不上那张拥挤的课程表的、学生纯自愿参加,且不收学费的课。在一间有着梦想和光亮的小屋里,十年如一日,他教二胡、教笛子、教扬琴、教大提琴、小提琴、教吉他、教架子鼓……他并不是学校的音乐教师,最后愣是带出一所学校的大型民乐团。

姜老师早年当过记者,刚来天津中学时,他的本职工作是维护校园网络,那时的他是学生眼中善良敦厚、才华横溢的"大叔",因为爱跟学生玩,便无私地传授给我们很多课堂学不到的本领,他教摄影、教视频编辑、教做网站、带学生办报纸、办校电视台,办艺术节,每个活动都搞得有模有样,红红火火,大受师生欢迎。他做了太多只问付出而不计回报的事,有时还要自己倒贴工资和经费,为的是带我们这群孩子玩出点名堂来。是他让我第一次拿起了摄影机,是他指导我做专题片,鼓励我们自由创作与记录。我们几个什么都不懂的中学生,在他的带领下,竟然真的弄出了一个天津中学电视台,除了做校园新闻,还拍摄了二十多部短片,把镜头对准了学校的小发明家、女子篮球队、美术生等。人物题材不受任何束缚,自由发挥,而学校竟也同意用下午大课间的时间,让全校各班打开电视机,收看我们做的电视节目。每每听到我们节目的片尾曲在教室走廊里回荡,那是我高中最自豪的时光……

记得我第一次去北京,是学校安排的大巴车,从天津出发,带我们去北京参观博物馆,看海底世界。正是那次出行,姜老师给了我一台摄影机,告诉我开关机键后说:"你自己先去拍吧,拍完我再教你。"那是一台价值好几万元的索尼高清机,他就那么信任地交到了我这个毛手毛脚的学生手里。后来有一次,机器摔坏了,修理员要大几千块钱,姜老师只得替我们扛责任。而就是这种"扛"竟让我最终与中国传媒大学结缘。后来我一路遇名师、写书、创业,还成了特聘教授,我常在想,我的好运是不是因为学到了一点"笨拙"的缘故。

进入大学后,因为我比其他人早早有了些"工作经验",后来顺利当上了大学电视台的执行台长,带着200多人的准专业团队搞直播、做晚会,也做了十几档电视节目。这一切都是因为在天津中学打下了一个好的基础。天津中学在我们的青春时代,给了我们一片自由发挥的广阔天地,而姜老师也帮一届届的学生打开了不同的艺术之窗。

案例二:黄沙百战穿金甲　不破楼兰终不还

作者:2012届校友张然。

"黄沙百战穿金甲,不破楼兰终不还。"出自王昌龄的《从军行》,曾是我作为2012届天津中学毕业生代表在高考百日誓师动员大会上发言中的一句。2018年受邀参加高考誓师大会,在会上我又将这句诗,赠予学弟学妹们,我之所以如此钟爱这句诗,是因为它所承载的精神世界,既是我学习工作的标准尺度,更是我为人做事的价值追求。

我从军七年,如今脚下的库尔勒市就是曾历经千年风沙洗礼而尘封于历史的楼兰古城,因此每每读到这首诗,字里行间表达的舍我其谁的豪气、视死如归的胆气、闻战则喜的勇气、不胜不休的锐气令我感触颇深。今夕交织,每每想起高三高考备考,就觉得那是在打一场没有硝烟的战争,一场属于自己的战争。考场就是战场,考题就是敌人,手中的笔便是紧握的钢枪,唯有斩敌于马下、杀贼于阵前,才能拼杀出一条血路,一条成长成才的康庄大道。考前无数个点灯熬油的夜晚,无数次周考月考的讲评,纵然是黄沙百战,纵然是金甲磨穿,大家还是忍着、熬着、扛着,虽说我们不提倡一考定终身,但高考带给我们的却远不止最终的那个分数,这个过程中积累的学习方法、养成的思维习惯、磨砺的意志品质才是日后漫漫人生路上最大的财富。

步入社会后,我更加深刻的体会到人的一生何尝不是一场漫长的大考,此时的对答如流不代表以后的一帆风顺,彼时的艰难困苦也不代表一辈子的磕磕绊绊,福兮祸伏,祸兮福倚,但凭着"黄沙百战穿金甲,不破楼兰终不还"的豪气、胆气、勇气、锐气,也定能披荆斩棘、勇往直前,战出个属于自己的美好明天。

（天津市天津中学　傅钰）

第三节　生涯小团体:天下为公 共探生涯

天津市南开中学由严修创建于 1904 年。南开"校父"严修生前为南开学校制定的教育目标是培育学生爱国爱群之公德,服务社会之能力。在此基础上,张伯苓提出"允公允能,日新月异"的校训,充分表达了素质教育的精髓。"允公允能",就是既培养学生的爱国、敬业、献身精神,又培养学生的知识、技能和本领,即要求学生既有公德,又有能力。南开校训是南开教育目标的生动体现,是对南开学生价值取向和精神品质培养的具体要求。在公能教育思想的引领下,许多优秀的南开学子将个人发展与国家发展相结合,将个人价值的实现与民族复兴的使命相结合,描绘出辉煌的生涯画卷。

快速的社会变革给高中生带来机遇和挑战的同时,也带来重重压力。激烈的竞争、多元价值观使得他们在遭遇困境或面临选择时容易感到挫败和迷茫。学校学生虽然学业成绩优异,但也存在自我认识模糊、社会经验缺乏、价值观偏颇等问题,在职业选择和专业选择上体现出盲目性和缺乏计划性,当他们在学业发展上出现不顺利时,往往会陷入自我得失的小天地中难以自拔。引导学生找到适合个人生涯发展方向的同时,更要重视以公能教育激发学生生涯发展的内驱力,将家国情怀、社会责任感及担当意识融入生涯价值观塑造中,促进其在生涯探索的道路上走得更加有力。

一、生涯小团体概念及设置

(一)生涯小团体概念

小团体辅导是学校开展生涯教育的重要途径。小团体的规模一般控制在 6—20 人之间,其优势是可以满足部分学生共性的成长需求。生涯小团体就是在教师的带领下,团体成员围绕着共同的生涯成长主题,以活动为载体,通过人际互动,互相启发,相互激励,形成生涯发展的共识,同时促进每个成员个性化的成长。

团体辅导活动的理论依据为美国伊利诺伊大学的斯温(Swain)教授提出的金三角理论、舒伯(1953)的生涯发展理论、舒伯的职业价值观理论以及古典的生涯四度理论。

(二)团体设置

1. 团体名称

天下为公探生涯。

2. 成员招募与甄选

本辅导方案适合高一年级面临新高考改革的学生,通过海报招募进行课程宣传,同时判断报名学生探索生涯的意向,是否了解团体辅导以及是否能够承诺遵守团体规则。

3. 团体规模

20 人。

4.团体目标

总体目标:辅导学生进行生涯探索,提高学生的生涯规划能力,帮助学生结合自身情况,社会和国家发展的需要以及相关的资讯,确定自己的生涯发展目标。

具体目标:

(1)深化学生的生涯规划意识,尝试从多元维度规划自己的人生,感受生涯平衡中选择的重要性。

(2)学会澄清自己的职业价值观,明晰在生涯规划的过程中通过不断澄清自己的职业价值观,做出生涯目标的选择。

(3)加强学生对职业人的了解,引导学生置身于社会环境思考职业信念以及自己的生涯选择,强化其对职业的全面认识。

(4)通过对大学的了解,协助学生进行生涯规划。

5.团体性质

本团体属于生涯规划教育成长型团体,团体成员为在校高一年级学生,对生涯发展存在困惑或是有强烈的探索意愿。

6.团体活动的次数和时间

团体活动分为 6 个单元,每周一次,每次 45 分钟,持续 6 周。

7.团体活动进行场所

心理活动室。

二、团体活动总体框架

表 6-1　团体活动总体框架

单元	主题	活动内容	活动目标
一	逐梦未来	你好,加油 滚雪球 无规则不团体 我的生命线 布置作业	1. 促进团体凝聚力的形成,拉近学生之间的距离。 2. 促进学生积极主动交流,营造良好氛围。 3. 深化学生的生涯规划意识。
二	人生考量 ——生涯有度	作业分享 别样人生 生涯有度 生涯平衡 布置作业	1. 通过故事引发学生对不同人的生活和生涯发展作出初步评价。 2. 了解生涯四度理论,引导学生尝试从多元的维度评价和规划人生。 3. 体验平衡生涯四度的过程,感悟生涯平衡过程中选择的重要性。
三	价值观探索	作业分享 生涯分叉路 我的价值观 天下为公 布置作业	1. 了解职业价值观的含义。 2. 思考并澄清自己的职业价值观。 3. 体会职业价值观需要适时的更新和确认。
四	我们都是职业人	职业猜猜猜 职业小剧场 布置作业	1. 帮助学生进一步感受和体验多样的职业和了解职业要素。 2. 进行职业的初步探索。
五	职业有信念	作业分享 战"疫"总动员 职业有信念 布置家庭作业	1. 了解每个职业都有其基本的责任和使命。 2. 体验危机事件中,职业人面对复杂情境时的选择,感受职业信念对职业人的影响。 3. 引导学生置身于社会环境思考职业信念以及自己的生涯选择,强化其对职业的全面认识。
六	我的未来不是梦	寻找宝藏大学 我是"宣讲员" 我的大学梦 我的未来不是梦	1. 引导学生思考在生涯选择时,需要考虑自身因素和外部环境因素,进而提升生涯认知和选择的能力。 2. 增强学生生涯认知和选择的意识,推动学生联系自身实际,思考适合自己的未来大学选择,为其生涯决策奠定基础。

三、单元活动方案

（一）第一单元：逐梦未来

1. 活动时间

60 分钟。

2. 活动准备

白纸若干，黑色白板笔。

3. 活动流程

（1）热身活动——你好，加油（5 分钟）

活动步骤：请学生两两相对，按照教师的口令做出相应的动作。请起立站好两两相对。当教师说"一"的时候，请两位右手相握说"你好"，当教师说"二"的时候，请两位同学双手相握，说"认识你很高兴"，当教师说"三"的时候，请向对方竖起自己的拇指说"你真棒"，当教师说"四"的时候，请两位互相拍拍肩膀说"我们一起加油"，请同学们按照口令做出正确的动作。

（2）主题活动一——滚雪球（10 分钟）

活动步骤：请学生们1—6循环报数，形成小组，多的人可以随机进入一组。每个小组从选定组员开始用四句话介绍自己：我的名字，我的班级，我的爱好，我擅长的科目。按照顺时针的顺序，请一位同学旁边的同学重复前一位同学的介绍，再介绍自己直到最后一位同学重复前面所有同学的自我介绍，再介绍自己。请小组代表向全体同学介绍本组的同学。

（3）主题活动二——无规则不团体

活动步骤：由领导者制定出三条基本的团体契约，并在活动前按照每人一份的数量复印好，另准备大白纸一张，黑色白板笔一支，请团体成员阅读团体契约，采取开放的形式，邀请成员共同讨论团体规范，引导者在团体活动过程中不断地引导示范，另外保密、守时、不可身体攻击等也需要强调说明，鼓励团体成员完善自己提出的建议,并写在纸上。团体契约建立后,请每位成员在写有契约的纸上签下自己的名字。

(4)主题活动三——我的生命线(25分钟)

活动步骤:请同学们闭上眼睛,放松身体,跟随老师进行生涯幻游,请同学们根据想到的生活理想,描绘出自己的生命线。在生命线中找到你现在的年龄,标出自己的生命长度,请写出你在过去的成长阶段都经历过哪些难忘的事情,完成了哪些成长任务;请你在现在的年龄段标出当下经历的事情,面临什么,需要完成什么任务;从现在到未来将面临什么,需要完成哪些事情。分享你的生命故事。

(5)总结与分享:全体成员一句话总结本次活动的感受和收获;教师总结:每个人都有属于自己的生命故事,也许此刻这个故事还不够具体、生动,但满载期望的生命线会带领我们开始新的探索,希望我们每个人能够努力做好自己,找到目标,实现自己的价值。

(6)家庭作业:阅读小 A 的生涯故事,尝试画出小 A 的生命线。你认为小 A 有什么优势和劣势?

小 A 的故事

中学阶段,小 A 沉迷游戏、无心学习,高考成绩并不理想。大学时期,小 A 学的是汽修。可就连这门糊口的技术,他也没认真学,大学毕业后连基本的补胎都没学会。汽修这条路走不通了,小 A 转行修起了电脑,2009 年就实现了月入两三万元,一时间风光无限。可好景不长,年少气盛的小 A 并不懂得经营,挣了一点钱就开始"飘"了,过上了喝酒、打牌的潇洒日子。结果可想而知,公司因经营不善倒闭了。这一次失败给小 A 带来了不小的打击,他一度以为自己的人生就这样完了。经历了一段时间的调整之后,小 A 开始了新的尝试,如出租车司机、保安、快递员。

(二)第二单元:人生考量——生涯有度

1. 活动时间

60 分钟。

2.活动准备

生涯故事、生涯四度活动记录纸若干,彩笔若干。

3.活动流程

(1)作业分享(10分钟)

(2)主题活动一——别样人生(10分钟)

活动步骤:介绍古典的生涯四度理论分别呈现四个生涯小故事,分别是企业家福明,全职太太莉莉,IT工程师振华,农民爸爸。请学生对四个人物当前所处人生状态的满意度打分,0分代表你认为这样的状态糟透了,10分代表棒极了,十分完满。教师根据分数段,请学生进行举手示意及分享。

(3)主题活动二——生涯有度(20分钟)

活动步骤:每个人都想活出自己精彩而独一无二的人生,也想成为“人生赢家”,但我们每个人想要的都不同,没有统一的模板。因此,在规划设计我们的人生时,我们需要考虑多个维度。请学生尝试对当下自己理想的生涯模型进行描绘。假如你在生涯选择的过程中拥有32分,每个维度最完美可以获得8分,你会如何将分数分配给生涯四个维度呢?请学生分享活动感受和感悟。

(4)主题活动三——生涯平衡(15分钟)

活动步骤:在本次活动的伊始我们一同讨论了小A的生涯故事,然而小A的故事还没有终结,随着时间的推移和选择的变化他的生涯发展有了不一样的变化。我们一起看一段视频(播放小A视频)。由于一场疫情,小A的选择让他的生涯发生了变化,他升了职,成为了4个快递点的负责人,成了2020年感动中国人物。看过视频你有何感受,你觉得小A的生涯四度模型有了什么变化?

(5)总结与分享:请学生分享本次活动收获,教师总结。(5分钟)

(6)家庭作业:结合自己对于未来的想象,重新画一幅20年后的生涯四度模型图,对比看看和现在有什么不同。

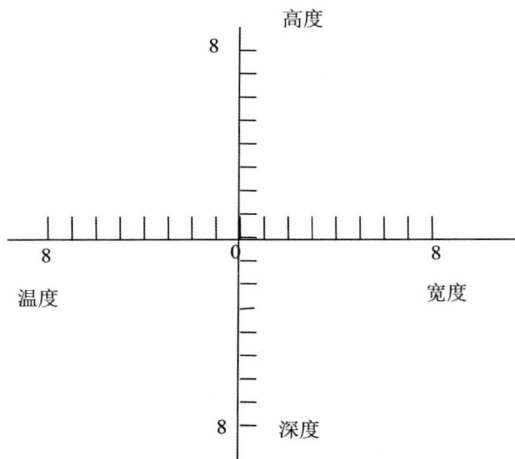

图 6-1　生涯角度

（三）第三单元：价值观探索

1. 活动时间

60 分钟。

2. 活动准备

价值观卡牌、纸、彩笔。

3. 活动流程

（1）作业分享（10 分钟）

（2）主题活动一——生涯分岔路（5 分钟）

活动步骤：请同学们根据问题做出自己的选择，如果"是"请向双臂上举，如果"不知道或中立"请起立，如果"不是"请双手交叉。

问题：高中期间要多参加活动；高中期间不考虑恋爱问题；想去离家远的地方读大学；能上更好大学可以忽略专业兴趣；大学毕业后会考虑创业。

学生感受分享，教师总结，我们的人生中会遇到很多选择题，选择判断的标准就是我们的价值观。

（3）主题活动二——我的生涯价值观（30 分钟）

活动步骤:根据舒伯提出的 15 种职业价值观,制作价值观卡牌。将学生进行分组(4—6 人一组)。洗牌后,每人依次抽三张牌;小组成员每次抽一张牌,打一张牌。(可以从别人打的牌中拿一张,也可以重新牌中抽取)直到所有的牌都抽过为止,每人手上最终留下三张牌;如果在游戏中没有抽到非常满意的卡牌,可以用空白卡将他人手中的牌复制过来;分享讨论:留下三张牌的重要性排序以及留下最终三张牌的理由是什么。介绍马斯洛需求层次理论。

(4)主题活动三——天下为公(10 分钟)

活动步骤:播放施一公的视频片段,讨论分享:施一公选择归国的原因以及从清华大学辞职创建西湖大学过程中价值观的变化。

总结:施一公放弃美国国籍选择回国不是为了科研而是为了育人。他说,我回来的根本目的是改变我的母校,改变清华的学生,就是希望三分之一的清华学生,实现自我价值的时候,脑子里能有一个大我。

(5)总结与分享:请学生分享本次活动收获,教师总结。(5 分钟)

(6)家庭作业:思考你如何理解南开中学校训"允公允能,日新月异",校训对于你的生涯规划和今后的发展有什么样的影响呢?

(四)第四单元:我们都是职业人

1. 活动时间

60 分钟。

2. 活动准备

职业卡牌,纸笔若干。

3. 活动流程

(1)作业分享(5 分钟)

(2)主题活动一——职业猜猜猜(5 分钟)

活动步骤:根据给出的职业特征词汇,猜职业。如蛛丝马迹,明察秋毫,公正廉明——检察官;争先恐后,口齿清晰,独家新闻——记者。

总结：我们生活的方方面面都离不开职业人的付出，而每份职业都有自己的特征和特点。

（3）主题活动二——职业小剧场（40分钟）

活动步骤：每个同学随机抽一个信封，每个信封中装有相关职业及事件；全体参与者以4—6人分为一组，每组学生根据组内所有的职业角色，设定一个主题，编排一个"职业剧"，要求每位成员都需要参与，故事可以用多种方式展现出来，要求突出每一个角色的职业特征；准备好后，每组演绎故事，每组故事不超过4分钟；其他小组的成员根据故事内容猜测故事中的职业角色；全体学生评选出最佳表演奖及最佳剧本奖。

讨论：结合职业小剧场，思考全方位地展现职业可以从哪些方面入手？

（4）总结与分享：请学生分享本次活动收获，教师总结：要想了解职业，可以从以下职业要素入手：职业名称、职业特征、职业对象、职业内容、职业信念、职业技能、职业待遇。每个职业人在自己的岗位上都需要遵守岗位职责完成工作任务，这既是实现自我价值的途径也是胜任职业工作的具体表现。（5分钟）

（5）家庭作业：选择一位家长或是亲友，通过课上分析的职业要素，进行职业访谈。

职业访谈

1. 职业名称＿＿＿＿＿＿＿＿＿＿＿＿＿＿＿＿＿＿＿＿

2. 入职条件＿＿＿＿＿＿＿＿＿＿＿＿＿＿＿＿＿＿＿＿

3. 服务对象＿＿＿＿＿＿＿＿＿＿＿＿＿＿＿＿＿＿＿＿

4. 职业信念＿＿＿＿＿＿＿＿＿＿＿＿＿＿＿＿＿＿＿＿

5. 职业环境＿＿＿＿＿＿＿＿＿＿＿＿＿＿＿＿＿＿＿＿

6. 薪资待遇＿＿＿＿＿＿＿＿＿＿＿＿＿＿＿＿＿＿＿＿

7. 发展机会＿＿＿＿＿＿＿＿＿＿＿＿＿＿＿＿＿＿＿＿

8. 职业压力＿＿＿＿＿＿＿＿＿＿＿＿＿＿＿＿＿＿＿＿

9. 其他＿＿＿＿＿＿＿＿＿＿＿＿＿＿＿＿＿＿＿＿＿＿

（五）第五单元：职业有信念

1. 活动时间

60 分钟。

2. 活动准备

信封若干（职业角色，故事，空白纸），每组一张 A3 海报纸。

3. 活动流程

（1）作业分享（10 分钟）

（2）主题活动一——战"疫"总动员（25 分钟）

活动步骤：在人的职业发展过程中会面临一些困难和选择，也会有一些危机事件的产生。2020 年疫情让我们的生活产生了变化，设想在危机时刻，作为职业人的你会怎么做呢？每个学生随机抽取信封，根据信封上注明的职业，找到与自己职业相关的同学，组成小组，进入同一个行业；请根据教师呈现的 20 个标签（保证安全，保守秘密，保证质量，坚守伦理，廉洁奉公，英勇顽强，不怕牺牲，刻苦钻研，服务人民，遵纪守法，澄清谬误，连接中外，匡正祛邪，家国情怀，服从命令，脚踏实地，尊重生命，尊重事实，遵守信用，乐于助人），小组讨论后选择三个能够反映行业职责和使命的词条，写在纸卡上，粘贴在海报纸上。如果没有适合的选项可以自己添加；打开信封中自己的角色和情景设置，仔细阅读，完成任务；面对突发的情景，你会如何选择？请各组积极讨论，分享组内认为最重要的三件事，并写下来。

（3）主题活动二——职业有信念（15 分钟）

活动步骤：呈现疫情中的视频资料。请学生感受扮演的职业角色，请抽出信封中白纸，写下经过抗疫过程，你对这个职业的感受，给这位职业人写一句鼓励的话。

总结：面对职业中的两难抉择和情境时，不仅要时刻牢记自身的责任和使命，更需要明晰自己的职业信念，因为信念决定了人的价值取向，决定了人的生活方式，决定了人的精神面貌，是人一切行为的出发点和归宿。

（4）总结与分享：请学生分享本次活动收获，教师总结。（5分钟）

（5）家庭作业：思考你的生涯榜样，尝试搜集生涯榜样的资料。

（六）第六单元：我的未来不是梦

1. 活动时间

60分钟。

2. 活动准备

《西南联合大学》相关视频、记录纸、歌曲《我的未来不是梦》。

3. 活动流程

（1）作业分享（5分钟）

（2）主题活动一——寻找宝藏大学（5分钟）

活动步骤：播放《西南联合大学》视频，看过短片后，请学生分组讨论，这所大学好在哪里？

总结：西南联大诞生于抗战烽火中，三所大学的师生穿越战火，从北京、天津到长沙，再到昆明，只为找一方能专心学术、实现理想的净土。他们不仅要经历漫长的跋涉，还要躲避日军的轰炸，这让他们更清楚中国当时的模样。这所大学有文化底蕴、优秀的教师、有好的管理制度，更有勇担强国使命、认真求索的学生。在西南联大，也不乏我们南开中学学长的身影，他们是时任西南联合大学校长，清华大学校长梅贻琦以及西南联大毕业生著名的气象学家叶笃正。

（3）主题活动二——我是宣讲员（30分钟）

活动步骤：当下，同学们同样肩负着实现中国强国梦的目标，也将面对学科、专业甚至大学的选择。请同学们根据教师呈现的几所大学特点（6—1），根据第一感觉选择自己想去的大学。同时选择相同大学的学生形成小组。小组尝试制作介绍大学的宣讲海报，商议宣讲方案，选出组员代表以大学宣讲员的身份进入X高中去做宣讲并回答学生的提问。宣讲和提问时间为6分钟。宣讲结束后，所有学生有第二次选择改换学校的机会。

讨论:选择大学需要考虑哪些因素,了解一个大学需要从哪些方面着手。

6—1 大学介绍

A.西部地区教育部直属综合性大学,历史悠久,文化底蕴深厚,培养出很多优秀人才。

B.一线城市综合类大学,文理并重,基础雄厚,校园文化丰富,注重学生的发展,实践机会多。

C.天津地区重点大学,校风优良,理工类专业优长,注重应用和创新,有很好的学习平台和研究氛围。

D.沿海地区大学,风景优美,校园现代,对外交流频繁,具有国际影响力。

E.专业类大学,建校时间不长,拥有雄厚的科研力量,注重学生实践操作,与很多社会科研机构和相关领域单位有合作关系。

(4)主题活动三——我的梦想大学(10分钟)

活动步骤:结合本次系列活动课程的经验,尝试探索自己对大学的选择,做出初步的生涯规划并进行分享。

6—2 我的梦想卡

我的目标大学特点＿＿＿＿＿＿＿＿＿＿＿＿＿＿＿＿＿＿

我的兴趣＿＿＿＿＿＿＿＿＿＿＿＿＿＿＿＿＿＿＿＿＿＿

我的性格特点＿＿＿＿＿＿＿＿＿＿＿＿＿＿＿＿＿＿＿＿

我的能力＿＿＿＿＿＿＿＿＿＿＿＿＿＿＿＿＿＿＿＿＿＿

我的工作价值观＿＿＿＿＿＿＿＿＿＿＿＿＿＿＿＿＿＿＿

当前面临的困境＿＿＿＿＿＿＿＿＿＿＿＿＿＿＿＿＿＿＿

我拥有的资源＿＿＿＿＿＿＿＿＿＿＿＿＿＿＿＿＿＿＿＿

我的短期目标＿＿＿＿＿＿＿＿＿＿＿＿＿＿＿＿＿＿＿＿

(5)团体结束——我的未来不是梦(10分钟)

活动步骤:全体成员围坐成一圈,每位成员用一句话向大家分享自己参加生涯团体的收获,并彼此祝福和道别。全体成员通过团体辅导评估表对于参加团体后的收获进行评估。

总结:梦想其实就在不远处,需要我们脚踏实地地去实现。而国家发展及社会的责任更是我们需要考虑的问题,作为南开人希望同学们立足实际,不断提升自己,不负自己的使命和责任,描绘出最精彩的生涯蓝图。

南开公能讲坛学生感受

2021级1班杨星泽:非常有幸参加了由中国科学院院士,中国月球探测工程首席科学家欧阳自远先生"开发月球,移民火星"为主题的南开公能讲坛报告会。欧阳自远院士是南开公能讲坛的常客,更是南开中学的好朋友。从青年时期学习地质立志为国家寻找矿藏,到为中国地下核试验场地选址,再到成为探月工程首任首席科学家,欧阳自远院士用实际行动诠释了以国家需求为己任的科研精神,将个人命运同国家命运联系起来,为国家发展做出巨大贡献。通过倾听欧阳院士的报告,不仅收获了丰富的航天知识,更坚定了为中华民族伟大复兴作出贡献的决心与信心。在未来的生涯发展中,我们需要充分考虑社会和国家的发展,不局限于自我,用更长远的眼光看自己。

2018级9班贾辛堉:廖福龙教授此次报告提到科学精神的核心就是创新和坚持,科学研究的方法途径就是团结、求实、探索、创新。他引用了我校校友张大宁先生的话:"中医学属于自然科学中应用科学的范畴,也属于易学的范畴。前者是它的根本属性,后者是它的文化属性,也是它的辅助属性,这就是中医学的双重属性。"廖教授提到,中医药学是一个伟大的宝库,有必要将它传播出去,从中不断汲取知识。本次讲坛加深了我对中医学这一学科的理解,也解答了我的一些疑惑,这样一次与屠呦呦团队近距离接触的机会真的难得。

2021级2班玄浩辰:天津交响乐团常任指挥,国家一级指挥易娟子教师在报告会上谈及音乐与生活的关系及音乐欣赏的知识。易教师尤其强调不要单纯依赖乐曲鉴赏讲座,音乐不像数学题,是没有标准答案的,"我们要自信,相信耳朵与心灵的感受,每个人感受各不相同,这与其个人经历有关,是唯一的,是独一无二的。在伟大的作品中,我们能感受到人们的热情、希望、力量和对美好的向往,这也正是我们欣赏古典交响乐的意义所在。"生活中能够学会欣赏音乐,感受音乐,提升审美能力,对于交响乐团的配置以及乐手的责任有了简单的了解,使我受益匪浅。作为新时代的中学生,我们应以此为契机,培养自己的情趣,陶冶自己的情操,成为人格健全的21世纪青年。

（天津市南开中学　穆玉凤）

第七章

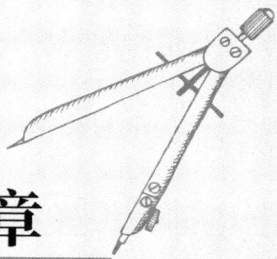

成果应用之多方参与与教师发展

高中生涯发展指导数字化课程资源体系建设与应用的过程是校企联动、家校共育、教师主导的过程。一方面,需要教师、学生、家长、社会等多方力量的共同参与和建设,从不同的发展角度,联合多方资源为生涯规划课程提供智力和制度支持,才能构建良好的生涯教育管理系统。另一方面,教师是生涯教育课程资源的直接参与者和主导者,应该不断提升个人素质和专业知识,加强多方合作,从而构建科学的师资团队。

第一节　主题沙龙——共建 共享 共成长

高中生涯发展指导数字化课程资源体系建设与应用过程中,学校不同岗位、不同学科教师、学生、家长、学校与社会,多方力量共同参与,共建、共享、共成长。为了使课程资源体系更加完善,听取课程资源应用推广的效果,我们邀请到一些参与资源创建和应用的教师、同学和家长,共同交流在课程资源建设与应用过程中的感悟和收获。

一、对高中生涯发展指导的了解和理解, 以及所做的相关工作

提问:请几位教师和我们分享一下,您在学校开展学生生涯发展指导工作以来都承担了哪些工作?

某中学德育主任:我校对学生生涯发展指导的研究起步较早,我有幸全

程参与其中。2010 年学校就组织班主任及各学科骨干教师成立了生涯发展指导团队,通过学习生涯规划知识,树立生涯教育理念,提升生涯指导能力,逐步形成了导师制度。随着新高考改革的实施,正式开设了生涯规划校本课程,自主编写了校本课程资源,努力为学生量身打造生涯指导套餐。同时,我们还通过带领学生走出去的方式拓展课堂以外的探索空间,也通过将校外专家请进来的方式为学生提供更专业的指导,帮助学生全面、理性地探索个人生涯发展路径,让每个学生在三年的高中生活中收获成长,成为更好的自己。

某中学心理教师:我认为高中生涯发展指导是帮助学生客观、全面认识自己的同时,了解社会发展与需求,在此基础上引导他们对自己的高中学业和未来职业发展做出合理规划。作为心理教师,我承担了校本生涯规划课程,引导学生对自己的性格、能力、兴趣、价值观等内容进行探索,引导他们树立生涯规划意识。在课下,我有意识地多与学生接触,增进了解,对于目标比较明确的学生鼓励他们将目标由远及近、由大到小进行分解,采取行动努力去达成自己的目标;对于暂时找不到方向、感到迷茫的学生积极引导,帮助他们调整好心态,慢慢发现自己的发展潜力,做好规划。

某中学班主任、思政教师:2017 年天津启动新高考,我作为政治教师、班主任、学校兼职生涯指导教师陪伴这届学生走过了三年,我对生涯指导的理解是慢慢清晰起来的。

最初学校委派我做学生的生涯指导教师,我感觉很有压力,因为没有专业基础、没有经验、没有课程资源。恰好当时区里确立了生涯课程资源开发项目,参与录制了职业素质培养模块 3 节课例资源,还指导多名学生录制了《生涯百探》。在这个过程中,我对新高考背景下开展生涯指导的重要性、思路及方法有了深入的理解。

在此期间,依托区域课程资源,根据学校部署,主要做了两方面工作:一是开展教师培训,提升教师生涯指导意识和能力;二是开设校本生涯课程,帮助学生做好"6 选 3"等高中学业规划以及生涯发展规划。我较好地完成了生涯指导教师这一任务,也拓展了自己职业生涯的宽度。

提问学生:你作为新高考改革实施后的高中生,新高考改革对你有哪些影响？你参与过哪些学校开展的生涯指导活动？

学生：我认为新高考改革之后，对高中现阶段的我们来说学科的选择权利有所扩大，不再按传统的文理固化，可以将6门学科更好地搭配选择，最大化发挥自己的优势学科，在考场上取得更优异的成绩。改革同时，也意味着将"我们的人生选择权"前置，需要我们在高一的短暂一年中考虑好未来的大学专业方面甚至是未来职业规划。因为"6选3"在一定程度上限制了我们的专业报考，所以这就需要我们尽最大可能了解更广泛、更全面的专业报考需求，以及在学习过程中探索自己感兴趣的专业方向，并在最后做出谨慎的选择。

学校在高一入学初就开展了生涯指导相关的讲座和活动，让我们在入学初就要了解新的高考政策，知晓高中生生涯发展的任务，在高一的职业生涯课中心理教师通过更加专业的探索，帮助我们深入地了解自我、了解职业等。不仅为选择学科做好准备，也为我们高中的学业规划打好了坚实的基础。

提问家长：请问您当初面对新高考时心情是怎样的？学校开展的哪些工作对您指导孩子产生了助力？

家长：孩子刚升入高中时，面对高考改革和选课走班我们作为家长是很担忧的。正式开学前，学校就组织了专题家长会，教务主任为家长们详细讲解了选课走班的安排和高考赋分制的实施细则，详细的解读让家长的心里有了底。

学校在高一第二学期就推行选课走班制，在课程的选择上，学校实行导师制，班主任和生涯规划的教师共同组成导师团，基本实现了对孩子量身定做的选课套餐，在指导学生做好套餐选择时，教师们引导孩子和家长充分考虑孩子的特长和今后对职业选择的意愿，帮助孩子选择适合自己的课程组合，可以说是为孩子的成长发展给予了极大的助力。

同时，日常生活中与孩子的沟通也是必不可少的。我们希望孩子能自主选择自己想走的道路。除了关注孩子的学习成绩，同时也关心孩子的兴趣爱好和心理健康，为孩子加油打气，思考孩子自身的特点，引导孩子认清自己，设立适合自己的目标。

提问天津市国际青少年志愿团负责人高教师：请问您创办天津市国际青少年志愿团的初衷是什么？志愿团主要开展了哪些活动？对孩子们有什么意义和价值？

天津市国际青少年志愿团负责人：天津市国际青少年志愿团的创办初衷，是为天津的青少年提供更多适合他们的优质公益活动，并且把每次公益活动变成一次次社会实践和社会化学习的机会，让志愿者们在奉献爱心的同时，真实地锻炼能力，提升荣誉感。青少年承载着家庭和社会的希望，未来，他们也必将成为中国与世界连结的桥梁。我们希望他们能够在公益活动中深入了解中国优秀传统文化，理解慈善文化，为成长为一名优秀的国际化人才做准备。

自志愿团成立以来，我们开展了很多活动：为天津市民族文化宫制作双语宣传册、爱粮节粮征文和光盘打卡行动、"寻找天津之美"、举办了首届志愿团公益春晚活动、参与了 2021 国际少年儿童艺术节的海外节目联络工作、承担了"小拍品·大爱心"公益拍品组织活动等。每一次活动中，大家不仅奉献了爱心，进一步了解我们的家乡，还积极参与城市宣传，锻炼了各种能力。

二、获得成长和收获

为进一步提高生涯发展指导水平，南开区集结区域性教育力量共同开发和建设了南开区高中生涯发展指导数字化课程资源，在座的各位也都共同参与了课程资源的建设和应用。

某中学心理教师：作为一名心理教师，有幸从初始阶段就加入了课程资源建设队伍，在区教研员的带领下，参与了资源框架的调研与设计，在课程资源建设中设计和录制了多节教学课例、教师教学资源课例，以及充分挖掘毕业生和家长资源开发了多节经验分享课例，还有幸在与甘肃庆阳地区的交流活动中分享了课程建设的过程和收获，可以说从学生、教师、家长的调研开始，到项目的开发与应用，我几乎参与了项目建设的全过程，有幸见证了我们区域课程资源项目一路走来的摸索和完善,当然自身的生涯发展指导能力也随着项目的成长一起得到了锻炼和提升。我深刻地感受到课程资源不仅适用于学生的学习,也为区域性教师教育教学能力的提升提供了示范性的参考和指导,对提高整个南开区甚至更大范围的高中学生生涯发展指导工作做出了突出的贡献。

某学校心理教师:我是一名刚入职的教师,工作岗位就是承担学校高一学生的生涯规划课。我明白生涯规划课对学生的重要性,但怎么才能上好这一课程我感到非常迷茫。当时,区域课程资源为我提供了很大的支持。区课程资源里的一些主题和活动可以直接运用到线下的校本课程中,这帮助我打开了思路。之后,我有幸参与课程资源的建设中,带领学生参加了生涯访谈录制。区域课程资源无论是对于教师还是学生都是非常实用的,在这个过程中我的个人能力也得到了锻炼和提升。

某中学德育主任:2017 年南开区课程资源建设项目团队组建开始我就有幸加入其中。几年里,跟随项目组从课程资源框架的搭建,到线下课程的打磨,再到线上课程资源的呈现,每次研讨活动我都有很大收获。我参与编写录制了"职业调查""丰富多彩的职业"两个课例资源,我还带领学生参与了"生涯百探"的创建,带他们探寻生涯榜样的故事;邀请优秀毕业生为学弟学妹分享高中学业规划经验;挖掘家长资源,提炼家校共育的积极力量,指导学生创建了多个课程资源。通过参与区域课程资源建设项目,拓展了学校生涯教育的思路和方法,我对学生的生涯发展需求和潜力的了解也更加真切了。

学生家长:在这个信息化高速发展的时代,日常的学习也是家长该有的必修课。当时,学校推荐了南开区云动课程平台上的生涯规划课程,内容丰富,在了解孩子的兴趣、性格、能力、学习管理、职业选择等方面给了我们很多启示。我们利用碎片化时间多看多学,不断适应变化的新形势,在教育孩子的时候就有了相对科学的指导方法。

志愿团老师:2020 年,志愿团与南开区的生涯项目签约,利用我们拥有的丰富社会资源,包括与企事业单位、专家学者的联系,为生涯项目搭建丰富的校外生涯实践平台。我参与了几次实践走访,也参与了视频课的采访录制。生涯实践活动有着极高的参与性和趣味性,我可以感觉到每个参与其中的学生都非常享受这个过程。更重要的是,生涯实践以创新的方式让学生了解到生涯发展的更多可能性,让他们走进不同的行业,面对面接触各行各业的精英,这种具体、鲜活、真切的体验,对每一个学生产生的作用将会对他们影响深远,是其他教育方式不能替代的。

学生:在学校的生涯课程中,老师向我们推荐了南开区课程资源建设项目,在观看这些云录制课程中,我们更加全面、多方位地了解了新高考改革政策和高中生涯规划的内容,是学校课程的有力补充。让我感受深刻的是"生涯百探"课程,学长学姐的亲身经历给予了我们更直观的经验帮助,有助于我们做好选科和学业规划。

通过学习这些课程,让我学会了怎样确立自己的生涯发展目标。也在课程的探索中更明晰了自己的兴趣、能力还有价值观等。相信在掌握了这些生涯探索的技能之后,在未来我有能力在生涯选择中择己所爱,择己所能,择世所需,在未来生涯的重要人生阶段,让自己发光发热。

三、对课程资源建设和生涯发展指导工作的建议

南开区高中生涯发展指导课程资源建设还有哪些可以提升的方面?未来,在课程资源建设以及其他高中生生涯发展指导工作中,您希望发挥什么样的作用?

某中学心理教师:结合之前带领学生录制生涯访谈的经历,我发现学生们非常喜欢与职业人物面对面进行交流的访谈活动,通过访谈他们可以更加具体、生动、全面地了解他们感兴趣的职业,能够激发他们进行更多的思考,带给他们很多感悟和收获。所以,我希望有机会带领更多学生参与区域课程资源的创建,开展更多的不同职业的人物访谈,包括传统和新兴职业。我相信,这不仅能够令参与的学生得到直接的锻炼,也能够让其他学生通过观看获得启发。

　　某中学德育主任:受疫情的形势影响,我也在思考,生涯规划课程在带领学生走出去方面受到一定限制,是否可以思考更多引进来的课程。比如,发挥青少年志愿团的社会资源优势,邀请各行各业的优秀从业者组建生涯宣讲团,到各个学校开展专题讲座,进行现场互动,使学生更加生动直观地了解各行业发展的现状及特点。项目组也可以充分挖掘各校优质的家长资源,集中起来,成立优秀家长宣讲团,面向学生讲述家长职业发展之路,面向家长交流家庭教育、亲子沟通的经验,实现区域优质家长资源共享。

　　某中学思政教师:我觉得我们的区域课程资源应该加大宣传力度,扩大影响范围。在崇化中学时,我曾带过新疆学生,在生涯指导教育的影响下他们的生涯意识有了较大发展,他们不仅考入了理想的大学,有的同学还参加了“生涯百探”课程的录制。帮助学生树立生涯意识,为自己的生涯发展负责,将个人发展和区域发展、国家发展结合起来,是非常有意义的。我愿意借助我们区生涯课程资源,结合我所教的政治课,在这边进行一些新的实践探索。

　　家长:家长中有很多各行各业优秀的人,我觉得可以让更多的家长参与进来,把他们的从业经验和家庭教育经验分享给大家,让更多家长受益。使我们区的课程资源更加丰富和完善,为更多学生和家长提供帮助!

　　学生:无论在学校接受的生涯发展指导还是线上的课程学习都让我们深刻意识到生涯规划的重要性,也掌握了更加科学的生涯发展探索的技能和方法,在学习的过程中特别缺少也是特别期待的是有一些深入到多种多样丰富多彩职业世界的机会,希望我们的课程资源中能够丰富一些职业体验类的课程分享,让更多人能随时随地置身丰富多彩的职业世界的体验,帮助我们找到真正适合自己的生涯目标。

　　志愿团老师:我认为课程资源建设里还可以更多地纳入学生感兴趣行业和工作,尤其是新兴行业,比如新媒体等。项目组可以对企事业单位的实践活动提出进行更具体、细化的要求,志愿团尽可能地去进行联系对接,形成类别化的校外实践项目。另外,随着学生学业发展路径的多元化选择,也可以把出国留学的内容作为课程资源的一个补充,这方面志愿团也有得天独厚的条件,可以为学生个性化发展提供支持。在国务院发布的《中国儿童发展纲要(2021—2030)》中提出要吸收借鉴国际社会在儿童领域的有益经验,积极宣介促进儿童发展的"中国故事",在推动构建人类命运共同体中贡献中国智慧、彰显中国担当。这也对我们做公益、做教育的人提出了更高的要求,要为学生的生涯发展打开更高、更远、更宽的视野,志愿团愿意和咱们的项目组一起努力!

(天津市天津中学　王馨)

第二节　教师发展——参与 实践 提升

高中生涯发展指导数字化课程资源体系建设与应用过程中,教师是直接参与者和主导者。为了使课程资源体系更加完善,听取课程资源应用推广的效果,一些参与资源创建和应用的教师,就该课程在实际应用中遇到的问题以及如何改进发表了自己的看法。

生涯指导教师的自我修炼

天津市新高考改革后,取消了文理分科,改为学生从政治、地理、历史、化学、物理、生物六个学科中自由选择三科。学生从高中选课到高考选考,拥有了更多自主发展的空间、自主选择权,同时也对学生生涯规划能力和自主选择能力提出了更高的要求。"如何让学生在选择中学会选择"成为教育的核心问题,在这样的背景之下,生涯指导教师的角色应运而生。天津中学凝聚了各专业领域有指导意愿和指导能力的优秀教师,组建了包括语、数、外、政、史、理、物、化、生、心理等各学科教师的全学科导师队伍,整体构建模块化生涯指导课程体系,着重培养学生自我规划、自主选择的能力。

　　修炼,是一个动态的过程,而不是一个静态的结果。之所以用"修炼"这个词,是因为自己与优秀的生涯指导教师之间还有很大的差距,需要不断地练习锻炼,不断提高。经过两年时间的实践与思考,我粗略地将生涯指导教师需要具备的素养概括为四点:明确一个核心概念;理清两个内在逻辑;积累三类信息资料;坚持四种沟通态度。

一、明确一个核心概念:生涯规划≠职业规划

　　生涯的界限要比职业丰富得多,它是以事业角色为主轴,综合人一生中各种角色,平衡五个维度而形成的自我发展模式。人一生中要扮演很多角色,除了工作者,还有国家公民、家庭成员、学习者等。诚然,一个人的职业角色会对生涯产生重要的影响,一个在事业上成绩显著的人,更有实力成为一位有担当的国家公民,更有机会成为一名有品位的消费者。但其他非职业角色也是人生中不可或缺的。

　　新精英生涯创始人古典教师将人生划分为五个维度:高度、宽度、深度、温度、精度。高度是指影响力和权力,即一个人的收入状况和社会地位。宽度是指爱与和谐,即一个人的人际关系和家庭氛围。深度是指卓越和智慧,即一个人认识自己和外部世界的能力和层次。温度是指自由和舒适,即一个人享受生活的选择余地和水平。精度是指考究和细腻,即一个人感受事物本身及其变化的敏感度和精细度。职业带给我们很多外显的、可量化的收益,而生涯中那些内隐的、不可测量的维度也是每个人必须平衡好的重要组成部分。《极简主义》的作者乔舒亚和瑞安在著书之前,不到30岁就有六位数的年薪和令人仰视的职场地位,足见在高度上取得了非常显著的成就,但他们时常焦虑失眠,家庭关系紧张,深陷物欲膨胀带来的财务危机,感受不到幸福,因为他们没能平衡好人生的宽度和温度。在高考改革的背景下,生涯指导教师的工作以选科和选择专业为切入点,但不能局限于职业规划,而是要以生涯规划为工作的出发点和落脚点,指导学生学会平衡人生的五个维度。

二、厘清两个内在逻辑

一是厘清生涯指导的步骤。生涯规划遵循四个步骤,依次是生涯定位、生涯适应、生涯发展、生涯平衡。生涯定位是指个人特质与职业要素获得良好匹配,选择适合自己的专业或职业。生涯适应是指能够胜任工作和学习的任务,并从中获得满足感和成就感。生涯发展是指突破工作学习上的瓶颈,充满活力和创造力。生涯平衡是指游刃有余地平衡好生涯的各个角色和各个维度。四个步骤的顺序不能颠倒,在错误的方向上努力,或者用错误的方式努力,跟完全不努力一样糟糕。生涯指导教师一定要先帮助学生做好定位,发现木桶的长板,挖掘学生的潜力,找到正确的发展方向。生涯定位的结果具有相对稳定性,但不是僵化静止的,当今社会处于飞速更迭的时代,中学生这个群体也处于个人特质的发展阶段,要做到与时俱进,顺势而为。一般来说,平均3至5年(甚至是更短的时间)就需要重新审视生涯定位。因此生涯指导教师不仅要帮助学生明确现阶段定位的结论,还要培养学生终身更新定位的意识,传授给学生生涯定位的方法。

二是生涯指导的关键因素。人具有四种特质,分别是人格、兴趣、能力、价值观。人格是指人的性格和气质,即一个人独特且稳定的思维和行事风格;兴趣是指一个人认识事物或从事活动的心理倾向;能力是指一个人完成任务或达成目标时体现的素质;价值观是指一个人判断事物重要程度的信念系统。职业同时也有四种要素,分别是职业所需特质、职业工作内容、职业所需能力、职业报酬。当个人特质与职业要素之间获得了良好的匹配时,个人在工作满意度等方面都会获得巨大提升。

最理想的状态就是个人特质与职业要素完美契合,但是更多的时候四种特质之间往往是有冲突的。例如,有的学生对航天技术感兴趣,可是物理学习成绩并不理想,这时该如何选择呢?鉴于现阶段劳动的性质依然是谋生手段,再加上学生还处于素质和能力的发展阶段,所以四个特质之中,生涯指导教师要把能力作为辅导关键因素。首先,要引导学生运用科学的策略和方法锻炼、提高能力。其次,要以能力为基础,以实现价值观追求为目标,调整规划方向。例如,航天技术是通过物理学研究为国家发展做贡献,也可以成为公务人员,通过参与行政管理建设为国家发展做贡献。航空航天充满了科学的魅力,不以此作为职业,也可以当做兴趣爱好来学习。最后,面对选择,有兴趣,也有机会,关键还要看自己是否具备驾驭的实力。

三、积累三类信息资料

生涯规划指导需要对三类信息资料有足够的积累,分别是心理学知识、高考政策制度、职业要素。生涯指导教师需要掌握自我认知、自我管理的相关心理学理论知识,具备常用测量工具的使用和解读能力,帮助学生全面准确地认识自我,发现学生的长处,挖掘发展的潜力和优势。生涯指导教师需要了解高考志愿填报的相关政策制度,高校建设和专业设置等信息,促进学生通盘了解、利用国家和社会提供的学业资源。生涯指导教师需要了解当今社会行业、职业、企业发展的状况,指引学生评估生涯发展机会,做出科学的战略选择。这三方面的信息量非常大,且不断发展变化,对于个人而言,想要尽数把握几乎是不可能的。但生涯规划教师要牢固树立积累信息的意识,熟知获得这些信息的平台,提升筛选和解读信息的能力。这个过程注定是漫长的,需要坚持不懈地积累知识和经验,加强与团队内其他教师的合作交流,才能持续进步。

四、坚持四种沟通态度

生涯规划的过程是一个通过交流获得认知提升并科学决策的过程,交流的水平直接决定交流的效果,坚持倾听、接纳、信任、鼓励的沟通态度是生涯指导教师修炼的重要内容。教师要学会倾听,全面准确地了解学生的困惑,而不是用经验主义和批判主义的思想主观臆断学生的问题。多听少说,不带着偏见下结论,才能真正触及学生的内心渴望和精神需要。教师要学会接纳,在倾听中发现了学生的问题,如好高骛远、好逸恶劳等不良的倾向,要拒绝贴标签和批判,而是肯定这些想法的合理之处,让学生在被理解的安全氛围中探索自我。教师要学会信任,用发展的眼光看学生,相信每一个学生都有变得优秀的渴望,都有体现自身价值的追求和能力,只要有足够的耐心,给他足够的时间和空间,就能看到变化。教师要学会鼓励,用语言、表情、肢体语言表达对学生的关注,肯定主动寻求发展的态度和诉求,强化积极正面的行为,激发持久的行动力。

生涯规划是促进他人发展的工作,也是促进自我提升的工作,我们要在不断挑战自己,汲取理论知识,积极实践探索的过程中,促进个体发展。

(天津市天津中学　翟娟)

同样成长，不同"配方"

——导师指导为学生护航

2017 年秋季学期起天津正式进入新高考模式。新高考不分文理，实行"6 选 3"的考试模式，使得学生在高一就要对自己选考哪些科目做出选择，相当于将原有的志愿选择从高考以后前置到了高一，要求学生对自我、大学与专业、社会发展与需求等具有必要的了解，要求学生对自己的人生发展进行思考、分析和规划。在这种改革与发展的背景下，高中学校导师制受到了越来越多的关注，因此学校引入了导师制。导师指导的目的和意义就是要更加尊重学生独立存在，充分激发学生的主观能动性，挖掘学生内在潜质。新高考背景下，面对"3+3"选考模式、选课走班等一系列新常态，如何更好地开展导师制需要不断探讨和思考。

导师制作为高中阶段的全新"物种"逐渐为众人所知。导师制建立的诉求就是要更好地贯彻全员育人、全过程育人、全方位育人的现代教育理念，更好地适应素质教育的要求和人才培养目标的转变。然而，如何让思维日渐活跃、个性越发张扬的高中学生得到全方位的指导和帮助？又该如何让传统的共性教育更具活力和效果，导师"导"的到底是什么？就这一问题笔者从实践出发，认为目前高中阶段的导师制应着力从以下几个方面进行。

一、导"学"——锻造完备学习能力，提升学生的获得感

高中阶段教育是在义务教育基础之上提高和发展能力的基础教育阶段，其任务之一就是要进一步提升学生的知识水平和综合素质。高中阶段学业知识内容多、范围广、难度大。在学习层面，作为导师要全面掌握学生的学习状况，了解学生的学习习惯等。导师应指导学生较为合理地安排好自己的学习时间，帮助学生制订和完善学习计划，纠正不良习惯，端正学习态度，从而

提升学习效率。每次测试后导师要关注学生的成绩动向,针对各个学科进行专业详细的分析指导,对学生在学习中遇到的问题和困惑及时发现、及时解决、及时跟进,进而帮助学生提高学业成绩,让学生在不断进步中锻造学习能力,提升学生的获得感。

二、导"行"——培养良好的个人行为习惯,帮助学生健康成长

著名教育家叶圣陶说过:"教育是什么,往简单方面说,只需一句话,就是养成好的习惯。"养成了好的习惯,好的态度才能随时随地表现,好的方法才能随时随地应用,好像出于本能,一辈子受用不尽。

在学校教育的方方面面,行为习惯养成教育对于在校生来说尤为重要。高中阶段是一个人从懵懂少年成长为蓬勃青年的关键期和过渡期,高中时期,个体的思维认知、心理活动等方面都发生着剧烈的变化,但由于个体对世界、社会、事物的甄别仍有很多欠缺,因此,这个时期是比较危险的。导师针对学生的行为习惯指导就成为帮助学生健康成长的重要一环。学生行为习惯的养成无论好坏都不是短时间内形成的,其形成原因涉及家庭、社会等多方面,因此导师要根据学生具体的行为习惯做具体成因的分析。要深入观察了解学生的生活,给予学生关心和帮助,拉近和学生的距离,对其错误行为要及时指出,并督促学生进行纠正和改善,对其好的行为要给予肯定和表扬,让学生不断革新自己的行为认知,去"劣"留"优",进而健康向上发展。

三、导"心"——关注学生心理健康,有效纾解学生心理压力

高中是学生人生观、价值观形成的关键时期,在这一时期学生又面临着繁忙的学业与高考的压力。这个阶段的学生逆反心理强,导师应当通过自身的努力,在学生需要的时候,主动伸出橄榄枝,走近学生。高中阶段还是学生

产生巨大心理变化的时期,摆在学生面前的不仅是沉重的升学和考试压力,沉重的课业负担加上或高或低的理想价值追求与人际交往困惑,学生往往会在此时产生心理负担,这些负担一旦转化为心理问题便会产生严重后果。所以导师应当抓住这一时期学生的心理变化,对其进行适当的疏导,使其身心健康发展。导师更应该积极发挥自身优势,把握学生的成长规律,关注学生的追求与心理健康,针对不同类型的学生进行多种方式的沟通交流,帮助学生找出适合自身发展的最优状态。在此基础上,导师指导学生进行科学合理的高中生涯规划,明确学习目标,明确发展方向,从而帮助学生健康成长。

四、导"势"——鼓励学生了解社会百态,协助学生做好升学指导和生涯规划

当今社会发展程度日新月异,教育早已不是停留在纸张和口头上的说教。在当前全球化、信息化、商业化与多样化并存的现实世界中,在急剧变化与转型的社会中,教育必须为高中学生直面当前现状与关注未来发展提供全方位的支持和帮助。基于此,作为教育工作者有必要也有义务让学生了解国内外动态,加深对社会发展趋势的理解。新高考模式打破了固有分科形式,鼓励学生多元发展,创造自主选择的机会,这些改变都是在让学生更早适应社会变革,更好融入发展大局中。导师要帮助学生提早了解大学分布及专业设置,根据学生特点为他们提出较为合理的选科建议。同时,要让学生广泛了解国家和全球的发展动向,多角度分析自身的优缺点,树立职业理想,规划人生方向,让学生更为清晰认识到将来如何能更好地实现理想、服务社会、建设国家。

对于高中导师制,无论是学校还是教师个人都在不断进行摸索,但不管怎样,导师制度的建立促使学校和教师为让学生更好地成长、更优地发展提供了新的更多的更深入的思考。

导师制的建立,其实质意义在于关注学生学业的同时要深度陪伴学生并且能够走进学生的内心。"导"是引导、指导、辅导、疏导,是帮助学生建立较

为完备的生涯体系。著名心理学家布勒认为,人生在不同阶段的发展任务是不断变化的,因此,导师制的建立就是要更加全面地关注学生的人生发展。导师制的实施与推进,力求积极探索在高中阶段培养具有新时代特征的中学生,聚焦让学生具有优秀人格、良好品格、积极性格。导师制的实施与推进,为不同的学生设计不同的成长配方,帮助学生成为最好的自己。

(天津市天津中学　陈辉)

思政导航　赋能生涯课程实效

　　将思政融入生涯指导课是实现优质教育发展的必然要求。首先,高中生涯规划教育是思政教育的重要组成部分。其次,学生的综合评价着重关注他们的思想品德、学业水平、身心健康、艺术素养和社会实践等方面的全面发展。区域课程资源"高中生涯指导课"中的"责任心与职业""职业素质与匠人精神""诚信与职业"等内容将学生思政融入生涯指导,体现了核心素养培养的要求,是生涯教育中不可或缺的内容。通过生涯课程的实施,引导学生树立正确的世界观、人生观和价值观,帮助学生增强生涯发展意识,锚定好生涯发展方向。

　　在设计和制作课程资源的过程中,我们延伸了榜样人物的指引,突显了职业素养分析的重要性,并帮助学生确立高中阶段的抱负。通过引导学生塑造榜样形象,分析不同职业的职业素养要求,协助学生了解自我,设定职业目标,并在每个阶段对目标进行评估和修正。

一、突显榜样人物的指引

　　为了更好地践行立德树人的核心使命,在积极引导学生树立正确的世界观、人生观和价值观方面,我们需要充分发挥榜样人物的引导作用。举例来说,我们挖掘了优秀的师生代表、校友和行业知名人士的人物故事资源,进行了一系列访谈活动,或者介绍他们的故事,以帮助学生获得职业信息。例如,在"责任心与职业"的课程资源中,我们引用了常香玉"戏比天大"的事例,引导学生认识到工作和职业责任的重要性。在"职业素质与匠人精神"的课程资源中,我们激发学生树立充满积极能量的榜样,并指出学生自身与榜样共同的特质,挖掘榜样身上值得学习的品质,以提高学生的职业素养。

二、拓宽职业素养分析

高中阶段对于专业方向的思考直接影响着学科的选择,不同专业对学生的选考要求各不相同,专业发展方向所应对的职业素养也是千差万别。学生和家长在高中阶段对专业方向、职业发展前景、从业要求进行相对全面地了解,就显得尤为重要了。在"职业素质与匠人精神"的课程资源中,我们列举了中国企业对毕业生最看重的职业素养(中国博士厚武汉教育中心)、美国用人单位的期望以及香港的调查结果,旨在介绍不同职业对职业素养的不同要求,激励学生自觉提升职业素养,树立匠人精神,并将其付诸实践。

三、确立高中阶段的抱负

榜样人物指引和职业素养分析的目的是帮助学生更好地了解自己,并在此基础上做出合理的规划,初步确定自己的人生目标。生涯课程的教育目标之一就是指导学生对自己的阶段性目标进行评估,发现问题和差距,并根据阶段性目标的完成情况修正下一步的目标。例如,在"职业素质与匠人精神"的课程资源中,教师引导学生全面而客观地认识自己的发展潜能,认识到每个人的特质不同,能力也有差异,通过目标的制定、实施、评价,可以不断提升自己的能力。在"责任心与职业"的课程资源中,我们设计了自我练习问题:"你所在班级的目标是什么? 为了实现这个目标,你付出了哪些努力?"旨在引导学生通过行动实现班级目标,培养责任意识,提高责任能力,培养责任感。通过生涯课程的实施,学生能够更好地了解自己的职业兴趣和发展方向,并为高中阶段的发展制定明确的目标。这将有助于学生在未来的职业生涯中做出决策,并为实现个人的职业追求奠定基础。同时,这些课程资源还在促进学生的综合素质发展、树立正确的世界观和价值观、激发学生对匠人精神的意识和追求等方面具有价值。

(天津市崇化中学　侯明川)

公能引领　生涯教育新探索

生涯教育的概念起源于美国,其主要目的是培养学生自主选择与发展的能力,在个人成长的过程中帮助其获得终身发展。青少年在高中阶段身心发展逐步走向成熟,具备通过学校、社会、家庭的教育获得对自身认识的部分能力。他们尝试通过多途径的信息渠道建立对社会上部分职业的初步探索,逐渐获得生涯规划能力。在高中阶段引导学生树立生涯规划意识,掌握生涯规划的技能,促进学生发展,是学校实践与理论研究的重要内容。

随着社会经济的飞速发展,我国对于人才的多元化需求与日俱增,建立合理的人才选拔机制对于国家发展有着重要的战略意义。高考作为高等教育选拔人才的方式,肩负着重要的使命。2014 年 9 月,随着《国务院关于深化考试招生制度改革的实施意见》(国发〔2014〕35 号)的出台,新一轮高考改革迈出探索和变革的第一步。面对被赋予的自主选择权,挑战和迷茫成为部分学生面对新高考的直观感受。如何帮助学生对自己建立客观的认识,对未来发展建立有效的认知与规划,成为当务之急。

一、价值观——生涯规划之锚

价值观是一个人对周围客观事物(包括人、事、物)的意义、重要性的总体评价和看法。作为人们认识事物的基础而存在,教育除了能够让青少年获得丰富的知识,还能够影响其价值观的形成。价值观因人而异会随着年龄、阅历、环境和生涯发展阶段的变化而变化,高中阶段是价值观形成的关键期,也是进行价值观教育最重要的时期。

在个体的生涯历程中,价值观扮演着重要的角色,可以说是生涯规划之锚。在生涯决策中,当面对矛盾和冲突时,价值观是我们权衡利弊,作出选择的标准。职业价值观是个体在进行职业选择时的决策基础。职业价值观影响着个体对于职业目标的制定和选择,同时也决定着就业后,对于工作的投入程度和认可程度,影响着人的职业生涯发展。为什么从事一份职业,从事这项工作想要追求什么? 这些问题的答案都会受到职业价值观的影响。

二、公能精神——生涯价值之核

南开"校父"严修生前为南开学校制定的教育目标是培育学生爱国爱群之公德,服务社会之能力。在此基础上,张伯苓提出"允公允能,日新月异"的校训,充分表达了素质教育的精髓。"允公允能",就是既培养学生的爱国、敬业、献身精神,又培养学生的知识、技能和本领,即要求学生既有公德,又有能力。南开校训是南开教育目标的生动体现,是对南开学生价值取向和精神品质培养的具体要求。在公能教育思想的引领下,许多优秀的南开学子将个人发展与国家发展相结合,将个人价值的实现与民族复兴的使命相结合,描绘出辉煌的生涯画卷。

周恩来作为南开中学最杰出的校友,他一生的发展就是南开精神最好的体现。15 岁到 19 岁正是一个人思想和性格形成的关键时期,中学时期在南开中学接受的教育更是对他产生很大的影响。他毕业时成绩居于优秀行列,他爱好多项球类运动,他坚持每日早晨的长跑锻炼,增强身体素质、锻炼意志品质。在校 4 年他参加了 14 个社团,担当了多种校内职务,积极参与话剧演出。中学时期周恩来实现了两个至关重要的思想抉择,呈现鲜明的价值取向。一是确立国家观念,二是形成民主思想。周恩来在中学时期已经确立了使中华腾飞世界的理想和信念。"为中华之崛起而读书"被历届南开学子深深认同,成为许多人学业成长以及生涯发展的动力源泉。

三、公能教育——生涯教育之根

(一)高考改革带来生涯教育新挑战

快速的社会变革在给高中生带来机遇和挑战的同时,也为他们带来重重压力。激烈的竞争、不同的评价标准以及多元价值观使得他们在遭遇困境、面临选择时容易感到挫败和迷茫。新高考改革的背景下,学生进入高中后将很快面临学科选择,由于自我认识模糊、社会经验缺乏、价值观偏颇等,很多学生在职业选择和专业选择上体现出盲目性和缺乏计划性,如仅以考入名校为目标,只重视选考科目,选在非选考科目课堂上表现自由散漫;一些学生只顾自己学习,对集体对他人漠不关心。当这些学生在学业发展上出现不顺利时,往往会陷入自我得失的小天地中难以自拔。

科学地、有针对性地生涯规划教育是时代发展和高考改革背景下的必然要求。一些学校在开展生涯教育、引导学生选科选考时倾向完全从学生个人学习情况出发,遵循实用主义的原则,对学生引导上也存在较大偏颇。生涯教育不是狭隘的选科教育,其本质是培养学生自主选择能力的同时促进其终身发展的教育。因此,在充满变革和挑战的新形势下,引导学生找到适合个人生涯发展方向的同时,更要重视以公能教育激发学生生涯发展的内驱力,将家国情怀、社会责任感及担当意识融入生涯价值观塑造中,促进其在生涯探索的道路走得更加有力。

(二)疫情带来生涯教育新契机

价值观会随着境遇和生涯发展阶段的变化有所变化,危机事件对生涯教育是挑战更是契机。2020 年疫情给全球的经济、安全和发展态势带来了前所未有的影响。亲历疫情是学生宝贵的人生经验,使学生深入思考生命的意义与价值。同时体会到万众一心,全民抗疫,感受到各行各业人们的坚守。这期间涌现出无数榜样人物和感人故事,国家大力表彰和弘扬抗疫英雄的事迹,在社会上形成一股强大的正能量,这些对学生的价值观和生涯选择必然产生重大影响。这些丰富的教育素材让过去抽象的价值观问题变得切实而生动,教师要善加利用,引导学生重新审视自己的价值观,更全面地思考自己的未来,思考自己与自然、与社会、与国家民族的关系,将大大丰富生涯教育的内涵,提升生涯教育的品质。

四、公能教育——生涯教育实践

(一)理论依据

《中小学心理健康教育指导纲要(2012年修订)》在高中阶段心理健康教育具体内容中规定帮助学生确立正确的自我意识,树立人生理想和信念,形成正确的世界观、人生观和价值观;在充分了解自己的兴趣、能力、性格、特长和社会需要的基础上,确立自己的职业志向,进行升学就业的选择和准备,培养担当意识和社会责任感。

美国代表性职业管理学家舒伯(Super,1953)以发展心理学为基础,系统地提出了有关生涯发展的观点。他将职业生涯的发展看成一个持续渐进的过程,由童年开始,一直伴随个人的一生。他根据自己“生涯发展形态研究”的结果,将人生职业生涯发展划分为成长、探索、建立、维持和衰退共五个阶段。高中阶段作为生涯发展的探索阶段,其主要任务是在自我探索和职业环境认知的基础上,做出自我和环境的匹配,初步确立生涯目标,通过学业规划和自我管理,落实到实际行动上。

美国伊利诺大学斯温(Robin Swain)博士针对生涯规划提出了生涯金三角模型,他认为个体在做生涯决定时需要考虑三个方面的因素,分别为“自我”“教育与职业资料”及“个人与环境的关系”。其中个人与环境的关系,是指家庭、学校等重要他人的影响,及工作、社会等的发展趋势等,包括机缘、家庭经济、社会潮流、家人期望、地缘关系、同伴关系、助力或阻力等。

（二）教育实践

笔者曾尝试在生涯教育课程中引导学生聚焦疫情中呈现的多元价值，将"公"寓于价值观探索过程中，制作以"天下为公，探生涯"为主题的生涯教育网络课程。

"天下为公"是在国家面临危难时，人民以国家为己任的一种责任感、使命感的体现。课程设计旨在引导学生将危机时刻全民居家隔离、职业人不畏危险尽职尽责的直观感受转化为现实思考依据，启发学生在生涯探索的过程中，尝试将个人价值观、生涯发展与社会、国家发展紧密结合，加深学生对个人生涯发展意义的挖掘，借此契机重新确定未来生涯发展的方向。

此次疫情是直观让学生感受"公"对于个体、家庭、社会影响的契机。课程在导入部分选择网络上热门讨论话题"你的职业能够为抗疫做些什么？"各个专业的人积极参与讨论，答案角度不同，引发学生对于自己在疫情中作用的思考。同时弹幕的呈现形式拉近学生与课程之间的距离，吸引了学生的注意力。从线上的讨论到火神山医院的建设者们呈现的"中国速度"，再到护社区、城市安全的基层公务人员、公安警察、医护人员等职业人的坚守，引出"疫情期间谁让你最暖心，谁让你最安心，谁让你印象深刻"的提问。通过呈现学生的采访视频，在共情中启发学生对生涯选择的思考，并引出榜样故事。

一个好的生涯榜样可以激发学生生涯发展的动力，引领学生生涯发展的方向。美国心理学家班杜拉认为观察与模仿是学习的重要方式，在生涯教育中通过疫情中令人信服的生涯榜样的介绍，能够极大影响高中生对于未来发展的思考。

课程以"最美快递小哥汪勇的榜样故事"为例，引导学生进行了生涯价值的探索。快递小哥的汪勇，在疫情中化身为志愿者，其在志愿服务工作中的管理能力、领导能力凸显，随后工作职位得到晋升。在课程中通过教师讲述和视频呈现的形式介绍汪勇事迹，提出问题"倘若你是他的主管领导，你会因为他的'不务正业'为他加薪晋职吗？"引发学生在情境中进行价值碰撞。

生涯四度理论认为生涯发展的方向可以从四方面进行探索,即高度、深度、宽度、温度。所谓高度,就是人生的影响力、担当力,各行各业的领军人物在高度都是了不起的。所谓深度,就是心智的成熟度、思想的深邃度,深度的追寻者们渴求真理,他们希望站在人类知识的巅峰。所谓宽度,就是能够打开和做好人生中,多少个不同的人生角色,让他们互相平衡。宽度的追求者追求的是尽量做好生命赋予的每个角色。所谓温度,就是一个人对自我的状态温度的追求,在乎的是对生命的热度,对生活有多大的热爱与激情,能多大程度探索内在世界,寻找自己存在的意义。

倘若没有疫情的出现,快递员小哥汪勇可能会过着平凡的生活。然而关键时刻的价值选择,使得汪勇在生涯发展上呈现了更多的可能性。在管理岗位中,他依旧能够以社会责任感为原动力激励自己舍己为人。汪勇在扩大生涯宽度的同时,也提升了自己人生的高度,在志愿服务的同时,还找到了自己存在的意义和自我价值,生涯也随之变得更加立体。

榜样案例紧贴社会实际,快递小哥晋升之路的分享与剖析,结合高中生生涯发展任务设置活动目标,利于引发学生共情,促进学生积极进行价值观思考和生涯探索。

回顾今年高考录取的结果,很多学生因为亲眼看见医务工作者奋战一线,感受到了医生救死扶伤的伟大,医学类专业受到了考生的青睐,录取分数线创新高,这也从另一角度印证了危机事件对于学生的影响会无形地根植于学生内心,并为其建立生涯目标提供依据。

学校生涯规划教育课程要始终坚持培养学生终身发展的观念。随着经济、科技的发展,大量的新兴职业应运而生,社会对于人才的需求也充满了变化,培养学生的生涯规划能力更需着眼于学生的未来。孔子曾言:"学而不已,阖棺而止。"在生涯教育过程中,抓住教育契机,引导学生牢记自己肩负的国家使命,将个人理想同国家需要有机结合起来,鼓励学生不断开阔视野,将"公能"牢记于心,以积极的状态适应社会,面对变化,才能让学生的生涯发展之路越走越稳,越走越宽。

(天津市南开中学　穆玉凤)

运用区域课程资源进行高中生涯规划的教育实践

——以"自我价值观探索"系列课程为例

在高考改革背景下,天津市学生由传统的文理分科,变成了更加灵活的"6选3"自主选考模式,学生有更多选择权的同时也面临更大的挑战。这促使学生对自身学业、大学专业、未来想要从事职业进行思考和规划。

区域课程资源是将信息技术与教育教学相融合的新形式,一方面有效推动在线教育发展,是教育数字化、网络化的重要载体;另一方面帮助区域内高中教师明确线下生涯规划课程的主题和方向,为课程设计提供思路。高中生涯规划课程以区域课程资源为基础和起点,并在线下课程实践中不断拓展、延伸。与此同时,生涯规划教育还具有自我教育、自我定位、自我激励、自我发展、走向成功的德育功能。将德育教育融入高中生涯规划课程,使德育教育与生涯规划教育有机结合。习近平总书记关于"国家富强、民族振兴、人民幸福"中国梦的提出为生涯规划课程提明了政治方向,为课程提供了科学理论、实践基础。这里以"自我价值观探索"系列课程为例,浅析运用区域课程资源进行高中生涯规划的教育实践。

一、区域课程资源在高中生涯规划教学中的运用

价值观是一个人认知结构中重要的一环,对于个体的生涯规划和人生幸福感有巨大影响。其中,职业价值观指人生目标和人生态度在职业选择方面的具体表现,也就是一个人对职业的认识和态度以及他对职业目标的追求和向往。学生的职业价值观决定了学生的职业期望,影响着学生对未来职业方向和职业目标的选择,决定着人们就业后的工作态度和劳动绩效水平,从而决定了人们的职业发展情况。高中生正处于世界观、人生观、价值观形成时期,帮助学生理解价值观的含义,掌握澄清自己价值观的方法,对于其规划自

己未来人生有非常重要的意义。天津市南开区生涯发展指导课程在"自我价值观探索"一课中，通过一系列的追问活动，帮助学生理解价值观的含义；通过价值观练习，能够客观地分析自己，树立不断澄清价值观的意识。笔者在线下对于该课的教学实践中，经过对于该课程资源的分析，应用南开区生涯发展指导线上课程中对于价值观、职业价值观等概念的介绍以及"价值观练习"，同时将课程内容进行延伸、拓展，最终将"自我价值观探索"分为三节课，第一节课主题为"自我价值观澄清"，第二节课主题为"职业价值观探索"，第三节课主题为"'我的梦，中国梦'——中国梦与高中生涯"。

在"自我价值观澄清"一课中，首先选取线上课程中有关"价值观"的含义、特点向学生进行介绍，同时引出马斯洛的需求层次理论，让学生对于价值观有一个宏观认识。在主题活动的设计中，选取线上课程"价值观练习"的活动形式，让学生体验获得和失去价值观的感受。在活动内容上选取了美国心理学家洛特奇(Rokeach)《人类价值观的本质》中成就感、健康、收入与财富、独立性、道德感等13种价值观，让学生从中选择5种，并引导他们进一步深入思考，为自己选择的价值观"下定义"。最终，对5种价值观逐一进行删减，只剩下自己认为最重要的价值观，以此进行自我价值观澄清，在活动中体会、感悟澄清自己的价值观。

对"自我价值观"进行探索之后，在"职业价值观探索"一课中，结合学情，将课程主题活动设计成动静结合的形式，以增加课程的趣味性。将线上课程中"追问活动"改为有关"工作"的三分钟联想，第二个主题活动选取"职业价值观拍卖会"，学生以组为单位对12种职业价值观进行"拍卖"。在活动中让学生体验小组分工合作的智慧以及不同价值观之间的碰撞，在活动体验中进一步引发学生对于自身价值观、他人价值观以及职业价值观的思考。

二、区域课程资源的生涯规划教育与思政教育相结合

高中生涯教育要求教师不仅对学生选科、职业生涯进行指导，更要帮助学生学会思考"拥有一种怎样的人生"。将思政教育融入高中生涯规划教

育,既符合学生自身发展内在要求,又满足时代发展需求。思想政治教育目标中的人生观教育、理想教育与学生未来生涯规划紧密相关,而爱国主义教育要贯穿整个高中生涯规划课程。"自我价值观解析""职业价值观探索"两节课是基于区域课程资源进行的拓展,第三节课"'我的梦,中国梦'——中国梦与高中生涯"是在线上课程基础上,依据学情和思政教育的要求,对区域课程资源的延伸。

课程根据克朗伯兹的职业决策社会学习理论,遵循立德树人的根本任务及《中小学德育工作指南》《中小学心理健康教育指导纲要(2012年修订)》中对高中阶段心理健康教育的要求,课程以中国梦为时代背景,以中国梦凝聚力量,课程主题为"我的梦,中国梦",将中国梦、民族梦、个人梦有机结合,旨在中国梦的时代背景下结合高中生生涯规划,加强学生对中国梦的理解,帮助学生树立正确的价值观和积极的人生理想。在教学目标上,学生通过视频和文字材料感受"梦想"的力量,帮助学生认识"个人梦"与"中国梦"的关系,达到认知目标;能力目标是在认识"个人梦"和"中国梦"关系的基础上,将该认识应用于自身的生涯规划中;情感目标是使学生树立生涯意识和社会责任感,增强学生实现"个人梦"的动力。

在教学过程中,先用视频进行课程导入,通过直观展示中国改革开放40年来取得的成就以及社会的发展,激发学生的民族自豪感、荣誉感并引出课程主题之一"中国梦"。本课程共有两个主题活动。第一个主题活动是生涯故事阅读,分别选取陈薇院士的故事、"现代版扫地僧"以及"陈睿与哔哩哔哩网站"的故事。故事中来自不同职业、不同领域的人通过自己的努力实现了自己的梦想,引发学生思考"个人梦"与"中国梦"的关系。在第二个主题活动"穿越未来"中,给学生创设"穿越"到未来时间点的情景,通过小组讨论的方式去描绘自己未来的图景,呈现自己未来从事的职业、达到的职业目标。通过学生对自身未来图景的描绘,帮助学生明确未来的方向、树立目标,更以"中国梦""个人梦"凝聚力量,增强对于生涯规划执行的动力,引导学生在现阶段要对自己学业进行规划,为未来打基础,从而增强学生实现"个人梦"的动力,激发学生内驱力。

三、结语

　　有效利用区域课程资源是提升学校生涯课程建设能力并补充学校课程内容的有效途径,其课程体系能够为教师提供授课思路。教师在进行教学设计时,一方面要结合学情设计课程使区域课程资源价值最大化。另一方面要考虑线上课程与线下面授课程的区别,特别是结合面授课程的优点,设计更多让学生可以参与、体验的活动,从而在活动中思考,在活动中感悟。高中生涯规划课程中蕴含丰富的思政教育资源,以生涯规划课程为切入点,在运用区域课程资源的基础上,进一步拓展、延伸,将思政教育与生涯规划有机结合,是高中德育教育的新途径。

（天津市南开翔宇学校　张喆）

依托区域课程资源，上好生涯规划课

作为一个初出茅庐的新教师，承担生涯指导的工作任务感觉有些措手不及，一方面学生的需要摆在眼前，另一方面自己在这方面的储备比较欠缺，生怕自己没科学引导学生进行选科，耽误了学生的发展与前途。于是笔者结合自身所学知识查阅了各种资料、网络资源，在忐忑与不安中开启了自己的新手教师成长之路。

一、初识——学习借鉴

生涯规划课程应以心理辅导理论和相关技术为指导，以学生的心理需求为出发点，结合新的高考政策，为学生提供选科的铺垫。课程内容应包括生涯规划的意义和重要性，了解自己的兴趣、性格、能力和价值观，了解大学和专业、学习目标、学习动机、学习方法、时间管理和压力管理等方面的内容，帮助学生制定职业奋斗目标并为实现目标做出有效的安排。

生涯规划课不仅需要有理论支撑，结合实际学情同样重要。生涯指导必须结合天津市的高考政策、天津市学生的特点，紧跟天津市学生发展的时代特点。经过一段时间的资源检索后，笔者发现很多课程是旧高考政策下的，除了理论部分具有一定的参考价值，其他的内容已不太符合学生现在的规划需要。

这个时候，笔者找到了南开区心理教研中心录制的生涯规划系列视频课程，该视频由南开区优秀教师们根据天津市新的高考政策，在"6选3"的模式下，结合学生的时代特点录制而成。真可谓众里寻他千百度，那"课"却在灯火阑珊处。视频课程还精心配套了教案，教案里包含了上课素材，具有较强的指导性和实操性。这简直是我的救命稻草，解了我的燃眉之急。

二、应用——实践摸索

学习先从模仿开始，即所谓"照着葫芦来画瓢"。为此，笔者将视频课程从官网中下载下来，进行观看和学习。经过反复研习，越发觉得该课程不但课程体系完整，而且能够结合实际，切实帮助学生进行职业规划。课程第一部分介绍了生涯规划的含义、重要性，引导学生树立生涯规划的意识，第二部分介绍了做好生涯规划，要做到知己，了解自己的兴趣、性格、能力、价值观、家庭因素。第三部分强调做到知彼，了解大学、专业。在知己知彼的基础上，选定学科确定目标。有了目标以后，很多学生想努力，但不知道怎么努力。课程最后一部分是和学生探讨学习目标、学习动机、学习风格、学习方法，以及时间管理和压力管理，为学生脚踏实地努力学习奠定基础。掌握了一定的理论基础之后，走向实践，走出校园，走进职业，身临其境，真实地感受不同的职业。最后，学生了解到要干好自己喜欢的职业，需要情怀，需要素质，需要精神指引，引导学生探讨匠人精神、创新、责任、诚信、行动、自律、意志力和规则意识与职业的关系。

笔者将教案从官网上下载打印出来，仔细研读；依据视频和教案制作了对应的PPT，印制了学生生涯规划手册，为学生初拟自己的职业目标奠定基础，让学生在选科的时候有章可循，有据可依。课程资源也有知识性的内容，让学生可以查阅、学习和了解。比如，霍兰德人格理论不同类型对应的性格特点、性格分析、专业定位、职业方向和主要职业。比如，多元智能理论的不同类型。比如，不同科目对应的职业能力，不同科目对应的专业，还有典型的大学和热门的专业，等等。

学习完课程资源后，笔者对学生的生涯发展倾向做了初步的调查。经过调查发现，学校学生大部分比较恋家，将来就读大学倾向于留在天津市，为此，笔者选择介绍了与学校学生水平相对应的天津市的学校，如天津师范大学、天津财经大学、天津商业大学等，详细介绍了学校的历史、特色、软件硬件情况等。针对学生喜欢的专业，也尽可能地进行了详细介绍。引导学生通过多种途径了解自己喜欢的专业,比如网络、父母、亲戚朋友、学长学姐等。在有条件的情况下,引导学生实地走访参观喜欢的大学,激发学习奋斗的热情。

三、思考——收获感动

　　生涯规划课因具有极强的指导性,符合学生的需求,为此,在开设课程后,受到学生的热烈欢迎。经过一年的尝试,取得了良好的效果,受到了学生的好评。课程结束后有学生反馈说:"多亏您当时的生涯规划课,我特别庆幸我选的科目,我们班有同学因为没有上生涯规划课,选完科目后,现在觉得没兴趣、吃力,挺后悔的,咱以后能在全校开展就好了。"有同学在教师节时寄来了贺卡,上面提到:"生涯规划是我在高中遇到最有意义的课程了,让我找到我擅长的。"这样的话语不胜其数,给了笔者极大的鼓励、肯定和认可。让笔者更有信心坚定地把课程开展下去。

（天津市第四十三中学　杨东霖）

精心设计与实施　提高生涯规划课有效性

随着全国新一轮高考改革陆续的展开,学科选择更加自主化,志愿选择也更加多元化,这些变化都让师生和家长无法立刻适应和接受,学生若想更快更好地面对现实情况,顺利地完成高中学业,使自己获得成功,就要学会自我认知,学会自我管理。对大学和专业的设置,行业和职业都要进一步了解。然而现在的高中生,一般是对本校较为了解,对高校认知不多;对自己的学业比较了解,对未来的专业发展认知不多。在这种情况下,让学生意识到自我规划的重要性,恰恰是生涯规划教育一项非常重要的内容,也是高中生现阶段迫在眉睫的需求。因此,大到国家小到学校,都格外重视生涯规划课程的开发和实施,从高一开始就开设了生涯规划课。通过生涯规划课,学生进一步认清自己是一个什么样子的人,以及想要成为什么样子的人,了解自己的兴趣、爱好、特长,从而再结合新高考改革的要求,理性从容地面对高二的选课走班。生涯规划课针对不同的年级有不同的授课内容:高一主要是自我探索、了解职业和了解大学等;高二主要是学习管理、能力提升和一些社会实践体验;高三则倾向于自主招生、综合评价招生、填报志愿等。

那么,如何上好一堂生涯规划课呢?

每一门课都有自身的特点和特殊规律。教师要上好这门课程,必须抓住此课程的特点和规律。如何把握生涯规划课的特点和规律,上好这门重要课程呢?

一、确立生涯规划目标

生涯规划这门课具有较强的目标性。但有些学生依然会问:"为什么要学生涯规划?"在英国作家狄更斯的《双城记》中,有这么一段名言:"那是最好的时代,也是最坏的时代;是智慧的年代,也是愚蠢的年代;是信仰的时期,也是怀疑的时期;是光明的季节,也是黑暗的季节;是充满希望的春天,也是令人绝望的冬天;我们虽拥有一切,我们却一无所有;我们正走向天堂,我们也正走向地狱……"从作家的文字中我们能感受到生涯的不确定,这就是进行生涯规划课的原因所在。上好生涯规划课的目标就是让每个学生都能适应社会的变化,同时开阔视野,丰富世界观,培养学生的生涯决策能力,帮助每个学生选择自己的未来,适应社会的多元发展,勇敢地走出有自己特色的幸福之路,拥有属于自己的舞台和精彩人生。

二、运用多样教学手段

由于生涯规划课是一门全新的课程,无法借鉴以往的教学经验,因而要想激发学生们的学习兴趣,就需要教师绞尽脑汁,采用更适合的教学手段来促进学生积极参与教学活动。

(一)头脑风暴法

所谓头脑风暴法就是组织学生围绕一个特定的兴趣领域提出新的观点,这也是一种提升创造能力的集体训练方法。此方法重要的是让学生们自由畅谈,不要加以任何条条框框的约束限制,放松思想,从不同角度和不同层次大胆展开联想,尽可能标新立异,提出自己独创性的想法。还要求延迟评判,禁止批评,这样避免破坏气氛,影响自由畅想,最终达到理想效果。记得在一次生涯规划课上,讲的是"丰富多彩的职业世界",有一个环节就是观看乒乓球高手波尔与人工智能机器人进行乒乓球比赛,波尔最终落败。同学们观看后立即进入头脑风暴,说出自己对人工智能的一些想法。同学们积极踊跃发言,有的认为人工智能前景一片大好,可以节省人力;有的则认为目前阶段人工智能方面投入大,成功之路漫漫无期;还有同学恐惧人工智能完全替代人类,使人类无处作为;更有同学担心人工智能会消灭人类等。最后课堂氛围非常好,达到预期效果。

（二）逐步追问法

层层追问，最终得到结果，反映出本质的想法。例如，笔者在课上进行过一次"价值观大追问"活动。从"你现在的高中目标是什么?"（回答：考入理想大学），到"考入理想大学后目标是什么?"（回答：学习更多知识等），再问"大学毕业后又有什么目标?"（回答：有一份好工作）接着问"然后呢?"（回答：获得丰厚的收入）"再之后呢?"（之后回答可谓五花八门，各有各的追求）。连续问出多次"然后"，最终得到的回答才是这个问题的答案，也是学生的价值观所在。进行此次"价值观大追问"后，很多的同学都更加明确了自己最终的价值观，并且对它记忆深刻，从而达到教学效果。

（三）多样分组法

分组法顾名思义就是把学生分成多个不同的小组来进行教学。但是不同的分组方式、不同的小组名称，对活动所产生的影响也都不相同。例如，在一次"探索大学院校和专业设置"的生涯规划课上，我把教室分为四个区域，每个区域前面均立一个牌子，分别注明天津大学、南开大学、天津医科大学和天津师范大学。学生进入教室后可以自由选择进入哪个区域，选择区域即意味着选择心仪的大学。课程开始后首先让主动选择此"大学"的学生分享选择的理由，然后让没选上心仪"大学"的同学分享失败的原因，让大家体会进入名牌大学的不容易，竞争非常激烈，如果没有充分的准备可能就会被淘汰。第二个环节是学生进入选定的区域后，每个桌子上有一张扣着的纸条，每个学生翻开自己的纸条，看到的是这所大学里的某一专业，有的陌生，有的熟悉。由此，学生直观地了解到大学是分专业的，即使进入理想大学也可能会学习不喜欢的专业，所以选择大学和选择专业同样重要。本节课利用分组的方法达到了课前预设的效果，充分说明多样合理地利用分组法能更好地完成课程目标。

当然生涯规划课所应用的教学手段多种多样，比如，利用在线测试了解自己的性格类型，利用"价值观大拍卖"得出自己最本心的价值观，搜集资料展望未来职业,举出实例介绍高中学科与大学专业的关系,利用身边的时事感受规则意识与职业的关系,还有进行模拟招聘会感受生涯决策,利用时间管理矩阵表来合理管理好时间,利用每节课上填写的表格构成最终的高中生涯规划书。方法种种,只要能达到预期效果,都是生涯规划课上最有效的授课手段。

三、恰当使用案例教学

大多数课程中,案例教学是一种重要方法。在生涯规划课中,案例教学是不可缺少的。在生涯规划课程的实施中,应正确看待案例教学的作用。从逻辑上说,无论是成功人士的案例还是身边普通人的案例都给学生提供了类比学习的价值,即提供了职业认识、生涯抉择、职业发展中的经验与教训。成功的轨迹一般很难重复,而其中的经验教训可供学生借鉴。

然而,案例并非越多越好,关键要有价值、有针对性。教学实践表明:一个详尽完整的案例比十个只能触及表面的案例更加具有启发性。因此,用作教学的生涯规划和发展案例必须是完整的,或具备基本的真实情况。此外,与名人的案例相比,身边真实的普通人案例对生涯规划更有普遍性意义,应作为重点挖掘。所以在教学中笔者经常会举出身边鲜活的实例,或者请来已经毕业的学生回到校园进行一些经验介绍,这样对学生们的启示、借鉴价值更大。

四、发挥情感作用因素

高中生涯规划的课程教学,要求学生加强对自身和社会的"认知",但这并不意味着忽视甚至脱离"情感"因素在教学过程中起到的作用。生涯发展是不确定的,是终其一生持续变化的过程,尤其是在我国经济加速发展和外部世界正在发生巨大变革的当下,学生面临很大的困惑与挑战,所以"规划"随时调整是正常的。因此被一般硬性规划忽略的"情感"因素的价值凸显。

在教学实践中我们认识到,虽然高中生在增强自主性,努力提高认知水平,但是毕竟经验阅历不足,情感激励和适时表扬对其仍旧有相当的效果。生涯规划课中,教师应尽可能多地运用自身情感的力量和作用,激发学生规划实施的毅力,发挥生涯规划的"励志性"对学生加以引导,从而完成我们作为生涯指导教师的使命。

综上所述,上好一堂生涯规划课的途径是多种多样的,条条大路通罗马,最终是为了学生通过自我探索,把外在的考试压力转变为兴趣、理想等内部动力,把升学目标转变为人生价值目标;把被别人安排学习转变为自主选择、自主规划、自主学习,最终实现人生从被动到主动,明确自己能做到、可以做到的事,寻找到属于自己的人生方向,逐步建立与人、与社会、与未来的联系,明确目标,增强责任感,增进驱动力,最终达到高考改革人尽其才的目标。

(天津大学附属中学　于宇)

依托课程资源项目　驱动教师自我成长

中学阶段是学生发展的关键时期,他们需要养成良好的学习习惯和自我管理能力。制定明确的学习目标可以帮助中学生更有效地规划学习,提高学习效果。"SMART 原则制定有效学习目标"研究对中学生具有重要的理论和现实意义。通过科学的制定学习目标,中学生可以更好地规划学习,提高学习效果。这对他们的学业发展和终身学习能力的培养都具有积极的影响。我们非常重视这一研究,并将其应用于中学生的学习指导中,使学生获得了自我成长。

《中小学心理健康指导纲要(2012)》指出,要让学生在充分了解自己的兴趣、能力、性格、特长和社会需要的基础上,确立自己的职业志向,培养职业道德意识,进行升学就业的选择和准备,培养担当意识和社会责任感。而帮助高中学生选择适合自己的发展目标,可以让高中学生更好地规划自己的未来,更好地培养责任感,为未来的健康成长和幸福生活奠定基础。

发展心理学认为,到了青春期,学生会认真思考自己的未来,会初步确立自己的价值观和目标,个体为自己的未来做出选择和准备的紧迫感日益增加。他们会认真思考"我要成为什么样的人""我拥有哪些能力和资源""我怎样才能成为那样的人"这一系列关乎人生发展的重要问题。在这一系列问题中,"我要成为什么样的人"是核心问题,即在该阶段能否明确人生的发展方向和目标至关重要。高中学生对人生规划、对目标的探索有助于帮助高中阶段的学生更快更好地适应高中生活。对于高中学生来说,首先是学业目标,然后是职业目标,高中阶段对学业和职业定下的目标很大程度决定了未来的选择和发展。

2018 年,笔者有幸成为区高中生涯发展指导数字化课程资源建设研究项目团队的成员,负责需完成微课"发展从目标开始——制订有效的学习目标",并进行了将数字化课程资源转化为线下课程的实践。这堂微课的创作思路如下:通过故事理解目标的重要性;了解目标管理 SMART 原则;学习使用 SMART 原则管理近期的学习目标,创作过程通过提出目标是什么呢? 引发学生思考,如何制定目标管理目标,完成目标。通过小故事讲解如何利用 SMART 原则进行有效的目标管理。

以 SMART 原则指导中学生制定有效学习目标,可以帮助中学生明确他们想要达到的目标,并确保这些目标是可行的和有意义的。这样,中学生就能够更好地了解自己的目标,并制订切实可行的行动计划。

(1)具体(Specific):帮助学生明确他们的学习目标。教师可以引导学生将抽象的学习目标转化为具体的任务,例如,明确要求学生在某个科目中提高成绩至特定分数。

(2)可衡量(Measurable):确保学生可以衡量目标的完成程度。教师可以与学生一起制定明确的衡量标准,例如完成一定数量的习题或达到一定的知识掌握程度。

(3)可实现(Attainable):确保学生能够实现目标。教师应该与学生一起评估目标的可行性,并根据学生的能力和资源制定合理的目标。目标过高可能会让学生感到沮丧,而目标过低则缺乏挑战性。

(4)相关性(Relevant):确保学生的目标与他们的学习需求和兴趣相关。教师可以与学生一起探讨他们的学习目标,并确保目标与课程内容和学生的职业发展意向相符。

(5)时限性(Time-bound):给学生设定完成目标的时间限制。教师可以与学生一起确定明确的截止日期,促使学生及时完成任务。这有助于培养学生的时间管理和自我约束能力。

在这个教育实践模式中,教师应该与学生合作制定学习目标,并提供指导和支持。教师可以通过个别指导或小组讨论的方式帮助学生明确目标,并确保目标符合 SMART 原则。此外,教师还可以定期与学生进行目标评估和反馈,帮助他们监控进展并调整学习策略。通过这种实践模式,学生能更好地规划学习、提高学习效果,并培养自我管理和自我激励能力。

教师在指导中学生制定有效学习目标的过程中,也获得自身成长的机会和收益。

（1）提高教学技能：教师需要了解 SMART 原则的具体要求，并能够将其应用于实际教学中。通过指导学生制定 SMART 目标的实践，教师可以提高自己的教学技能，包括目标设定、课程设计、教学策略等方面的能力。

（2）加强个案管理能力：指导学生制定有效学习目标需要教师与学生进行个别交流和指导，了解学生的学习需求和能力水平。这可以帮助教师提高个案管理能力，包括学生分析、需求评估、个别指导等方面的能力。

（3）培养反思能力：在指导学生制定学习目标的过程中，教师需要不断反思自己的教学效果和指导策略。通过反思，教师可以发现自己的不足之处，并寻找改进的方法和策略，进而提高自己的教学水平。

（4）增进教师与学生的互动：指导学生制定有效学习目标需要教师与学生之间的密切互动和合作。这样的互动可以促进教师与学生之间的沟通和理解，建立良好的师生关系，提高教学效果。

（5）激发教师的创新意识：SMART 原则要求学习目标具有可实现性和相关性，这要求教师在指导学生制定学习目标时能够提供切实可行的建议和策略。这可以激发教师的创新意识，鼓励其寻找新的教学方法和策略，提高教学效果。

参与课程资源的开发和实施，让笔者从一个教学内容的执行者转变为开发者和研究者。不仅能够更好地理解课程与学生发展的关系，也能够分析和评估教学设计的效果。这种转变让笔者意识到课程对学生的育人作用，促使自己不断完善教学理念和教学方法。同时，参与课程建设和实施也让笔者意识到教师工作的创造性和自我完善的重要性对教师这个职业有了更深的认识。通过这次实践，笔者不仅在专业上得到了成长和收获，也为学生的学业发展和人生规划提供了有益的帮助。

（天津市南开田家炳中学　赵媛）

一堂历史学科生涯指导课纪实

高考改革背景下,学生面临着选课走班的问题。对高一新生来说,如何抓住机遇,理性选择,为将来的职业和人生发展奠定坚实的基础,是摆在他们面前的一道难题。许多学生对高中各学科的认识仍比较局限,对未来发展应具备的能力和素养也不甚了解,亟需教师进行正确的引导。

长期以来,随着经济的蓬勃发展,越来越多的人忽视文史哲等人文社会学科,甚至质疑其存在的意义。这种想法是对历史学的极大误解,不仅阻碍了中国史学的健康发展,也影响了其功用的发挥。重新认识历史学,不仅必要,而且迫切。

笔者作为一名历史教师,在高一新生的第一堂历史课上,通过对话交流,与学生面对面探讨了什么是历史、为什么要学历史、怎样学历史以及历史专业的发展前景等问题,以期让学生对历史学科与专业形成正确的认知,指导未来的职业选择和人生发展。

一、课堂纪实

(一)什么是历史

梁启超说:"史者何?记述人类社会赓续活动之体相,校其总成绩,求得其因果关系,以为现代一般人活动之资鉴也。"概括起来就是"记录""总结""借鉴"。历史并不仅仅是把过去的事记录下来,还要经过整理,形成对一般事件的经验总结,具有很强的借鉴、启迪意义,这才是历史。

(二)为什么要学历史

马克思在《德意志意识形态》一书中说道:"我们只知道一门唯一的科

学——历史学。"他认为历史学古往今来无所不包,可以解释人类历史上的一切现象,并可以用这些结论、观点和规律来考察今天的一切现象。历史能让我们看到事物的起点在哪里,看到所有现象之间的联系,然后做出正确的价值判断。

（三）怎样学历史

以新课标为依据,历史学科制定了中学生应具备的历史核心素养,包括唯物史观、时空观念、史料实证、历史解释和家国情怀五个方面。我们在课堂学习和课下探究的过程中,要努力培养这五种素养。

例如,戊戌变法失败后,梁启超写过一部《戊戌政变记》,书中描述变法期间民众热情高涨,人人封章,争求上书,民间疾苦,悉达天听。结合其他史料,我们可以发现,戊戌变法并没有得到下层群众的支持,梁启超的记载不符合史实,这是为什么呢?二十年后,梁启超在《中国历史研究法》中解释说:"感情作用所支配,不免将真迹放大也。"

学习历史,对一个人的人生发展大有裨益。即使将来从事的职业与历史毫无关联,所具备的历史知识和素养都将为你打开一扇窗,让你变得更加睿智,思考问题更有深度和前瞻性。

（四）历史专业设置和发展前景

如果将来上大学想学历史,应该详细了解一下历史专业设置和就业前景。

历史本科专业包括历史学、世界史、考古学、文物保护技术、文物与博物馆学、外国语言与外国历史。研究生专业一级学科有考古学、中国史、世界史,二级学科包括史学理论与史学史、历史地理学、考古学及博物馆学、历史文献学(含敦煌学、古文字学)、专门史、世界史、中国古代史、中国近现代史等。

历史是科学性很强的学科,本科生毕业后可选择进入一流大学深入研修,未来可进入高校从事教学,或进入科研机构从事专门的历史研究。

历史是文科类基础学科,除了基础知识,更注重思维训练,具备这些能力有助于处理各种问题。因此,历史专业毕业生在事务型、经管型、社交型职业中有相对优势,跨专业考研也不难实现。

随着经济的发展,国家不断加大对历史文化的支持力度。习近平总书记多次强调,历史文化是城市的灵魂,要像爱惜自己的生命一样保护好城市历史文化遗产;没有中华文化繁荣兴盛,就没有中华民族伟大复兴。截至 2014 年末,国务院正式公布的国家级非物质文化遗产名录有 1372 个;全国文化事业费平均每年增长 10%;社会上也兴起了历史文化热潮,《故宫》《百家讲坛》《国家宝藏》等各种电视节目持续热播,"纵横五千年"等自媒体的受众群体不断扩大。整个社会都在学历史、讲历史,所以我们应该对历史有信心,对中华文化有信心。进入新时代,我们的关键词就是"文化自信"。

二、调查访谈

这堂课结束后,笔者对部分学生进行了走访。

教师:上完这节课,你的感受是什么?

学生 1:我以前觉得历史很遥远、很枯燥,现在发现其实很有趣。历史的意义和价值隐藏在细微之处,只有用心去发现,耐心等待,才能够领悟。对于"6 选 3",我还没想好,但是无论怎么选择,在今后的人生当中,历史的影响肯定是无处不在的,我想我会从中受益良多。

教师:对于如何学历史,你认可教师讲的方法吗?或者你有什么新的想法吗?

学生 2:上初中时,学历史的方法很单一,就是背书,有时对一些问题不理解,背起来特别费劲,就算背下来,过两天又忘了,仿佛永远都有背不完的书。现在我明白了,其实历史是一门思维含量很高的学科,要多思考、重理解,遇到问题可以去查资料,进行史料实证,这样得出的结论比较可靠,而且不会很快忘掉。以后选历史的话,我有信心学好这门课。

教师:你对历史学科、历史专业和就业这些问题有什么看法或疑虑吗?

学生3：我对历史很感兴趣,也算有一定的悟性,所以成绩还不错。这堂课再次点燃了我对历史的热情。首先,历史是一门非常有用的学科,它能启迪思维,使人变得更加睿智;其次,历史专业的设置和能力要求我也大致清楚了,有了努力的方向;至于就业形势呢,从上课列举的那些数据资料来看,总体趋势还是比较乐观的。都说理工科就业率高,但是我觉得各行各业都需要优秀人才,什么是优秀人才呢? 就是你必须精益求精,学业成绩、社交能力等各方面都出类拔萃,综合素质过硬,这样才能在求职者当中脱颖而出,所以说到底还是要自己去努力。

听了学生的回答,作为授课教师,自然十分欣喜,看来这堂课总体上达到了预期效果。细想来,学生之所以能提升认知,主要在于课前的教学设计和课上的有效引导,通过师生对话交流,层层深入,拨云见日,发现历史的本质,激发学生的兴趣。

三、个人收获

在研习生涯规划这一课题的过程中,笔者对教育教学有了更深入的思考。立足当下,新课程理念倡导以人为本、自主学习,要解开对学生的束缚,找回学习的本质。高考改革正是适应这一理念而进行的重大变革。兴趣、目标、方向、生涯规划,这些概念再次引起人们的重视。教师的任务、学生的地位、师生的角色和相互关系,教育教学机构乃至整个社会的职能,都被重新思考和定位。在中华民族伟大复兴的时代主题下,教育正发挥着越来越重要的作用,而历史学科作为文化传承的重要载体,其功能和价值将受到更多的关注。作为一名教师,笔者有义务、更有热情投入这宏伟的事业之中,尽一份绵薄之力,展时代恢宏愿景。

（天津市天津中学　裴玉）

导师助力学业选择，社团赋能多元发展

新一轮的基础教育改革和新高考改革更加凸显对于学生个性发展的关注，导师制作为一种全方位育人的教育制度，是顺应教育改革趋势、适应社会发展，符合学生全方位发展需要的。新课程背景下学校对导师制的实行进行了实践探索，导师制的实施有利于指导高中学生科学选课，发展个性，帮助学生学会规划学习、规划生活、规划人生。而在导师指导下的学生社团活动有利于学生自我探索和成才观的形成。

一、新课程背景下高中实行导师制的必要性

（一）加强师生交流沟通，助力学生学业选择

在新一轮高考改革中，实行"3+X"的高考模式，"3"是指语文、数学、英语三个学科，"X"则指物理、化学、生物、历史、地理、政治六门学科，学生可以根据自己的兴趣、大学专业、未来工作理想等自身情况，在这六门学科中自主选择三门学科作为自己的高考科目。选课走班制充分尊重学生的选择，以学生为本，为学生的个性发展提供最大的空间，但由于高中阶段的学生知识储备不足、自我认知不清晰等，在选课时容易出现只考虑当下的兴趣，没有专业规划的情况，不利于学生的长远发展。在导师制模式下，每位导师指导的学生很少，有效加强了师生之间的交流沟通，因此导师是最了解学生的学习能力、性格特征、兴趣偏好的，在选课过程中，导师可以根据对学生的了解以及选课与未来职业规划的关系，为学生提供最符合自身情况的选课指导和建议。

（二）发挥育人合力，促进学生全方位发展

在传统的班级授课制模式下，科任教师一般只需要承担教学任务，"育

人"这个重担主要由班主任承担,过分强调班主任的作用。行政班学生人数往往在 40 人左右,学生工作琐碎,再加上常规的教学任务与科研任务,班主任在工作中很难有充足的精力关注班级中每一个学生的个性特点,因此很难做到因材施教。实行导师制可以有效弥补这一局限性,将任课教师的积极性调动起来,参与学生管理,每个学生的学习、思想和生活状态,都会得到导师的关心和帮助。导师可以有的放矢地为学生提供更有针对性的指导。

二、新课程背景下高中导师制的实践探索

(一)选课走班中导师助力生涯规划

在选课走班的全过程中,由于导师指导的学生少,与学生联系密切,导师制的优势在各个阶段都会有所呈现。选课走班一般在高一下学期开始实施,在这之前,导师要与学生保持及时、畅通的交流,了解学生对各个学科的看法、学习感受。另外,导师与学生的沟通应当是全方位的,沟通的地点可以是办公室,也可以是气氛轻松的操场上,营造轻松愉快的交流气氛,话题可以是学生的兴趣、烦恼、人际交往状况等各个方面,在这样的过程中加深对学生的了解,为帮助学生制定科学、有效的选课方案奠定基础。选课报名过程中,导师可以向学生介绍各学科的特点、学科之间的内在联系、学科与大学专业的对应性、与未来职业的相关性,为学生答疑解惑,摆正观念,纠正学生在选课过程中的诸多不理智因素,比如只考虑兴趣、对某些学科有畏难情绪、盲目跟风等情况,帮助学生秉持理智、慎重的选课态度;基于对学生的性格特征、学习能力、心理倾向、兴趣、职业理想等方面的了解,导师可以为学生规划几种相对科学的、符合学生需要的选课方案,针对方案与学生继续交流看法,作出适当调整,帮助学生科学、高效地完成选课。选课完成后在走班的过程中,导师要持续关注学生的学习、思想和生活状况,高中生面临的学习任务繁重,学习压力较大,考试频繁,走班过程中班级管理难免松散导致学生情绪浮躁,种种因素容易使学生产生自卑、焦虑、心理失衡等不良情绪,因此导师的作用就

尤为重要。导师是最了解学生的人，与学生积极交流和对话，在学生有焦虑情绪的时候可以及时疏解、开导，在学生学习遇到瓶颈的时候，可以指导学生调整学习方法，帮助学生分析问题和解决问题。另外，导师的言谈举止、处事态度也在日常交流中对学生产生着潜移默化的影响，帮助学生树立正确的世界观、人生观、价值观，促进学生全面发展和个性养成。

（二）社团活动中引领学生成长成才

学生社团是在导师指导下，以满足学生兴趣、促进个性发展为主要目的，学生自由组建、自愿参加、自主活动的学生组织，学生社团活动在校园文化建设中发挥着重要作用，在社团中，学生能够发挥特长、展示才华、互相切磋，促进校园文化的繁荣。在导师制模式下，每个社团配备一名导师，但导师只发挥指引和辅助的作用，学生是社团活动的主体，也是社团的管理者和组织者，旨在锻炼学生的自主管理能力，促进学生全方位发展。每个社团的成员不超过 30 人，招募对象主要是高一高二的学生，每学年第二学期初举行社团纳新，社团纳新的全过程由学生们自主策划，分工合作，制作宣传海报、准备纳新表演、利用自媒体进行纳新宣传，招募志同道合的社员，导师只在学生遇到困难时适当加以点拨，在这个过程中，学生热情高涨，策划能力和组织能力都得到了巨大的提升。在平时的社团活动中，导师鼓励小组协作、鼓励创新，让每位学生展示出自己的闪光点，在关注兴趣、内容生动的社团活动中，学生可以提升自信，活跃身心，实现自身的全方位发展。在此过程中，学生的全局意识和规划能力得到培养，有利于学生用更加科学、理性的态度对待选课走班。

三、小结

在新一轮基础教育改革的大背景下，高考改革正如火如荼地进行，高中导师制的探索与完善也在实践中不断前行。在导师指导下的学生社团活动的开展，有助于学生开阔视野、培养自主管理能力和组织能力，与选课走班对于学生发展所提出的要求不谋而合，有助于学生在选课走班的过程中做出更加科学、合理的选择。

　　作为一名思政学科教师和思政社团指导教师,笔者认为思想引领是导师制的灵魂。导师应以习近平新时代中国特色社会主义思想、党的创新理论对学生进行思想引领,引导学生关注社会动态、国家大事、世界潮流,坚定理想信念,帮助学生在祖国事业的大蓝图中找到自己的"小"位置,结合个人兴趣、理想和国家复兴大业,做出科学的学业选择。

（天津市天津中学　刘芸）

提升生涯与学业规划意识

促进高中生自我与未来的探索

为了贯彻《国家中长期教育改革和发展规划纲要(2010—2020年)》,深入实施素质教育,坚守立德树人的教育任务,学校致力于增强学生的生涯规划意识和自主发展能力,激发学生的潜能,帮助他们做好当前的学业规划,并为未来的职业和人生发展做好准备。学校制定了指导方案,进行以下四个方面的教育:塑造积极的生涯态度,深入探索个人价值观、兴趣和能力,了解未来教育与职业的各种选择,以及培养生涯决策和规划的技能。

通过对生涯规划意识现状的分析,我们发现学生普遍缺乏职业认知和职业决策能力。他们不了解社会对人才的要求和标准,无法准确把握自己未来要从事的职业。在认识自己的兴趣、个性和价值观方面,他们还停留在主观感觉或者他人的感性评价上,缺乏科学的判断和理性的分析。绝大多数高中生没有明确的学业和职业目标,对自己将来想从事的职业模糊或根本没有概念。这种迷茫会导致他们对学习缺乏兴趣和动力。因此,我们需要通过生涯规划课程的探索和实践来引导学生加强自我认识、了解未来职业并培养必要的能力,为他们的未来发展做好准备。

一、生涯指导的原则

一是坚持科学性原则。以学生为本,遵循学生身心发展和认知规律,明确不同阶段生涯规划教育的目标和重点。科学设置教育内容,合理安排教学课程,创新教学方法,精准施教,提高生涯规划教育的科学性。二是坚持发展性原则。面向全体学生,尊重学生个体发展差异,培养学生生涯规划意识和能力,提高学生的自主发展能力,促进学生思想道德水平、学习能力、适应能力和综合素质的全面提高。三是坚持协同性原则。坚持协同推进、整体实施,充分利用校内外生涯规划教育资源,形成学科融合、家校共育、多方参与的生涯规划教育格局。四是坚持整体性原则。按照高一、高二、高三一体化生涯教育体系的建设要求进行顶层设计和整体规划,促进生涯规划教育与学校各类教育教学活动有机融合,形成结构合理、层次渐进、各有侧重的生涯规划教育体系。

二、生涯指导的总体目标

高中阶段高一年级的选科、高三志愿填报都与学生未来职业有关,所以在高中开展生涯规划教育,主要任务是:引导学生进一步加强自我认识,了解自己的兴趣、能力、性格等特点;了解学科教学、专业、职业的关系,对高校专业有一定的认识,了解未来职业的发展趋势和专业要求,树立正确的职业观和劳动观,培养学生参与社会、从事工作所必需的基本能力和态度。了解升学路径,科学合理规划学业;加强自我管理,养成良好的时间管理能力、人际交往能力、情绪管理和压力管理的能力、形成自我决策的行动能力;掌握未来从业必需的知识理论和基本技能,掌握适应社会发展需要的快速学习的方法,为融入社会做准备,并且具备持续发展的能力。

高一年级:以"生涯觉察"为主,涉及认识学校的环境和资源、确定学习目标、认识自我、认识职业世界、选科指导等。

高二年级:以"生涯探索和生涯规划"为主,涉及情绪辅导、人际关系辅导、异性交往辅导、升学路径、生涯规划与抉择辅导等。

高三年级:以"生涯决策"为主,以"志愿填报辅导和求职辅导"为主要内容,设计三个生涯专题辅导活动:考前心理辅导、志愿填报辅导和求职辅导。

三、生涯指导工作的实施分工

为了确保学校生涯规划教育方案的实施,学校成立了生涯规划教育领导小组,具体人员包括:组长:校长,副组长:学生发展指导中心主任、德育室主任、教导室主任、教研室主任、团支部书记、现代教育技术中心主任。成员：心理教师、各年级主任、班主任。执行机构：学生发展指导中心、德育室、教导室、教研室、团委、现代教育技术中心。学生发展指导中心：配合学校安排生涯规划的相关课程；访谈、讲座、社会实践、邀请社会人士现场交流等；组织心理教师、班主任上好生涯规划教育主题课；形成翔实的教案和校本教材；进行中学生生涯规划教育的相关课题研究。德育室：制定年度生涯规划教育主题活动方案（征文、黑板报、班会课、演讲比赛等）。教导室：将生涯规划课排进课表；安排教师进行授课；对生涯规划课程管理；在各学科的教学过程中进行生涯规划意识的渗透；推行"生涯规划导师制"，导师与学生、导师与家长沟通交流，为生涯规划课程的实施、延伸搭建平台；对生涯规划教师进行工作认定。教研室：邀请相关专家对全体教师进行生涯意识的培训，提升教师的意识和理论水平；引导教师开展学生生涯规划的相关课题研究，通过课题研究推动学校生涯教育的开展。团委：制定年度生涯规划教育主题活动方案。组织学生开展生涯规划的相关主题活动：如相关的演讲比赛、综合实践活动、国旗下讲话等。

四、生涯指导工作的推进计划

第一年：

1. 行政架构：成立生涯教育工作委员会（校长牵头，各处室参与），学生发展中心执行。

2. 规章制度：确立相应的校内暂行规定和使用办法，推动生涯教育工作落实。

3. 硬件配备：规划生涯体验中心建设方案，配备相关硬件和系统。

4. 需求调查：调查校领导、不同年级学生生涯教育方面的需求。

5. 成果汇整（学年末）：整理第一年生涯教育开展的情况，发现优势和不足。

第二年：

1.制订计划:根据需求调查结果和上一年生涯教育开展情况,制订新的生涯教育工作开展计划。

2.制度完善:针对上一年的执行情况,完善相关暂行规定和使用办法。

3.硬件建设:生涯体验中心建设并投入使用。

4.成果汇整(学年末):整理第二年生涯教育开展的情况,发现优势和不足。

第三年:

1.制订计划:根据需求调查结果和上一年生涯教育开展情况,制订新的生涯教育工作开展计划。

2.制度完善:针对上一年的执行情况,完善相关暂行规定和使用办法。

3.成果汇整(学年末):整理第三年生涯教育开展的情况,发现优势和不足。

五、生涯指导工作的考核评价

年级测评与学生测评相结合,根据平时掌握的情况和建立的生涯规划工作手册等进行检查评比并打分。学校对成绩显著者给予表扬与奖励,并与绩效考核、奖励、评优晋升职务等挂钩。学校收集高考录取情况,以大数据模式分析和管理学生生涯规划档案数据库形成系统的高中学生生涯规划总结、评价、反馈、改进等长效机制。

我们将不断探索生涯指导工作体系,坚持科学性原则,以学生为本,明确不同阶段生涯规划教育的目标和重点,科学设置教育内容,合理安排教学课程,创新教学方法,提高生涯规划教育的科学性。坚持发展性原则,尊重学生个体发展差异,培养学生生涯规划意识和能力,促进他们的全面素质提高。坚持协同性原则,充分利用校内外资源,形成学科融合、家校共育的生涯规划教育格局。坚持整体性原则,促进生涯规划教育与各类教育活动的有机融合,形成结构合理、层次渐进的生涯规划教育体系。

(天津市第四十三中学 许丽丽)

学科教师进行高中生涯指导五步走
——"六选三"选科指导纪实

在担任高中生涯指导教师的六年里,一方面笔者从学科教师的角度,给学生解答数学专业的就业前景,另一方面,笔者也一直从事班主任工作,身边有丰富的研究案例。经过多次的生涯指导实践,笔者总结出高中生涯指导基本适用的五个步骤以及指导者所持有的态度。第一,建立咨询关系——倾听;第二,重新认识自我——启发;第三,探索专业前景——开放;第四,内外兼顾决策——共情;第五,做好家校沟通——包容。下面,笔者通过一个指导案例进行阐述。

一、背景介绍

来访者,女,高一年级学生,正在进行新高考"6 选 3"的科目选择。来访者主要有两方面的困惑,一是不明确自己对哪些学科和专业真正感兴趣,对于迫在眉睫的"6 选 3"有些焦虑;二是不知道自己擅长哪些学科和专业,对未来的发展也没有确切的规划,很怕由于选择不当而影响以后的发展。

二、原因分析

来访者对于自己的专业选择不够清晰,首先是源于对自我的科学探索和理性认识不够;其次是源于缺乏对不同科目对应大学专业的了解;最后是源于缺乏对各行业所需要的专业知识和专业能力的了解。

256

三、指导方案

第一步,明确来访者的困惑,以倾听为主,建立良好咨询关系;第二步,通过谈话和标准化评估相结合的方式,启发学生重新认识自我;第三步,指导来访者通过多种方式了解学科、专业、大学以及职业,探索专业前景;第四步,结合自身实际考虑未来发展方向,适当的共情很有必要;第五步,通过家校沟通,使家长认同我们的工作,并把包容的理念传达给家长。

四、实施过程

第一步,建立咨询关系——倾听。

笔者通过接纳与尊重、理解与共情的方式,运用倾听、鼓励与提问等技术,与来访者建立良好的咨询关系,向来访者说明导师的工作思路,并帮助来访者思考自己的生涯目标。

第二步,重新认识自我——启发。

对自我的重新认识意味着通过探索兴趣、性格、能力以及价值观等,客观理性地自我剖析。首先,笔者请来访者逐一回答下面几个问题:

问题1:你喜欢学哪些学科? 为什么?

问题2:你在学习之余最喜欢做的事情是什么? 喜欢它的原因是什么?

问题3:你能写出几个自己觉得具有成就感的事件吗? 可以是生活方面、学习方面、班级工作方面、课外活动或其他领域的实践活动。

问题4:对未来的职业有什么期待? 更看重职业带给你的哪方面享受?

另外,还需要完成霍兰德职业兴趣测试、多元智能测试和MBTI测试,这些标准化评估工具能够帮助来访者更准确地认识自己。

第三步,探索专业前景——开放。

把重心由认识自我转移到探索外部,与来访者一同探索学科、专业和大学,或是分享笔者搜集到的资源,或是指导来访者自己搜集素材。预期内容

如下:

1. 学科与专业

我们必须了解6个待选科目与大学专业的对应关系。比如,物理对应的专业有理论与应用力学、地球物理学、海洋科学类、电子科学类、热能与动力工程、应用物理学、材料科学类、工程力学、机械类、信息与电子科学类、测控技术与仪器、核工程与核技术学、航天航空类和武器类。这是选科的重要参考信息,这样就可以结合自己的兴趣、爱好及长远的职业规划作出科学合理的选择。

2. 选科与高考

从6门课中选3门课,一共有20种组合方式。对每一种组合,逐一从高校专业覆盖率、选科人数和竞争难度三个方面分析利与弊。举例说明,"历史+物理+化学"的组合,优势是该组合偏理,全国院校专业覆盖率高达88.0%,并且历史、化学分别是原来文、理科目中较为容易的科目。劣势是物理较难,不易拿高分,文理两个学科的大牛选这个组合的最多,这个组合算是竞争最激烈的一个组合。

3. 专业与大学

我们可以把自己感兴趣的大学或专业记录下来,进一步查阅资料。在我们框定出一些专业和高校的基础上,可以有针对性地去实地考察、利用假期兼职的机会进行职业体验和生涯人物访谈等多种方式了解专业与大学。

第四步,内外兼顾决策——共情。

来访者通过查阅资料和理性思考,再次找到笔者,谈话内容大致如下。

来访者:我觉得当个数学教师很不错。另外,我对生物相关专业比较感兴趣,生物技术方面前景比较好的是微生物工程和食品检测,生物科学方面最"吃香"的应该是生物化学类和遗传学类。另外,临床医学和制药也考虑过。但是我听说学制药以后很可能就在医院药房抓药,本来觉得挺感兴趣的专业,最后一了解才懂了。家里也有当医生的,他们也不建议我这样选择,说将来留给家人的时间太少了。

导师:多方面的考证很重要。

来访者:我妈妈想让我走艺术特长生的路,还安排美术教师给我上小课,老师还说我画画进步很快。

导师:那你是怎么想的?

来访者:我不想走特长生这条路,我觉得正常参加高考对文化课要求高,文化课的学习需要努力、意志力,这个过程对我的成长很重要,我希望经历这样的考验。

导师:你说得我能理解。不过艺术特长生并不意味着文化课很糟糕。李健和高晓松,他们不都是清华大学电子工程系的学生吗?但是他们始终没有放弃自己的梦想,成为优秀的音乐人。

来访者:对。

导师:先不轻易否定一条路。

这一次谈话结束前,我要求他从自己的现有状况出发,结合发展方向,制定一个行动计划,包括文化课的学习、兴趣拓展、假期学访考察等。

第五步,做好家校沟通——包容。

在上一次谈话之后,我与来访者的母亲取得联系,想通过沟通达成三方的协调一致,帮助来访者顺利完成生涯规划。经过了解,来访者的父母都是高校教师,对孩子的期望较高,希望孩子通过艺术特长生的道路考上名校,我把我所做的工作(即引导来访者认识到艺术特长生也是有思维高度的,也需要付出脑力,是同样有价值的)进行了反馈,希望得到家长的认同。另一方面,把包容的理念传递给家长。说明父母在子女生涯规划方面是指导者和参谋,最终的决定权还是孩子,也要做好女儿执意放弃艺术特长生这条路的心理准备。

五、反思总结

一是生涯规划导师的定位应该是引导来访者正确认识自我、理性分析决策,导师的谈话和提问技巧是至关重要的。如果导师能唤醒来访者的生涯需求和行动意识,启发来访者对未来进行思考,那么导师的谈话目的也就基本达成了。

二是一方面,高中正处于世界观、人生观初步形成阶段,兴趣、能力、性格、价值观的评估结果是动态、可变的。另一方面,导师对职业的了解也不乏局限性。基于以上两点,导师对于来访者专业的选择在给建议时一定要以开放、包容的态度拓宽来访者的思路。

通过高中生涯指导的学习与实践,收获是多方面的。首先,通过笔者的指导,能够帮助来访者走出迷茫,解除焦虑,极大地增强了笔者的职业获得感;做生涯指导教师使笔者保持学习的状态,成就了更好的自己,也因此发现自己职业发展的多种可能性。

(天津市天津中学　于秀慧)

高中生职业倾向调查与分析

　　为了了解中学生职业选择倾向及影响因素,我们自编问卷对本校学生进行了测评。共收集了 194 份有效测试问卷。其中,女生 85 份,占比 43.81%,男生 109 份,占比 56.19%。男生比女生人数略多,但总体来说,性别分布较均衡。对收集到的数据从基本描述性分析、关联分析两个方面进行阐述。

一、数据分析

(一)职业价值观分布

　　在有效问卷中,高中生对职业价值观的认知程度,稳定因素占比最高,达至 17.16%;兴趣因素占比位列第二,达至 16.38%,这与前面选择职业原因中自身兴趣占比最高是相一致的;挣大钱因素占比位列第三,达至 12.01%;自由因素占比 10.76%,自豪因素占比 9.67%,环境因素占比 8.27%,地位因素占比 7.18%, 团队工作因素占比 5.77%,挑战因素占比 3.74%,刺激因素占比 3.28%,变化因素与助人因素均占比 2.65%;而体力劳动因素占比最低,只有 0.47%,如图 7-1 所示。

　　由上述分布可看出:

　　1. 大多数高中生希望未来职业先要稳定,生活比较有规律性,还要能与自身兴趣挂钩,同时又要有物质保障,能满足基本生活需求。

　　2. 高中生希望所处岗位能自由地支配时间,充分发挥自身能力,能在大家庭中感受到自豪感、归属感。

　　3. 高中生不太倾向于选择有挑战性、刺激性、变化性的工作,也不希望从事体力劳动,认为智力劳动更为重要。

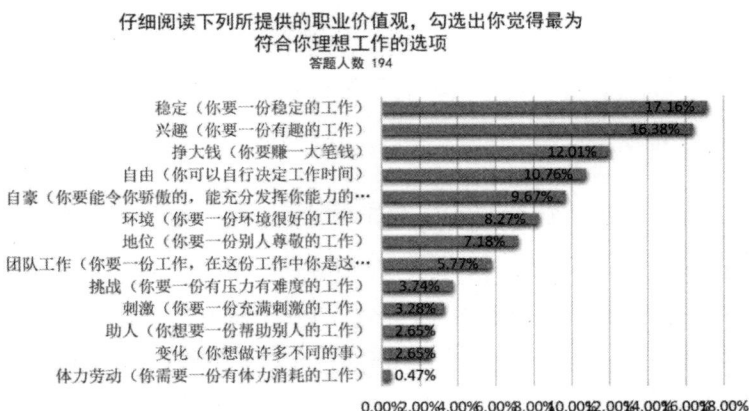

图 7-1　全部样本的职业价值观分布

4. 追求稳定工作,可能是因为目前学生比较安于稳定的环境,不愿打破现状,去承担有风险的未来。

5. 从事稳定的工作还是具有挑战性的工作都是一种选择,毕竟每个人的追求不一样,只要综合考量,权衡利弊,趁年轻时多去学习、鞭策成长。

(二)选课分布

在有效问卷中,选课最高的科目为化学,占比 64.95%,选择生物占比 62.37%,选择历史占比 56.19%,选择地理占比 45.36%,选择物理占比 31.44%,选择政治占比最低,只有 27.84%,如图 7-2 所示。

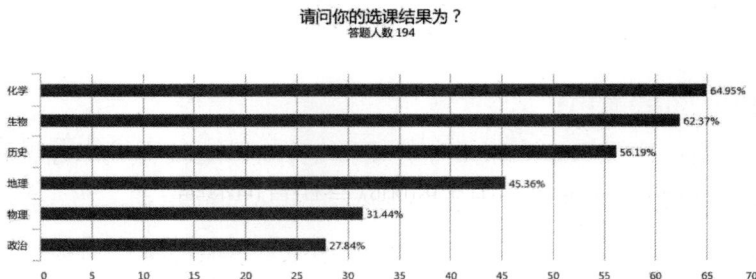

图 7-2　全部样本的选课分布

由上述分布可看出：

1. 化学、生物课程一般包括理论讲解和实践教学，课程生动有趣，而且将来以化学、生物为基础衍生的专业方向较为广泛，所以能够极大地调动学生的学习兴趣，因此选择该课程的学生较多。

2. 历史、地理课程一般内容丰富，注重对学生人文素养的培养，将抽象的东西形象化，用语言的记述将知识点转化为生活的画面，因此比较吸引学生。

3. 物理、政治课程的知识体系较为庞大，理解难度较大，需要明白事物的内在规律，下苦功夫，静心钻研，学习起来较为困难，因此选择该课程的学生较少。

（三）八大智能得分分布

在有效问卷中，通过汇总每个样本的八大智能，可以看出音乐智能排名第一，得分均值为 6.62，内省智能排名第二，得分均值为 6.49。按得分均值从大到小排序为音乐智能、内省智能、人际智能、语言智能、空间智能、自然探索智能、肢体运作智能、逻辑—数学智能，如表 7-1 和图 7-3 所示。

由上述分布可看出：

1. 音乐智能排名最高，说明现在音乐对高中生的生活影响很大。在目前社会媒体大力宣传的明星效应下，高中生对明星及相关的音乐的兴趣越来越浓厚。

2. 内省智能排名第二，体现出高中生能够认清自己、自我反思而做出改变，这正与学生能根据兴趣选择职业、认为个人综合素质在职场最重要相一致。

3. 人际智能排名第三，说明高中生已经意识到了人际交往的重要性，朋友的重要性，同时也体现了高中生的团队合作意识很强。

4. 总的来说，智能平均分基本在 6 分，相差不大，说明发展较均衡。

表7-1　八大智能得分的描述统计描述统计量

多元智能	均值	标准差
语言智能	6.29	2.424
逻辑—数学智能	5.55	2.617
空间智能	5.84	2.754
肢体运作智能	5.56	2.551
音乐智能	6.62	2.850
人际智能	6.34	2.846
内省智能	6.49	2.401
自然探索智能	5.73	2.844

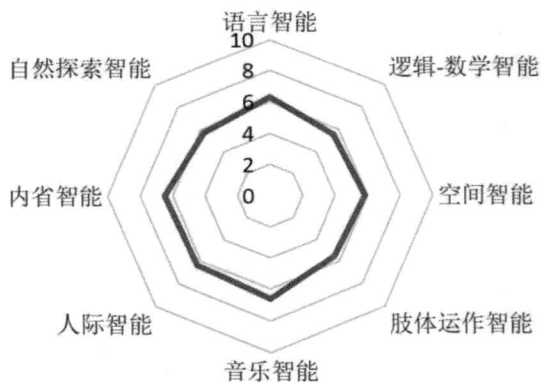

图7-3　八大智能均值雷达图

二、关联分析

(一)八大智能与选课结果

对八大智能与选课进行关联分析,如表7-2所示,可以得出以下结论:
①选择物理的同学除语言智能相对较弱一些,其他各方面能力都很好,

尤其是逻辑—数学智能远超其他未选择物理的同学。

②选择政治的同学语言智能和内省智能十分突出,但逻辑—数学智能和自然探索智能很弱,短板较为突出。

③选择理科(物理、化学、生物)的同学比选择文科(历史、政治、地理)的同学逻辑—数学智能分高,说明其逻辑思维能力较突出。

④选择文科(历史、政治、地理)的同学比选择理科(物理、化学、生物)的同学语言智能分高,说明其语言表达能力较突出。

⑤选择物理和地理的同学空间智能远高于其他同学,说明这两科的学习要求更高的空间推理能力。

⑥选择生物和化学的同学各智能能力没有特别突出的,也没有特别不好的,各职能得分较为平均,这可能也是大多数同学选择这两科作为选课结果的原因。

表 7-2　八大智能与选课关联分析

选课结果\ (得分均值)	语言 智能	逻辑— 数学智能	空间 智能	肢体运作 智能	音乐 智能	人际 智能	内省 智能	自然探索 智能
物理	6.21	7.10	6.79	6.43	6.90	6.64	6.69	6.20
化学	6.25	5.95	5.88	5.59	6.72	6.28	6.43	5.94
生物	6.02	5.25	5.45	5.40	6.45	5.85	6.31	5.53
政治	6.91	4.61	5.37	5.07	6.98	6.54	6.93	5.04
地理	6.18	5.53	6.22	5.68	6.57	6.65	6.76	6.11
历史	6.39	4.95	5.54	5.26	6.53	6.46	6.44	5.48

(二)八大智能与预选职业

对八大智能与预选职业进行关联分析,如表 7-2 所示,可以得出以下结论:

①选择销售/客服/市场职业的人际智能、语言智能和音乐智能分值较高,这些人能够和其他人很好地相处并且有优秀的语言沟通能力,包括做人处事、随机应变等方面也特别突出,这正与市场营销、客户维系岗位相匹配。

②选择财务/人力资源/行政和贸易/交通/物流职业的音乐智能和人际智能分值较高,这些人能很好地理解别人,善于观察他人的情绪、情感,体会他人的感觉、感受,辨别复杂人际关系并做出适当反应,这正与人力资源、贸易运输岗位相匹配。

③选择项目/质量/高级管理和房产/建筑/物业管理职业的人际智能和语言智能分值较高,这些人有极强的沟通协调能力、语言表达能力和虚心听取他人意见, 善于反思并做出改变的能力,这正与管理岗位相匹配。

④选择 IT/互联网/通信、金融、生产/制造职业的逻辑—数学智能分值最高, 这些人对数字敏感,擅长复杂的数学运算和逻辑推理,这正与编程、数据处理分析、机械技术岗位相匹配。

⑤选择房产/建筑职业的内省智能分值最高,这些人能够认清自己、自我反思而做出更符合客户需求的改变,这正与房产、建筑方面的岗位相匹配。

⑥选择金融职业的语言智能、音乐智能、人际智能、内省智能分值较高,这些人具有语言表达能力、与人沟通能力、自我认知意识、实时信息储备量等能力,这正与金融行业的岗位相匹配。

⑦选择贸易/交通/物流的语言智能、逻辑—数学智能、人际智能、内省智能分值较高,这些人有极强的沟通协调能力、语言表达能力且对数字敏感,同时能够自我反思并做好相应记录从而达到下次的巨大收益。这正与贸易、交通、物流行业的岗位相匹配。

⑧选择生产/制造的逻辑—数学智能和自然探索智能分值较高,这些人具有计算、测量、归纳、分类、及进行复杂运算的能力,对抽象概念的敏感性极强,同时对新鲜事物充满好奇和探索欲望。这正与生产、制造行业的岗位相匹配。

⑨选择传媒/设计职业的空间智能、音乐智能和内省智能分值较高,这些人能够准确感知、记忆、再造空间关系,并借此表达思想与情感,这正与媒体、艺术岗位相匹配。

⑩选择教育的音乐智能和内省智能分值较高,这些人对自身能力有一定的了解,并能够清楚地转变做事方式从而更加贴切地适应工作。这正与教育

岗位相匹配。

⑪选择法律的空间智能、人际智能、内省智能分值较高,这些人能够完美的空间复现,与其他人的接触方式也很有技巧,能够很好地展现出自身的能力和观点同时很重视自己在别人心中的形象。这正与法律岗位相匹配。

⑫选择医生的内省智能分值最高,这些人对自身的专业及能力有清楚的认识,能够在相应领域起到"术业有专攻"的作用并且很重视自己在别人心中的形象。这正与医生岗位相匹配。

⑬选择服务业的语言智能分值最高,这些人擅长记忆人名、地域或琐事,并且能够以幽默的形式处理事务。这正与服务岗位相匹配。

⑭选择能源/环保/农业职业的音乐智能、人际智能、内省智能分值较高,这些人喜欢多人合作工作,并且喜欢帮助他人,宁可自己吃亏也乐于奉献,这正与能源环保,农业岗位相匹配。

(陈文革　高丹凝　郭琦　王小航　徐凯)

附　录

南开区普通高中学生发展指导实施意见
（试用版）

　　为深入贯彻落实《国家中长期教育改革和发展规划纲要（2010—2020年)》关于建立学生发展指导制度,加强对普通高中学生理想、心理、学业等多方面指导的要求,依据《教育部关于全面深化课程改革 落实立德树人根本任务的意见》《教育部普通高中学生发展指导纲要（试行）》《天津市深化考试招生制度改革实施方案》《天津市普通高中学生发展指导实施意见》的精神和要求,以立德树人为根本宗旨,将培育和践行社会主义核心价值观融入高中教育全过程,培养学生核心素养,促进学生身心健康、全面发展,制定本实施意见。

一、重要意义

　　随着普通高中课程改革和考试招生制度改革的不断深入,帮助普通高中学生树立主动发展的观念,提高社会适应能力已经成为高中教育的必要内容,高中学生发展指导已成为学生和家长的迫切需要。

　　高中阶段是学生生理、心理走向成熟,世界观、人生观和价值观初步形成,进行人生规划和选择的关键时期。发展指导对帮助学生形成良好品质、提升综合能力、全面有个性地发展具有重要意义。

二、性质、原则和目标

（一）性质

普通高中学生发展指导是指普通高中为促进学生全面、健康、和谐发展，预防并解决学生发展中的困扰而开展的一项工作，主要包括理想、心理、学业、生活与生涯等方面，是当代普通高中教育的基本职能之一，与教学、管理处于同等重要的地位。

（二）原则

坚持"立德树人"的总原则。

1. 以人为本，面向全体；

2. 尊重差异，遵循学生身心发展规律；

3. 以发展指导为主，综合实施预防性、矫正性指导；

4. 挖掘和利用各种资源，发挥学校、家庭、社区、社会等各方面的力量；

5. 因地制宜，从区域、学校、班级和学生的实际出发，实践探索，总结提升。

（三）目标

帮助学生发展核心素养，树立正确的世界观、人生观和价值观，树立正确的理想信念；培养学生对自己的人生负责的态度以及自主发展的意识与能力，促进学生潜质的充分发挥；促进学生身心健康和谐发展，减少和解决学生发展过程中出现的困惑和问题，为下一阶段学习、生活与工作做好必要准备。

三、主要内容

（一）理想指导

1. 指导学生继承和弘扬中华优秀传统文化，自觉践行社会主义核心价值观。

2. 指导学生形成积极向上的人生态度，用理想引领目标。

3. 指导学生在社会生活中作出正确的价值判断和选择。

4. 指导学生积极参加集体活动和社会实践，处理好自我与他人、自我与集体、自我与社会的关系。

5. 提升学生公民素质，培养社会责任感与义务感。

6. 培养家国情怀，树立报效祖国、振兴民族的远大理想。

（二）心理指导

1. 指导学生形成健康的自我认识：认识和发现自我价值，提升自尊与自信，悦纳自我。

2. 指导学生发展健康的情绪情感：学会表达、调节和管理情绪情感的方法和技能。

3. 指导学生发展和谐的人际关系：掌握有效的沟通技巧，学会换位思考，懂得尊重、感恩和宽容，形成良好的亲子、师生、同伴关系，正确对待异性交往；正确认识和处理合作与竞争的关系，增强合作意识。

4. 指导学生形成坚强的意志品质，提高挫折耐受力：能够适应环境，积极应对环境的变化，缓解心理困扰和不适，形成坚韧乐观的意志品质。

（三）学业指导

1. 指导学生了解高中阶段学习的任务与特点，尽快适应。

2. 帮助学生结合自身情况确立恰当的学习目标，激发学习动机和兴趣，形成积极的学习状态。

3. 指导学生根据自身特长和发展需求制订适合自身发展的修习计划,挖掘和发展自身潜能。

4. 指导学生改善学习方法,提高学习效率,提升学业水平。

5. 指导学生掌握应对学习压力和考试压力的技能技巧。

(四)生涯指导

1. 培养学生生涯发展与规划的意识和能力。

2. 帮助学生了解自己的兴趣、能力倾向、个性特点与生涯发展的关系。

3. 帮助学生了解大学专业信息与社会职业需求,合理规划升学与就业目标。

4. 指导学生合理地选择课程,参加生涯体验,为自己的生涯目标不懈努力,为步入下一阶段生活、学习、工作做好准备。

(五)生活指导

1. 指导学生珍爱生命,理解生命的意义和价值,为自己的人生赋予积极意义。

2. 指导学生形成健康生活的意识,养成健康的生活习惯。

3. 培养积极健康的兴趣爱好,提高审美情趣,掌握适合自己的运动方法和技能。

4. 培养学生的安全意识,掌握自我保护和生存的技能。

各学校应结合本校实际情况,结合学生年龄特征、各年级特点及高中教育目标,从各年级所面临的实际问题出发,循序渐进,分阶段、分步骤地实施具体的指导内容。高一年级可加强入学适应、生涯探索、课程选择等内容;高二年级可加强目标管理、压力应对和挫折耐受力等内容;高三年级可加强高考、升学与就业等方面指导。

四、途径和方法

（一）建立学生发展指导制度

学校要逐步建立起在校长领导下，班主任、心理辅导教师、学科教师共同参与的学生发展导师队伍，建立健全学生发展指导制度，制定学生发展指导方案与实施计划，根据学校条件为学生建立发展成长档案，增强发展指导的针对性。

（二）发挥课程的作用

1. 结合学科核心素养，充分挖掘学科教学中可利用的发展指导因素。

2. 开发开设校本学生发展指导课程，保证一定的课时安排，对学生进行理想、心理、学业、生涯、生活等方面的教育。

3. 充分利用网络信息化技术，开发自助课程，实现学生、家长、教师的网上自主学习，推广优秀指导课程及活动。

（三）强化心理健康教育

始终将心理健康教育贯穿于教育教学全过程。配备专兼职心理健康教师，合理安排兼职心理教师的工作，保障他们开展心理健康教育工作的时间。帮助学生解决在学习、生活和成长中遇到的问题，排解心理困扰。对于个别有严重心理问题的学生，能够及时识别并转介到校外专业机构接受辅导，提高学生心理健康水平。

（四）开展丰富多彩的主题教育活动

通过多种多样的形式，如知识讲座、先进事迹报告、情景模拟、案例研讨、心理训练等形式开展专题教育；开展多种形式的校园文化活动；以互动模式为主，注重学生的积极学习与体验，强调自我探索和反思。

（五）促进家校合作，探索学校与家庭合作的学生指导模式

学校要使家长了解学生发展指导工作的宗旨、目标和开展情况，帮助家长了解子女的成长和发展，为有需求的家长提供发展指导意见，促使家长承担起对孩子发展指导的责任。

（六）充分发挥社会资源的教育作用

利用爱国主义教育基地、博物馆、科技馆、企事业单位等校外活动场所，整合专家、校友、家长等多方资源，利用社区资源，加强学校与社区、家长的合作，形成学校、社会、家庭三位一体的教育合力。

五、保障措施

（一）加强组织领导

学校领导要切实重视高中学生发展指导工作，要将实施学生发展指导作为普通高中教育改革和管理的重要内容。各学校要根据学校实际，完善相关制度，制订具体实施细则，有计划、有步骤地推进学生发展指导工作。

（二）建立学校学生发展指导中心

各高中学校要成立学生发展指导中心，可与心理辅导中心（或心理辅导室）等统筹考虑，统一规划建设指导场所，组织协调教务、德育、心理、年级组等相关部门共同开展工作。

（三）加强师资队伍建设

学校要有计划的建设一支以班主任和专兼职发展指导教师为骨干、全体教师参与的学生发展指导师资队伍，将学生发展指导纳入教师培训计划，提

高教师的指导能力和水平,帮助他们尽快胜任学生导师的角色。

　　(四)加强专项课题研究

　　学校、教师可围绕学生发展指导开展专项研究,特别是要结合本学校的学情特点,针对生涯指导面临的新问题,探索新方法,形成具有学校特色的体系或模式。区教科研部门要整合区域资源,促进校际联合,及时交流,推广可操作性的课题研究成果,不断提高我区学生发展指导的质量和水平。

南开区高中生生涯认知与发展指导需求调查
(教师版)

　　各位教师,大家好! 此次调查的目的在于了解教师们对高中生涯发展指导的认识,了解学校生涯发展指导课程设置与资源开发应用情况,为提升区域课程资源的品质提供参考。问卷的统计结果仅供研究使用,严格保密,请您安心作答,感谢您的配合!

1. 您的性别

A. 男　　　　B. 女

2. 您的年龄

A. <30 岁　　　B. 30—39 岁　　　C. 40—49 岁　　　D. ≥50 岁

3. 您的学历

A. 大专　　　B. 本科　　　C. 硕士　　　D. 博士

4. 您的职称

A. 初级　　　B. 中级　　　C. 高级　　　D. 正高级

5. 您在学校担任

A. 学科教师　　B. 班主任　　C. 团委教师　　D. 德育教师　　E. 心理教师

6. 您任职的学校_____

7. 您目前任教的年级

A. 高一　　B. 高二　　C. 高三

8. 您是否担任学生生涯发展指导工作

A. 专职　　B. 兼职　　C. 不担任

9. 您认为高中生是否有必要接受生涯规划教育

A. 非常必要　B. 比较需要　C. 一般　D. 不太需要　E. 完全没必要

10. 您认为高中生在生涯发展方面需要哪些指导(可选5项)

A. 生涯发展动力的激发　　　　B. 生涯规划方法的指导

C. 全面客观地了解自己　　　　D. 学科学习方法的指导

E. 了解大学与专业的具体设置　　F. 了解专业与职业的关系

G. 了解职业对素质能力的具体要求　　H. 高考志愿填报策略

I. 其他_____

11. 您任职的学校开展生涯教育的主要形式(可选5项)

A. 开设生涯指导课程　　　　B. 开展生涯专题讲座

C. 在各学科教学中渗透　　　D. 参观企事业单位

E. 探访大学　F. 访谈职业人物　G. 访谈学长　H. 访谈家长

I. 社团活动　　J. 主题班会　　K. 个别指导　　L. 其他_____

12. 您认为哪种方式对学生更有帮助(可选5项)

A. 学校开设生涯指导课程　　B. 学校开展生涯指导专题讲座

C. 各学科教师教学中渗透　　D. 走进企事业单位和高校院系

E. 生涯榜样的引领　　F. 家长的指导　　G. 学长的经验

H. 同学间交流　　　　I. 个别辅导　　　　J. 网络信息

K. 社会专业机构　　　L. 其他_____

13. 您最擅长于哪类课程资源的开发

A. 教学类资源(教案、微课、PPT)　　B. 专题讲座类(讲义、PPT)

C. 社会实践类(走进企事业单位、走进高校院系等)

D. 人物访谈类(职业人物、家长、学长等)　F. 其他_____

天津市南开区高中生生涯认知与发展指导需求调查问卷
（学生版）

　　各位同学,大家好! 此次调查的目的在于了解同学们对生涯发展的认知和对生涯指导的需求,了解学校生涯发展指导课程设置与资源开发应用情况,为提升区域课程资源的品质提供参考。问卷的统计结果仅供研究使用,严格保密,请同学们安心作答,感谢你的配合!

一、基本资料

1. 性别(　　　)
A. 男　　　　　B. 女
2. 就读年级(　　　)
A. 高一　　　B. 高二　　　C. 高三
3. 父亲的受教育程度(　　　)
A. 小学　B. 初中　C. 高中　D. 专科　E. 本科　F. 硕士　G. 博士
4. 母亲的受教育程度(　　　)
A. 小学　B. 初中　C. 高中　D. 专科　E. 本科　F. 硕士　G. 博士
5. 父亲的职业＿＿＿＿＿＿;母亲的职业＿＿＿＿＿＿

二、生涯认知与发展指导需求

(一) 单选题

根据你在每道题目上的实际感受,按照非常符合、比较符合、一般、比较不符合、非常不符合五个等级进行自我评议。

项目	非常符合	比较符合	一般	比较不符合	非常不符合
1. 能够清晰地描述自己的性格特点					
2. 能够清晰地说出自己所擅长的事情					
3. 能够清晰地说出自己的兴趣爱好					
4. 了解新高考制度关于选课走班及志愿填报等相关规定					
5. 具有清晰的高中学习目标和规划					
6. 如果你已经完成选课,请回答:选课后的学习情况与我原来的预想一致					
7. 如果你还未完成选课,请回答:我的选课方向非常明确					
8. 大学想要就读的专业选择方向非常明确					
9. 了解想要报考专业的学习内容和发展前景					
10. 具有明确的职业发展方向					
11. 了解未来想要从事的职业对能力和素质的具体要求					
12. 高中生有必要接受生涯规划教育					
13. 对自己的未来发展充满信心					

（二）多选题

14. 你在选择未来职业时主要看重以下哪些因素(请选择 5 项,按照其对你的重要程度将选项序号按顺序填写在横线处)

A. 成就感　　　B. 社会需求　　　C. 兴趣特长　　　D. 薪资待遇

E. 权利地位　　　F. 自由独立　　　G. 发展空间　　　H. 工作环境

I. 人际关系　　　J. 创新性　　　K. 稳定性　　　L. 身心健康

15. 你就读的学校开展生涯教育的主要形式有哪些( )

A. 开设生涯指导课程   B. 开展生涯专题讲座

C. 在各学科教学中渗透   D. 参观企事业单位

E. 探访大学   F. 访谈职业人物   G. 访谈学长   H. 访谈家长

I. 社团活动   J. 主题班会   K. 个别指导   L. 其他_____

16. 你希望在哪些方面得到指导?( )

A. 生涯发展动力的激发   B. 生涯规划方法的指导

C. 全面客观地了解自己   D. 学科学习方法的指导

E. 了解大学与专业的具体设置   F. 了解专业与职业的关系

G. 了解职业对素质能力的具体要求   H. 高考志愿填报策略

I. 其他_____

17. 你希望通过什么渠道和方式获得生涯规划方面的指导和帮助( )

A. 学校开设生涯指导课程   B. 学校开展生涯指导专题讲座

C. 各学科教师教学中渗透   D. 走进企事业单位和高校院系

E. 生涯榜样的引领   F. 家长的指导   G. 学长的经验

H. 同学间交流   I. 网络信息   J. 社会教育机构

K. 其他_____

天津市南开区高中生涯指导课标价指标
（试用版）

项目	一级指标	二级指标
课程设计	主题	能够以生涯指导相关理论为依据,准确理解把握主题核心概念的内涵
	目标	能够针对主题,切合学情,具体可操作,体现学生在与生涯相关的知、情、意、行不同层面上有所收获
	理念	要从积极促进学生生涯发展角度出发,遵从主体性、发展性、多元性、开放性原则
	内容	在借鉴应用区域课程资源的同时,能够结合学情、运用新素材进行拓展,内容与课程主题和目标保持内在逻辑性
	形式	能够以活动为载体,注重参与性、体验性,利于学生自我探索
	结构	合理安排活动导入、活动探索、交流分享、价值提升、拓展延伸等主要环节;指导语、问题设计起到衔接、启发、指导作用
课程实施	教师	能够营造民主平等的课堂氛围,激发学生兴趣,调动学生积极参与;组织活动目的明确、规则清晰,内容展开有序,衔接自然
		关注学生课堂表现,尊重个性,鼓励表达;能够用恰当的语言深化学生的活动体验,促进学生生涯认知和行为的积极转变;能够根据课堂教学实际,对原有教学设计适时调整、重组、优化
	学生	能够积极投入,开放分享,与同学、教师良性互动;深入体验,理性思考,形成积极的生涯认知,塑造利于生涯发展的行为品质
特色		在应用区域课程资源的基础上,准确把握校情、学情特点,有针对性地设计实施生涯指导课程,生成具有特色的校本课程资源

后　记

本书由天津市南开区"高中生涯发展指导数字化课程资源体系建设"项目研究小组共同撰写完成。项目组自成立起,全体成员一直扎根教育一线进行实践研究,本书就是项目研究成果的体现。

本书编写的具体分工如下:

绪论、第一章、第二章由天津市南开区教师发展中心耿红宇撰写、统稿;

第三章第一节、第二节由天津市天津中学傅钰撰写,第三节、第四节、第五节由天津市天津中学王馨撰写,第六节、第七节由天津市天津中学翟娟撰写,第八节、第九节由天津市南开中学穆玉凤撰写;翟娟统稿。

第四章由项目组骨干教师撰写,天津大学附属中学陈文革统稿;

第五章由项目组骨干教师撰写,天津市天津中学傅钰统稿;

第六章由项目组骨干教师撰写,天津市南开中学穆玉凤、天津市南开田家炳中学赵媛统稿。

本书带有鲜明的区域性、实践性特点,希望为区域或学校开展生涯教育予以较好的启发和借鉴;也希望更多区域、学校、家长、社会资源的参与,为建构更加完善的学生生涯发展指导课程资源体系共同努力。